行政行为效力制度研究

——以行政程序法的制定为视角

黄　全◎著

XINGZHENG XINGWEI XIAOLI
ZHIDU YANJIU

—— YIXINGZHENG CHENGXUFA DE ZHIDING
WEI SHIJIAO

中国政法大学出版社

2020·北京

图书在版编目（ＣＩＰ）数据

行政行为效力制度研究：以行政程序法的制定为视角/黄全著. —北京：中国政法大学出版社, 2020. 10

ISBN 978-7-5620-9723-5

Ⅰ.①行…　Ⅱ.①黄…　Ⅲ.①行政程序－研究－中国　Ⅳ.①D922.104

中国版本图书馆CIP数据核字(2020)第215390号

出版者	中国政法大学出版社
地　址	北京市海淀区西土城路 25 号
邮　箱	fadapress@163.com
网　址	http://www.cuplpress.com (网络实名：中国政法大学出版社)
电　话	010-58908435(第一编辑部) 58908334(邮购部)
承　印	固安华明印业有限公司
开　本	880mm×1230mm　1/32
印张	9.25
字　数	182 千字
版　次	2020 年 10 月第 1 版
印　次	2020 年 10 月第 1 次印刷
定　价	39.00 元

前　言

　　随着实质法治国的逐步确立，德国行政行为效力理论核心逐步由确定力向存续力发展。随着宪法体制的转变、法治国原则的确立，日本行政行为效力理论核心由实体公定力向程序公定力转变，实现了行政行为效力理论与制度之法治国内涵与价值追求的回归。受我国传统体制与传统观念的影响，以公定力为核心的行政行为效力理论在我国长期占据着主流地位。在实质法治国的世界潮流下，一方面我国行政行为效力理论内容过于滞后，另一方面我国行政行为效力制度亟待构建。

　　法治国宪法原则的确立，司法分立与司法权威的不断加强，为我国行政行为效力制度构建奠定了宪法基础。行政观念的转变与行政方式的革新，社会结构的变革与利益的多元化，为我国行政行为效力制度构建奠定了社会基础。法治国宪法原则及其衍生出的原则内容，为我国行政行为效力制度的价值追求及原则，而公益维护与私益保护为行政行为效力制度的重要考虑因素。法治国原则下各价值追求及原则间的冲突与平衡，公益维护与私益保护间的冲突与平衡，是贯穿整个行政行为效力制度构建的两条主线。以法的实质正当性作为冲突平衡机制的最终选择，体现了追求实质正义为实质法治国的核心价值。

行政行为生效后产生实体权利义务约束力、程序权利义务约束力以及形式效力，三者原则上同时发生。相对人"法律上知悉"行政行为内容，是行政行为生效的时间起点。行政行为生效后，对行政主体产生"当前"约束力与"后续"约束力。对于其他行政主体产生"构成要件效力"。对相对人产生遵守或限期积极推翻行政行为内容的约束力。对司法机关，作为行政诉讼的诉讼标的时，不产生任何约束力；民事诉讼与行政诉讼中，未作为诉讼标的时，对司法机关产生约束力，其约束力大小视该案中的证据规则适用或法律冲突规则而定；在刑事诉讼中，一般产生约束力，但若行政行为决定内容将直接影响相对人是否构成犯罪时，不产生约束力。

行政行为的撤销是原则，不撤销是例外。授益行政行为撤销的限制条件为信赖保护与公益损害，负担行政行为撤销的限制条件为公益损害。对行政相对人的信赖保护的不同方式，取决于信赖利益与撤销公益之间的衡量。当信赖利益小于撤销公益时，该行政行为应被撤销。对相对人的信赖利益损害应给予补偿，撤销方式具有可选择性。当信赖利益大于撤销公益时，该行政行为应存续。公益损害作为撤销的限制条件，即是通过成本效益分析而维护较大公益。当撤销公益损害大于撤销公益维护时，负担行政行为不得撤销；相反或者没有出现撤销公益损害时，行政机关有义务撤销该行为。

行政行为不废止是原则，废止是例外。授益行政行为涉及信赖保护，其废止条件应更为严格。除了法律列举的六种废止适用情形外，行政行为不应被废止；授益行政行为在进行废止裁量时，以重大公益损害为标准：已违法但对公益不产生重大损害的，不应被废止。以情势变更内容及程度对行政行为正当性的影响作为负担行政行为的废止裁量标准：基于现有事实或法律状态，原行为已是违法行为，应当废止；原行为并非违法，但是行政机关已无法裁量作出与原行为相一致的行为，应当废止；行政机关在合目的性裁量后，仍可作出与原行为相一致的行为，则不应被废止。

出于效率与程序经济考虑，仅违背地域管辖的行政行为，可由有地域管辖权的行政机关依申请作出书面追认。追认属于广义的行政行为补正，可将违法行为转为合法行为。行政行为补正只适用于程序或形式上的轻微违法情形，不影响实体决定内容或相对人权益不应作为程序轻微违法的标准，法定程序的欠缺不属于程序轻微违法。补正应在行政行为未进入司法救济程序之前以书面形式作出，效力溯及至行政行为作出之时。

黄全

2020 年 5 月 20 日

目　录

引　言

一、研究意义

行政行为及其效力理论自产生于德国起，即带有深刻的法治国内涵与价值追求。随着形式法治国向实质法治国的逐步转变，德国行政行为效力理论核心逐步由确定力向存续力发展，并最终确立以权利保障与追求实质正义为核心的法治国原则作为行政行为效力理论与制度的基础。二战后，随着宪法体制的转变、法治国原则的确立，日本行政行为效力理论核心由实体公定力向程序公定力转变，实现了行政行为效力理论与制度之法治国内涵与价值追求的回归。目前，在实践法治国理念方面，德国与日本的行政行为效力理论与制度可谓殊途同归。

二战前的日本系极权主义国家，在此背景下日本学者改造德国行政行为效力理论，创设了体现强烈的国家权威观与行政优越观、以公定力为核心的行政行为效力理论。我国行政行为效力的传统理论源于日本，受我国传统体制与传统观念的影响，以公定力为核心的行政行为效力理论在我国长期占据着主流地位。公定力、确定力以及执行力等效力内容大多停留于理论层面，更多作用于观念层面，而无相应的效力制度——行政行为生效、撤销、废止以及补正等制度——支撑与呼应。在实质法治国的世界潮流下，相较于德国与日本的行政行为效力理论与制度，一方面我国行政行为效力理论内容过于滞后，另一方面我国行政行为效力制度亟待构建。如何在我国现有行政行为效力理论及制度基础上借鉴吸收德日等国的相应理论与制度，或如何以德日等国的相应理论为基础改造我国现有行政行为效力理论与制度，这些问题使得行政行为效力制度的研究具有了理论与制度移植与构建的特殊意义。

2000年全国人大常委会法工委将《行政程序法》列为二类立法计划，2008年湖南省制定了我国首部《行政程序规定》的地方规章，2010年3月国务院党政联席会议上温总理提出了加强程序建设的指示，相关的行政程序立法已在国务院层面展开。行政程序法在我国一直是立法的热点，而行政行为效力制度作为行政程序制度中的一个极其重要的内容，其前期理论研究的成熟程度直接决定了我国行政程序立法的质量与效果。

本选题不纠结于行政行为效力的纯理论研究，而以我国行政程序制度构建为研究的切入点与应用对象，希冀本选题的研究能为我国行政程序立法中行政行为效力制度内容的制定作出一定的贡献。

二、研究现状

世界范围内，德国、日本对行政行为效力理论研究较多，其各自的《行政程序法》中也比较系统地规定了行政行为效力制度内容。英美国家对行政行为效力理论研究较少，其相关制度的规定也比较分散。我国对于行政行为效力理论与制度的研究现状表现为以下几个方面：

行政行为效力理论研究多，行政行为效力制度研究少。学界偏重于效力理论的研究，拘泥于行政行为效力内容之公定力、确定力、执行力或存续力等内容的讨论，陷入了百余年来公定力等形式效力的理论基础之争的泥潭。从已出版的几部行政行为效力理论方面的专著来看，其重心大多在于效力理论研究，而未将效力理论研究与我国效力制度构建相结合，对实践问题缺乏一定的回应。

行政行为效力制度内容研究比较滞后、分散。德日等国在战后的行政法中就已产生了信赖利益保护对行政行为撤销与废止限制的成熟理论与制度，而我国学者还热衷于对撤销作为法院判决方式的研究，偏离了撤销研究的重心，也造成了该研究内容的严重滞后。由撤销展开的时效、除斥期间的理论研究在我国仍处于初级阶段，行政行为对不同主体的不同效力结果等研究也基本未出现。同时，现有少量的研究成果仅仅是效力制度的某一方面，如撤销、补正等，缺乏行政行为效力制度整体性的研究成果。

介绍多，批判少。我国对效力理论与制度的关注是从无效行政行为理论与制度的引入而"爆发"的，无效行政行为理论及制度作为德国行政行为存续力理论与制度中比较重要的部分，我国有权威教材支持，并有100多篇重量级论文支持，但支持的同时既没有关注存续力理论与制度，也不反思现有理论与制度之下是否可以将此吸纳。学界对于德国行政行为存续力理论与制度的系统介绍已有一定的研究成果，但是对其是否适合我国的研究却很少。

缺乏整体性与逻辑一贯性。我国的行政行为涵义和德国、日本的有着明显的区别。将国外的行政行为相关理论与制度直接套用在我国，不仅造成了学术交流的混乱，也必将造成国外相关制度的"水土不服"。目前研究仅着眼于个别而不从宏观上把握，如只强调无效行政行为理论与制度的重要性，并提出在我国行政程序法中确立，而不考虑无效行政行为制度需要的配套制度（这些配套制度在我国均未建立，相关的理论也不成熟），仅仅在局部地方做文章。

三、研究方法

1. 比较考察和历史考察的方法。对国外及我国台湾地区的相关理论与制度进行比较研究，同时对行政行为效力理论与制度的变迁进行考察。

2. 法解释学的方法。《行政处罚法》《行政诉讼法司法解释》等法律规范中行政行为效力相关内容的理解存在相当大的争议，有必要对条文的立法原意、在实践中的理解和运用等进行研究。

3. 实证研究的方法。行政行为效力制度的现状是讨论"构建"问题的基础和前提，拟采用实证研究的方法，分析《湖南省行政程序规定》《汕头市行政程序规定》《山东省行政程序规定》等规定中关于行政行为效力制度的内容及存在的问题。紧紧围绕问题及需要解决的关键展开研究，而非单纯理性思辨。

四、研究内容

本文首先对德国与日本行政行为效力理论的变迁进行简单梳理与原因分析，其次对我国行政行为效力的传统理论与制度现状进行一定反思，再次结合我国现状分析行政行为效力制度构建的基础，最后对我国行政行为效力制度内容进行构建。全文分六章，具体内容如下：

第一章行政行为效力的传统理论与反思。理论探讨需要共同的话语平台，制度移植需要相同的制度语境，首先需要明确行政行为的涵义以作为行政行为效力理论探讨与制度构建之平台。本章第一部分首先分析了行政行为概念在世界范围内的发展情况：大陆法系国家行政行为概念的主流认识是公法领域中行政机关针对具体事项所作的对外直接发生法律效果的单方行为。其次，考察了行政行为概念在我国的发展情况：我国常将行政行为与具体行政行为放在一起讨论，具体行政行为在我国行政法中扮演了更为重要的角色。最后，为了行政行为效力理论与制度的移植，本文选择了大陆法系国家的主流认识：行政行为是指享有行政权的主体在行使行政职权、履行行政职责过程中作出的对外直接产生法律效果的单方行为。本章第二部分首先考察了行政行为效力理论的发展情况：行政行为效力理论源于德国，并从以确定力为核心逐步向以存续力为核心发展；日本学者创设了公定力理论，并从以实体公定力为核心逐步向以程序公定力为核心发展。其次，分析了德国与日本行政行为效力理论变迁的原因：宪法体制的变革、法治国原则的发展、宪法理念的变化与行政观念的革新。本章第三部分对我国行政行为效力理论及相关制度作了一定反思：我国大陆传统行政行为效力理论强调以公定力为核心，与日本及我国台湾地区的早期认识相一致，但该理论内容及观念滞后，有待革新；我国行政行为效力理论与制度的结合几乎不存在，行政行为效力理论仅停留于学术层面、观念层面，而非体现于实定法的内容之中；我国行政行为效力制度内容较为缺乏，即效力理论缺乏需与之结合的效力制度内容。

第二章法治国下行政行为效力制度构建的基础。作为实践法治国理念的行政行为效力理论与制度，始终伴随着法治国原则、宪法体制、行政观念等宏观环境的发展而发展。我国传统上缺乏法治国传统及制度基础，行政行为效力理论来源于日本，发展行政行为效力理论及构建其制度内容，需要分析我国当下是否具备相应基础。本章首先分析了我国当下的宪法背景与时代背景：法治国宪法原则确立、司法分立及司法权威等为我国行政行为效力制度奠定了宪法基础，也为行政行为效力制度的适用领域限定了范围；行政观念的转变与行政方式的革新、社会结构的变革与社会利益的多元化等内容为我国行政行为效力制度奠定了社会基础。在此基础之上，本章其次分析了法治国宪法原则之下我国行政行为效力制度的价值追求及原则：法的安定性、权利保障、法的实质正当性及依法行政等内容。本章最后分析了我国行政行为效力制度应衡量的因素：公益维护与私益保护。由此，法治国原则下各价值追求及原则间的冲突与平衡，公益维护与私益保护间的冲突与平衡，是贯穿全文及整个行政行为效力制度构建的两条主线。

第三章行政行为的生效。行政行为生效是行政行为效力制度构建的起点，行政行为生效的涵义又是行政行为生效理论与制度的前提与基础。本章首先分析了现有行政行为生效涵义的界定，在此基础上将行政行为生效界定为：行政行为产生以规制内容而发生的实体权利义务约束力，为规制内容服务而发生的程序权利义务约束力，以及出于法的安定性需要而发生的形式效力。其次，在分析现有观点的基础上，相对人"法律上知悉"行政行为内容是行政行为生效的时间起点，并以行政行为作出形式为标准，具体构建了行政行为生效时间起点及其规则：书面行政行为以相对人"受领"行政决定书"推定"其在法律上知悉该行为内容，生效规则概括为"受领生效"，具体情形为：行政行为当场作出并交付，即时生效；行政行为内容宣布之时当场交付，当场生效；行政决定书通过送达予以交付，到达生效；行政决定书以公告方式送达，期满生效或以相对人实际知悉而生效。言词行政行为作出与生效系同时发生，生效规则为作出生效或即时生效。标志设立之时即标志行政行为作出，行为作出、内容告知、相对人"法律上知悉"其内容及行为生效系同时，生效规则为作出生效与即时生效。最后，分析了行政行为对各主体的法律约束力内容及相应效果：对于行政主体，一方面应积极行使权力与履行义务以实现行政行为内容；另一方面不得改变行政行为以消极维护行政行为内容；除此之外，行政主体以后作出的其他行政行为不得否定前一行政行为内容。对于相对人，应遵守并实现或限期积极推翻行政行为内容。对于利害关系人，行政行为对相对人所产生的约束力同样适用于利害关系人，只不过行政程序以当事人为构建中心，对利害关系人约束力的实际效果与当事人有所差异。对于其他行政机关，出于行政机关间权限分配秩序的考虑，应当将行政行为的决定内容作为一个既定的事实予以承认、接受，并可以作为其作出相关行政行为的前提或基础。对于司法机关，作为行政诉讼标的时，行政行为对法院不产生任何约束力；在民事或行政诉讼中，未作为诉讼标的但被其他诉讼带入了司法程序，行政行为未与司法审查直接交锋而未被司法判决予以否定，对司法机关具有法律约束力；在刑事诉讼中，一般情形下对法院产生约束力，但是行政行为决定内容将直接影响相对人是否构成犯罪时，不对法院产生约束力。

第四章行政行为的撤销。首先，分析行政行为撤销的涵义，并确定行政行为撤销是指行政机关自我纠错的"职权撤销"：违法行政行为违反了依法行政原则的要求，即便在救济期间届满后，原行政机关仍有权对此予以撤销。其次，行政行为撤销的适用对象为违法行政行为，由于笔者不主张无效行政行为理论与建立无效行政行为制度，故有重大明显瑕疵的行政行为（所谓的无效行政行为）也应被撤销。再次，以授益行政行为与负担行政行为分类为前提，构建各自的撤销限制条件：授益行政行为撤销的限制条件为信赖保护与公益限制，负担行政行为撤销的限制条件为公益限制。除了排除信赖情形之外，相对人对于违法授益行政行为的信赖均应受到保护。相对人信赖保护的不同方式，取决于对信赖利益与撤销公益之间的衡量。当信赖利益小于撤销公益时，该行政行为应被撤销。其涉及的信赖利益应得到保护，不仅体现在相对人信赖利益损害应得到补偿，还体现在撤销方式上的可选择性。当信赖利益大于撤销公益，该行政行为应存续，此等情形下的信赖保护也构成了授益行政行为撤销的限制条件。公益损害作为撤销限制条件，是通过成本效益分析而维护较大公益，即撤销造成的公益损害大于撤销公益维护时，该行政行为不得撤销而只能采取其他补救措施。负担行政行为撤销时首先考量撤销是否可能会给公共利益造成重大损害——通过撤销公益损害与撤销公益维护之间的衡量——当撤销公益损害大于撤销公益维护时，该行为不得撤销而只能采取其他补救措施；当撤销公益损害小于撤销公益维护时，或者没有出现撤销公益损害时，行政机关有义务将该行为撤销。最后，行政行为撤销具有一定的期限限制（除斥期间）。出于维护法律秩序稳定性、规范行政权、保护私方权益等考虑，授益行政行为职权撤销需要时间限制。出于不同违法原因、区分不同种类行为以及根据不同规范功能，授益行政行为职权撤销的除斥期间宜设立不同规则。通过比较研究，职权撤销除斥期间规则宜为：自行政机关知道违法事由之日起，设立撤销短期限；撤销前行政机关将撤销草案告知相对人的，自告知之日起，设立撤销短期限；除了违法系由相对人欺诈造成的以外，自行政行为作出之日起，设立撤销最长期限以补充短期限规则。

第五章行政行为的废止。合法行政行为不废止是原则，废止是例外并有严格条件限制。本章以授益行政行为与负担行政行为分类为前提，构建各自的废止适用条件。授益行政行为涉及信赖保护，并且信赖利益受合法性支持，其废止条件应更为严格。首先，废止只适用于法律明确规定准许废止、附有废止保留、相对人未履行义务、事实或法律状态发生变化及其他公益重大需要等六种法定情形；在进行废止裁量时，以重大公益损害为标准；情势变更后即使按现有事实或法律状况原行为已违法但对公益不产生重大损害的，原行为不应被废止。其次，除了行政行为附有废止保留或相对人未履行义务情形外，行政行为的废止涉及相对人信赖保护问题，应对相对人损失进行补偿。最后，为了维护法的安定性，需要对合法授益行政行为的废止期限予以限制（即废止权行使之除斥期间）：废止期限为自废止原因发生之日起2年，即废止原因发生之日起2年内行政机关必须作出是否废止的决定，该期限同样适用于负担行政行为的废止。对于负担行政行为是否废止，行政机关应实行合目的性裁量，其主要考察情势变更内容与程度对行政行为正当性之影响：基于现有事实或法律状态原行为已是违法行为的，原行为应当废止；基于现有事实或法律状态原行为并非违法，但是行政机关已经无法裁量作出与原行为相一致的行为，否则将违背法律授权裁量之目的的，原行为（已失去正当性）应当废止；基于现有事实或法律状态，行政机关合目的性裁量后，仍可作出与原行为相一致的行为的，原行为不应被废止。

第六章行政行为的补正。出于效率与程序经济考虑，如果行政行为被撤销后，有权机关又必须作出相同内容的行政行为，可以通过行政行为补正而省去撤销与重作的步骤。本章首先构建了行政行为追认制度。追认属于广义的行政行为补正，通过追认违法行为可转为合法行为。针对仅违背地域管辖的违法行政行为，有地域管辖权的行政机关可以依申请作出书面追认行为。追认必须在行政行为未被原机关撤销或未进入司法救济程序之前作出，追认效力可溯及至行政行为作出之时。其次，构建了行政行为补正制度。考虑到程序观念在我国还需要加强，如果以不影响实体决定内容或相对人权益作为程序轻微违法标准，必将导致补正之泛用，加剧程序之虚无主义，本文尽量缩小补正适用范围。所以行政行为补正只适用于程序或形式上轻微违法情形是指，法定程序之欠缺不应作为程序轻微违法而可补正，除法定程序欠缺之外者可补正。在法定程序遵循的前提下，实定法未羁束性规定程序行为的形式，该形式上的欠缺可以补正，如未采用书面形式。补正应在行政行为未进入司法救济程序之前，以书面形式作出，效力溯及至行政行为作出之时。最后，顺带构建了行政行为更正制度以区别补正。行政行为更正适用对象为行政行为内容错误，而非行政行为违法。行政机关应当随时更正实际操作过程中的错误，并无时限之限制，无信赖利益保护的适用。更正具有追溯效力，追溯至行政行为作出之时。

五、创新之处

1. 考察德国、日本行政行为效力理论与制度的变迁原因，论证我国行政行为效力理论与制度发展的宪法基础、社会基础，提出我国行政行为效力理论与制度的价值追求及衡量因素。法治国原则下各价值追求及原则间的冲突与平衡，公益维护与私益保护间的冲突与平衡，为贯穿整个行政行为效力制度构建的两条主线，并以法的实质正当性作为冲突平衡机制最终选择。

2. 在研究体系上，以生效、撤销、废止及补正为主要内容，抛弃违法行政行为的无效与撤销的二元论。在研究角度上，以行政程序为角度，抛弃以往以司法判决方式来研究行政行为效力内容的方法。在研究内容上，采用系统论的方法，在国内第一次比较全面并具体地构建行政行为生效、撤销、废止及补正等效力制度内容。

第一章　行政行为效力的传统理论与反思

　　学术交流需要共同的话语平台，在各自不同的语境下讨论所谓的同一问题将毫无意义。就行政行为效力理论而言，首先需要明确行政行为涵义以作为理论探讨与制度构建之平台。行政行为效力理论来源于德国，经日本改造后引入我国。我国行政行为效力理论内容仅处于该理论之早期认识阶段，亟待发展与完善。而反思与完善我国行政行为效力理论的内容，则需要考察该理论在其本土的发展情况，分析其原因以作借鉴。

一、行政行为涵义

　　行政行为效力理论与制度之讨论，首先要解决行政行为涵义以作基础。特别是我国行政行为效力理论内容来源于德日等国，行政行为涵义不清将直接影响效力理论与制度的移植效果。

（一）国外及我国台湾地区的行政行为涵义及发展

　　从世界范围来看，行政行为主要是大陆法系国家行政法中的概念。在英文词汇中，类似于行政行为的表述有"administrative act""administrative action""administrative behavior"或"administrative decision"等，行政法论著中也经常使用这些术语，但是英美法系国家行政法在行政行为领域中关注的重心在于程序，而非行政行为本身，所以其未如大陆法系国家那样建立以行政行为的概念、构成要件、效力等为主要内容的行政行为法律理论与制度体系。"严格地说，普通法没有制定出任何像在德国法律发展起来的行政行为这个概念。"〔1〕"英国行政法中没有行政行为的概念，与之类似的称谓是公共当局的行为或者决定（act and decisions），或者行为或者命令（act or order）。但同一作者在同一页中也会反复混用'行政行为'（administrative act）、'行政行为或者命令'（act or order）、'行政行为或决定'等几种表述。"〔2〕

据我国台湾学者考证，行政行为一词始于法国行政法上"Acte Administratif"的概念，后经德国学者继受，称之为"Verwaltungsakt"；日本学者从德国将此引入后，直译为"行政行为"。〔3〕1789年法国资产阶级大革命胜利后，分权制衡的政体得以形成。行政机关在日常行政管理活动中，经常针对一些具体的

〔1〕［印］M. P. 赛夫：《德国行政法：普通法的分析》，周伟译，台湾地区五南图书出版有限公司1991年版，第85页。

〔2〕张越编著：《英国行政法》，中国政法大学出版社2004年版，第471页。

〔3〕参见（台）翁岳生：《行政法与现代法治国家》，台湾大学法学丛书编委会1990年版，第3页。

事项作出相应的处理决定。如同法院判决，行政机关的这些处理决定对相对人也具有法律上的约束力，学者称之为"Acte Admi-nistratif"。此即为传统意义上的行政行为，其在本质上表现为相对人必须服从的主权者单方决定或命令。自 1810 年起，该词即为法国学者所普遍接受，并视其与法院判决具有同等地位。随着社会事务发展，法国行政行为的内涵与外延突破了传统认识，特别是狄骥提出的"公共服务论"将行政的属性、目的及任务予以重新阐释。公共服务论认为，行政行为作为一种本质上以为相对人或公众提供服务为目的的公务行为，不能因为行政行为的权力因素而将其界定为主权者的命令。[1]在当代法国行政法上，行政行为只是学术术语，还未上升为法律概念。学界对行政行为的理解出现了三种认识：第一种，形式意义或机关意义的行政行为，以采取行为的机关为标准，行政行为是行政机关所采取的全部行为，以区别于立法机关所采取的立法行为和司法机关所采取的司法行为；第二种，实质意义的行政行为，以行为本身的性质和内容为标准，行政行为是适用普遍性规则于具体事件的行为，以区别于制定普遍性规则的立法行为、适用法律解决争端的司法行为；第三种，功能意义的行政行为，以行为的作用为标准，行政行为是指行政机关用以产生行政法上效果的法律行为，以及私

---

〔1〕 参见叶必丰："法学思潮与行政行为"，载《浙江社会科学》2000年第 3 期。

人由于法律或行政机关授权执行公务时采取的某些行为。[1]其中，第三种理解是根据行政法院的判例而产生的理论，是法国行政行为概念的主流认识。

德国学者借鉴法国 Acte Administratif 的概念，于1826年提出了 Verwaltungsakt（单纯按字面意义可直接翻译为"行政行为"）的概念，并对其含义进行了解释与说明。[2]起初，德国学者对行政行为的界定比较宽泛，认为行政行为是指公共行政机关依据公法或私法所采取的一切行政措施。逐渐地，行政行为的范围仅限于依据公法所采取的行政措施。1895年，行政法之父奥托·麦耶（Otto Mayer）在其《德国行政法》一书中将行政行为界定为"行政机关依法针对个别事件所作的对人民具有公权力之宣示"。该定义一经产生即为行政法院所采纳，并为其后更多学者的论著加以完善。但是，由于这一界定并不明确，使得其后的学者对行政行为的理解产生了较大分歧。如，柯俄曼（Kormann）借用民法学理论，通过民法上的法律行为与意思表示理论解释和构建公法上的行政行为理论。柯氏认为，行政行为是具有法律行为性质的国家行为，因此称为国家之法律行为；只有具有法律行为性质的行政行为，才是典型的行政行为。在外延上，柯氏一开

〔1〕 王名扬：《法国行政法》，中国政法大学出版社1988年版，第135页。
〔2〕 参见［印］M. P. 赛夫：《德国行政法：普通法的分析》，周伟译，台湾地区五南图书出版有限公司1991年版，第75页。

始采用最广义的解释，即国家机关或公共团体的所有行为均为行政行为；后来柯氏将其中的私法行为、事实行为及公证、通知等准法律行为排除在外。在柯氏理论下，法院判决也视为行政行为。再如，福雷那（Fleiner）认为，行政行为是行政机关以官方之权威所为的以发生法律效果为目的之行为；在外延上，其将非行政机关的行为——如法院的判决——排除于行政行为之外，而通知与公证等准法律行为可视为行政行为。而至魏玛宪法时代，耶律内克（Walter Jellinekze）则主张，行政行为是行政机关对特定人所为的具有公权力之意思表示。其虽还使用意思表示理论，但已对借民法理论说明公法行为的观点提出了质疑，尤其认为不能将警察处分、征收处分与征税处分视为法律行为。[1]随着20世纪德国行政法成文法运动的发展，德国在法律层面对行政行为的概念进行了多次界定尝试，最终1976年德国《联邦行政程序法》对行政行为作出了迄今为止最为明确与科学的界定。该法第35条规定："行政行为是指行政机关为规范公法领域的个别情况采取的具有直接对外效力的处分、决定或其他官方措施。一般处分（Allgemein Verfugung）是一类行政行为，它针对依一般特征确定或可确定范围的人，或涉及物的公法性质或公众对该物的使用。"这一定义得到了学界的普遍认同，是目前德国最具权威性的解释。

---

〔1〕 参见（台）翁岳生：《行政法与现代法治国家》，台湾大学法学丛书编委会1990年版，第3-4页。

　　明治维新时期，日本引入 Verwaltungsakt 一词，将其译为"行政行为"。在日本行政法学的发展过程中，学者对行政行为的概念也存在着较多分歧。根据学者田中二郎的分析与总结，日本的行政行为概念可以分为最广义说、广义说、狭义说及最狭义说四种。最广义说认为，行政行为是指政厅所作的一切行为。该说以行为主体为标准，将行政厅作出的事实行为、立法行为、私法行为乃至解散众议院等统治行为均包括在行政行为范围之内，属于19世纪初期行政行为概念刚得到承认时的一种认识。广义说认为，行政行为是指行政厅所实施的所有公法行为。该说将行政厅的事实行为和私法行为排除在外，与德国早期学者拉班德（Laband）等人的主张相似。狭义说认为，行政行为是指行政厅就具体事件所作的公法行为。该说将事实行为、私法行为及立法行为等排除在外，与德国学者柯俄曼（Kormann）的主张相似。最狭义说认为，行政行为是行政厅针对具体事项，行使公权力所为的公法上的单方处理行为。该说将立法行为、传统的统治行为、公法上的契约行为及合同行为均排除在外。广义说在日本早期颇为盛行，狭义说在战后也曾一度成为通说。[1]田中氏主张最狭义说，众多知名学者对行政行为都有着类似于田中氏的界定。如：南博方认为，行政行为指"行政厅为了调整具体事实，

---

　　[1]　参见杨建顺：《日本行政法通论》，中国法制出版社1998年版，第362－363页。

作为公权力的行使，对外部采取的产生直接法律效果的行为"；[1]
室井力认为，行政行为指"行政机关作为公权力的行使，对外部
赋予具体规范的法律行为。"[2]最狭义说后来居上，逐渐取得了
通说地位。[3]最狭义说与德国学界对行政行为概念的主流认识
及《联邦行政程序法》对行政行为的界定相一致，因此德日两
国在行政行为的理解上趋于一致。当然，行政行为一词不是法令
上的用语，日本法律法规更多地使用"行政处分"或"处分"
以概括说明各种行政措施。如，1993年的《行政程序法》第2
条规定，"处分，谓行政机关之处分及其他相当于行使公权力之
行为"，"不利益处分，谓行政机关基于法令，以特定人为相对
人，直接课以义务或限制其权利之处分"。

我国台湾地区行政行为的概念也有最广义说、广义说、狭义
说与最狭义说之分，但学界自采纳日本早期通说（即广义说）
之后，行政行为已成为一个特定的概念，即行政机关公法上的行
为，包括行政命令、行政处分以及公法契约与合同行为等内容。
针对我国台湾地区有学者将德国的Verwaltungsakt译为行政行为，
翁岳生教授则主张按照德国的Verwaltungsakt内涵应将其直接译

〔1〕 [日] 南博方：《日本行政法》，杨建顺等译，中国人民大学出版
社1988年版，第33页。

〔2〕 [日] 室井力主编：《日本现代行政法》，吴微译，中国政法大学
出版社1995年版，第81页。

〔3〕 （台）翁岳生：《行政法与现代法治国家》，台湾大学法学丛书编
委会1990年版，第5-6页。

为行政处分。[1]我国台湾地区"行政程序法"第 92 条第 1 款规定:"本法所称行政处分,系指行政机关就公法上具体事项所为之决定或其他公权力措施而对外直接发生法律效果之单方行政行为。"可见,在我国台湾地区行政行为是行政处分这一法律用语的上位概念,而行政处分的概念则与德国 Verwaltungsakt 及日本最狭义行政行为基本一致。

综上可见,英美法系国家由于未建立如大陆法系国家那样的行政行为理论与制度体系,所以虽然其行政法论著中有可译为"行政行为"的表述,但是其与我们所讲的行政行为概念等内容相去甚远。而在大陆法系国家的行政法中,行政行为则是一个极其重要的概念,特别是德日两国及我国台湾地区。从行政行为概念产生之时起,行政行为一直是个动态的概念。然而,伴随着大陆法系国家行政程序法法典化的兴起,行政行为已日渐成为一个具有特定内涵的法律用语。到目前为止,德日诸国及我国台湾地区的行政行为的内涵已基本相同,只不过在表述上还有所差别,德国的行政行为与日本行政行为最狭义理解及我国台湾地区的行政处分是相同的,公法领域中行政机关针对具体事项所作的对外直接发生法律效果的单方行为已是大陆法系国家和地区行政行为概念的主流观念。

---

〔1〕　参见(台)翁岳生:《行政法与现代法治国家》,台湾大学法学丛书编委会 1990 年版,第 6 - 7 页。

（二） 我国行政行为涵义及发展

中华人民共和国成立后，行政行为的概念在我国行政法学著作中最早出现于 1983 年出版的《行政法概要》。该书认为，行政行为是国家行政机关实施行政管理活动的总称，行政行为包括事实的行为和法律的行为、抽象的行为和具体的行为、单方面的行为和多方面的行为。[1]此后绝大多数行政法论著相继沿用此术语，但就行政行为的内涵与外延及分类存在着较大分歧，先后出现了最广义说、广义说、狭义说及最狭义说四种。[2]与大陆法系国家行政行为概念发展历程所不同的是，我国常将行政行为与具体行政行为一起讨论，甚至具体行政行为在我国行政法中扮演了更为重要的角色。

《行政法概要》首先开创了抽象行政行为与具体行政行为的分类体系，由于当时学界缺乏大量的外国行政法方面的资料及专门学者，使得该分类作为既定结论被以后的行政法论著所吸收。而在对行政行为概念、具体行政行为与抽象行政行为分类等内容未作充分研究便达成一致结论的情况下，1989 年的《行政诉讼法》即将"具体行政行为"吸纳，作为区别诉与非诉的标准。

---

〔1〕 参见王珉灿主编：《行政法概要》，法律出版社 1983 年版，第97 - 100 页。

〔2〕 参见张尚鷟编著：《行政法教程》，中央广播电视大学出版社 1988 年版，第 125 页。

由于《行政诉讼法》未对具体行政行为概念进行界定，而其又是第一次将具体行政行为吸纳为法律概念，无其他法律规范的相应内容可供参考，所以出于司法实践的需要，最高人民法院于1991年6月11日发布《关于贯彻执行〈中华人民共和国行政诉讼法〉若干问题的意见〈试行〉》（以下简称《意见》）对具体行政行为的概念作出了明确解释。《意见》第1条规定："'具体行政行为'是指国家行政机关和行政机关工作人员、法律法规授权的组织、行政机关委托的组织或者个人在行政管理活动中行使行政职权，针对特定的公民、法人或者其他组织，就特定的具体事项，作出的有关该公民、法人或者其他组织权利义务的单方行为。"该条第一次从法律规范的层面规定了具体行政行为的概念，当然该定义受到了学界较多学者的非议。[1]该条规定对我国学界的影响有：第一，学界主要围绕着具体行政行为进行讨论，而具体行政行为与抽象行政行为的划分标准则是讨论的重点；第二，具体行政行为与抽象行政行为的划分作为一个既定结论予以确立，而行政行为作为具体行政行为与抽象行政行为的上位概念

---

[1] 对该定义批评最典型、最深入的当属方世荣教授。他认为：第一，该定义仅对外部具体行政行为进行解释，忽视了内部具体行政行为的存在；第二，将具体行政行为仅视为行政主体行使职权所作的行为，忽略了行政主体履行职责所作的行为和未履行职责的不作为行为也是具体行政行为；第三，把具体行政行为的对象限于两个（人和事）同时具备的特定性是不准确的；第四，限于单方行为，将行政合同排除在外。参见方世荣：《论具体行政行为》，武汉大学出版社1996年版，第6-12页。

也作为一个既定结论予以确立；第三，具体行政行为概念的讨论带有明显的功利性色彩，即主要为了解决行政诉讼中受案范围问题；第四，具体行政行为概念的讨论更多是从司法角度展开，而非从行政程序的角度展开；第五，我国行政法学体系中行政行为体系是以具体行政行为与抽象行政行为的划分为构建基础，其中抽象行政行为的外延包括行政立法及行政机关制定规范的行为，而其他则几乎均可纳入到具体行政行为的范畴之内（时至今日，虽有改变，但大体结构未变）。

最高人民法院于 2000 年 3 月 8 日公布了《关于执行〈中华人民共和国行政诉讼法〉若干问题的解释》（以下简称《解释》）。《解释》放弃了对具体行政行为的解释，而直接采用了"行政行为"作为受案范围的概括标准，[1]但却未解释其含义。从该《解释》的受案范围的排他事项来看，"国家行为""行政规范性文件""涉及公务员权利义务的行政行为""法律规定由行政机关最终裁决的行政行为""刑事诉讼法授权行为""调解和法定仲裁行为""行政指导行为""重复处理行为"及"对公民、法人或者其他组织权利义务不产生实际影响的行为"[2]不属于行政诉讼受案范围，那么所谓的行政行为（属于受案范围）

---

〔1〕《解释》(2000)第 1 条第 1 款规定："公民、法人或者其他组织对具有国家行政职权的机关和组织及其工作人员的行政行为不服，依法提起诉讼的，属于人民法院行政诉讼的受案范围。"

〔2〕 参见《解释》(2000)第 1 至 6 条内容。

是指对权利义务产生实际影响的行为。而 2004 年最高人民法院发布的《关于规范行政案件案由的通知》列举的 27 种行政行为中还有行政检查、行政救助、行政执行等行政事实行为。《解释》等规定将《行政诉讼法》中的"具体行政行为"改变成"行政行为"作为受案范围的标准虽然有违法的嫌疑，但从务实角度而言，其扩大了我国行政诉讼的受案范围，满足了我国行政诉讼实践的需要。《行政诉讼法》2014 年的修正，吸收了《解释》的改革成果，在法律层面将"具体行政行为"修改为"行政行为"。由于法律层面已经解决了受案范围问题，那么围绕受案范围而功利性地讨论具体行政行为与行政行为相关内容已无必要，进而为理性地重构行政行为等相关内容留下了空间。

（三）本文对行政行为的界定

由上可见，在大陆法系国家行政法中行政行为一直居于核心地位，而各国行政行为的涵义各不相同并处于动态发展过程中。在我国行政法的发展过程中，由于具体行政行为与抽象行政行为的划分作为一个既定结论予以构建行政行为体系，具体行政行为作为法律概念主要服务于司法实务，所以长期以来对于具体行政行为的关注度远远比行政行为要高。目前，在我国行政诉讼受案范围部分，司法解释已经解决了行政行为可以纳入受案范围的相关问题，围绕着具体行政行为界定的功利性争议已经结束。从现有论著来看，有关于行政行为的界定并不统一。考虑到对大陆法系国家行政程序法相关内容的借鉴与吸收，本文对行政行为的界定选择与大陆法系国家行政法中的主流观点相一致的内容。本文认为，行政行为是指享有行政权的主体在行使行政职权、履行行政职责过程中作出的对外直接产生法律效果的单方行为。行政行为由以下几个要素构成：

第一，行政行为是享有行政权的主体实施的行为。享有行政权是行政行为作出主体的资格要件，以区别于立法行为、司法行为乃至民事行为。我国行政法在习惯上将行政行为的实施者等同于"行政主体"，但由于行政主体又往往定位于组织，这使得个人能否成为行政主体或个人是否为行政行为的实施者等问题还处于争论中。本文采用享有行政权的主体之称谓，意在强调行政行为的作出主体必须享有行政权，也为我国行政主体理论的发展留下了空间。

第二，行政行为是行使行政职权与履行行政职责而实施的行为。行政行为只有在享有行政权的主体行使行政职权或履行行政职责过程中才能产生，即行政行为是行政权具体作用时的一种行为类型，以区别于享有行政权的主体实施的一般民事行为，其也说明了行政行为是在公法领域中的行为。

第三，行政行为是直接产生法律效果的行为。行政行为直接产生法律效果是指相对人的法律地位因行政行为的作出而产生、变更或消灭：相对人获得或丧失某项权利或资格、承受或者免除某项义务。同时，从行政行为可以直接产生法律效果的要件来看，行政行为属于具体事件中的处理行为，即既定规则在具体事件中的适用行为，其不同于行政规则的制定行为，因后者不能对某个或某些相对人产生直接、具体、明确的权利义务内容。行政规则行为、行政禁令行为等行为，由于需要具体执行的转化，不属于直接产生法律效果的行为，应排除在外。[1]有些行政事实行为虽然属于行使行政职权行为，如公安机关在行政案件中的处置行为，也不在讨论范围。[2]

第四，行政行为是对外行为。行政行为的对外性要件是指享有行政权的主体在实施社会管理时作出的行为，是其代表国家实施社会管理的一种方式，而行政机关之间、行政机关对公务人员的管理行为属于内部行为。

第五，行政行为是单方行为。行政行为的成立不以享有行政权的主体与相对人双方意思表示一致为要件，即行政行为中行政意志的实现不需要相对人的同意。行政合同或行政契约行为以所有当事人的意思表示一致为成立要件，所以行政合同或行政契约不是行政行为。

综上，本文所界定的行政行为实际上是单方对外行政法律行为，其外延较窄，不包括行政事实行为、行政规则制定行为、行

---

[1]　参见黄全："论行政禁令的性质、规范与实现"，载《法律科学》2019 年第 4 期。

[2]　参见黄全、王艺璇："论我国对外籍航空器内行政案件的管辖"，载《中国人民公安大学学报（社会科学版）》2017 年第 4 期。

政内部行为、行政合同行为等内容。本文的这一界定无意于重构我国行政行为的概念及体系内容，而主要是为了构建行政程序法中行政行为效力制度内容而作出的选择。只有将相同属性的行为进行类型化研究，才有可能对其效力方面的共性予以总结与归纳，进而进行相关制度内容的构建。行政内部行为、行政规则制定行为等与行政行为在属性方面有较大差异，无法在行为效力方面一并进行归类研究及制度构建。同时，在行政权的所有作用方式中，行政行为是连接国家与公民之间的纽带，是行政权运作的最末端，对相对人权利义务的影响最直接、最具体，历来是行政程序法规范的重点。所以，虽然本文界定的行政行为的外延比较狭窄，但对行政程序法中效力制度的构建而言，是务实与必要的。

二、行政行为效力理论之变迁及原因

我国之行政行为效力理论属于继受性理论。反思并完善我国行政行为效力理论内容，首先需要明晰行政行为效力理论在其本土的发展变化情况，其次要分析其变迁原因，为我国行政行为效力理论的发展提供借鉴。

（一）行政行为效力理论之变迁

行政行为效力理论为其制度之支撑，效力理论之变化与发展决定着其效力制度的发展方向。当然，行政行为效力制度之发展及变化也同样可以影响其理论内容的修正与完善。构建行政行为效力制度，首先需要考察与之相应的效力理论内容，故在此简要介绍行政行为效力理论内容之发展与变化。考虑到英美法系国家不具有行政行为理论体系及其效力理论内容，在此只选择大陆法系国家中行政行为效力理论最具有代表性的德国与日本的相应内容以简单地勾勒出行政行为效力理论的产生与发展。

1. 德国行政行为效力理论之变迁。1886 年奥地利学者班纳兹克的《司法判决与实质确定力》一书首先提出行政行为与司法判决一样会产生确定力或者与此相类似的存续效力的观点。通过对司法行为确定力的考察，班纳兹克认为，行政机关的决定——除了某些特别行政行为，如宪法性的行政行为外——同样会具有确定效力。[1] 通过对司法行为的重新解读，[2] 班纳兹克认为行政机关的行政决定当属司法行为的范畴，应具有司法行为的实质确定力。[3] 班纳兹克的观点在其所处的时代得到了奥地利

---

[1] Bernazik, Rechtsprechung und materielle Rechtskraft, Scientia Verlag Aalen, 1886, Neudruck 1964, S. 54.

[2] 司法行为并不仅仅限于形式意义上的司法判决，凡是国家有权机关将抽象法律规范运用于具体事实的行为都具有司法性，因此也都具有限制对行为中已经确认的法律关系重新进行审查的实质确定力。参见赵宏：《法治国下的行政行为存续力》，法律出版社2007年版，第19页。

[3] 实质确定力原理的目标和功能，即在避免高权机关对已经确认的法律关系再作出新的判断。ernazik, Rechtsprechung und materielle Rechtskraft, Scientia Verlag Aalen, 1886, Neudruck 1964, S. 126–136.

学界的普遍认同，然而德国著名学者奥拓·迈耶与其他学者及部分法官却持反对意见。奥拓·迈耶认为，确定力的产生与程序设置以及行为种类有着直接和必然的联系。行政行为能够产生确定力应首先具备以下前提：该行为是在具有司法诉讼形式的，并有参与者共同作用的程序中产生的。由于当时的德国行政法中还没有此种类似于司法的行政程序，所以奥拓·迈耶和继他之后的许多学者都否定行政行为能够产生实质的确定力。随着社会与行政实务的发展，20 世纪 70 年代德国著名行政法大师昂斯特·福斯特霍夫认为，行政行为实质确定力的产生与行为的种类有密切关系，只有特定的行政行为才能产生实质确定力（具备类似于司法判决的裁决性质，且以类似于诉讼程序作出的行政行为才具备产生实质确定力的可能）。[1]

---

　　[1]　福氏首先对司法判决的形式确定力和实质确定力进行分析，而后探讨将司法判决确定力概念植入行政程序的可能与界限。通过分析，福氏认为形式确定力是司法判决不能再通过常规救济途径而被诉请撤销，等同于判决的"不可诉请撤销性"。形式确定力并非司法判决基于司法形式或实质特质而产生，该"不可诉请撤销性"的内涵同样可以适用于行政程序，故所有的行政行为包括行政法院的判决都能够产生形式确定力。判决实质确定力的产生必须依赖于判决中所确定的事实或法律争议事项对于所有法院的终局性，其在本质上与判决的行为方式及作出程序紧密相连。因此，并非所有的行政行为都可以产生实质确定力，而只有具备类似于司法判决的裁决性质，并以类似于诉讼程序作出的行政行为才具备产生实质确定力的可能，如对于社会救助义务的确认、税收决定、某协会成员资格的确认以及行政机关对于其他事实状态或是公法上关系的确认等具备产生实质确定力的可能。Ernst Forsthoff, Lehrbuch des Verwaltungsrecht, C. H. Beck, 1973, S. 252 - 259.

　　行政行为确定力理论来源于司法确定力理论，但为了避免概念上的混淆，也为了使得行政行为效力具有独立发展的空间，德国许多学者建议在行政行为中不再使用与司法确定力相同的概念。1956 年出版的《普通行政法教程》首先提出"存续力"概念，作者沃尔夫认为，行政行为无法具有与司法判决同样的确定效力，所以行政行为的类似效力就不能称为"确定力"，而应称为"存续力"，并且这两种效力的概念内涵之间不具有完全的对应关系。[1]

_____

　　[1]　司法的形式确定力与行政行为的形式存续力并不相同：司法判决的形式确定力是其终局裁决性或确定性，其只能通过判决不能再被诉请撤销，或是根据制定法及法律原则对于判决撤销排除的规定而达成；行政行为的形式存续力虽然也用来指称行政行为的不可诉请撤销性，但在例外的情况下，不可诉请撤销的行政行为仍可由作出该行为的行政机关溯及既往地予以撤销。司法的实质确定力与行政行为的实质存续力也并不相同：判决的实质确定力以形式确定力为前提，是指具有形式确定性的判决所要求的不可重审性与决定性。前者是对于判决中所确定的内容，在该判决已经具有不可诉请撤销性后，任何主体乃至作出判决的法院均不能再申请或进行实质意义上的重审；后者是指判决中所确定的内容对于其后的判决具有决定意义，其他法院应将其作为已经确定的结论予以接受。而行政行为的实质存续力并不具备绝对的不可重审性，其产生要件为："与判决类似，行政行为必须与某种已经终结的事实关系相连，且依据一种类似于司法的、形式性的、法定审问权得以保障的程序，对公法上的权利义务或法律状态存在与否作出确认。"与实质确定力一样，实质存续力保障一项形式上具有存续性的行政行为之内容对于其他新的程序的有效性，并禁止作出该行为的行政机关对该行为中的规制内容进行变更；但不同的是，实质存续力并不排除行政行为的作出机关在一定情形下对该行为所涉及的规制内容进行实质意义上的重新审查。Max - Jürgen Seibert, Die Bindungswirkung von Verwaltungsakte, Nomos Verlagsgesellschaft Baden - Baden, 134ff. 转引自赵宏：《法治国下的行政行为存续力》，法律出版社 2007 年版，第 27 页。

在该书的第 7 版中，沃尔夫对存续力概念做了较大的变更与调整："在许多情况下，只要一项行政行为的可撤销性根据普通行政法的基本原则被排除，该行为即具有实质存续力。而且行政行为的实质存续力只是指不可重审性，且只针对作出该行政行为的行政机关及其系属的行政主体。至于行政行为对于其他行政机关的决定性作用，则属于行政行为的构成要件效力。因此，程序法中的形式确定力和实质确定力在行政程序中的援用，只是为了构筑与行政行为废弃相关的实体法上的概念体系。"[1]

1976 年德国《联邦行政程序法》颁布，该法第三部分"行政行为"第二章以"行政行为存续力"作为标题，但是却未对存续力的概念作任何界定。"行政行为存续力"标题之下的内容是行政行为的撤销、废止以及行政程序重新进行等条款，其说明："行政行为，不只是特定类型的行政行为，而是所有的行政行为，至少在可知的范围内都会产生实质意义上的法律存续特性或存续力"[2]之后，学界对行政行为存续力理论的阐述均在这部行政程序法的框架下展开，而联邦宪法法院 1982 年 4 月 20 日（BVerfGE60）和联邦行政法院 1982 年 8 月 4 日的两份判决对存续力的确立及发展起到了里程碑意义的作用。特别是，联邦宪法

---

〔1〕 赵宏：《法治国下的行政行为存续力》，法律出版社 2007 年版，第 27 页。

〔2〕 Feidinand Kopp, Die Bestandskraft von Verwaltungsakt, DVBL, 1983, S. 397. Duncker & Humblot, 1992, S. 89.

法院的判决明确肯定存续力的产生并不依赖于行政行为的产生程序和内容要件，所有的行政行为都能够产生存续力。同时，该判决从法治国下的法安定性原则中找到了行政行为存续力产生的真正宪法依据："行政行为之所以能够生成类似判决确定力的存续效力，并非行政行为裁决性的内容特质或是形式化的作出程序的结果，而是法治国下法安定性原则的要求。"[1]

到目前为止，德国行政行为存续力概念还未得到解决，但对于存续力的有关内容达成了一定的共识：行政行为形式存续力"不可撤销性"的内涵与司法判决形式确定力基本相同，其意味着行政行为在法律救济期限终止后，不能再通过常规的解决途径被诉请撤销。对于行政行为实质存续力是否存在、其内容如何、界限何在等内容，学界并未取得一致认识，但主流观点认为行政行为实质存续力的产生是基于法治国下法安定性原则的必然要求。

2. 日本行政行为效力理论之变迁。日本行政行为效力理论来源于德国，而其主要内容却以公定力为基础。公定力为学者美浓部达吉的"造语"，其主要内容体现如下："公法关系作为不对等关系的特色首先体现于，只要在公法关系中国家的意思是有效成立的，其自身就具有决定这种关系的效力；只要这种国家意思没有被有正当权限的机关所撤销，这种国家意思就被推定

---

〔1〕　赵宏：《法治国下的行政行为存续力》，法律出版社 2007 年版，第 37 页。

为合法，任何人不得否定其效力。可以称此为国家意思的公定力。……（行政行为的）要件到底是否充足，作出这些行为的官厅有权以公定力进行认定，即使事实上这些要件并不充足，人民也只能对此服从，然后在法律认可行政争讼手段的情况下采取相应的争讼手段"。[1] 我国学者认为，美浓部达吉的"合法性推定"是一种行政实体法上的评价，故将以此为基础的公定力概念称为"实体性公定力概念"。[2]

实体性公定力理论源于日本学说中"行政权的优越性"的传统观念，该理论经学者田中二郎之手，一直延续到第二次世界大战结束之后。田中二郎认为："近代法治国家成立后，国家及其他行政主体作为公权力主体发动其权力时，必须根据人民代表所制定的法律按照其规定来进行。依法行政原理已经成为近代法治国家的基本原则。但即便是在这种情况下，也不能将国家及其他行政主体视为与私人对等的权利主体。……法律在国家及其他行政主体与人民之间，承认了权力支配的关系。在此意义上的国家及其他行政主体作为公权力发动所作出的行为，一方面受到法律的严格羁束，另一方面排除了普通私法的适用，获得了特殊的性质和效力，因为它是据法、依法作出的行为。这种特殊的性质

---

〔1〕 ［日］美浓部达吉：《日本行政法》，有斐阁出版社 1936 年版，第 86 页。

〔2〕 王天华："行政行为公定力概念的源流"，载《当代法学》2010 年第 3 期。

和效力在实定法上并未明确规定，但实定法整体的构造无疑是以这种行为的存在为前提的。"[1]由此可见，田氏认为，行政行为的效力特别是公定力在法律上的地位或效力并非由法律明确授权规定而取得，而是以"行政主体（不同于我国行政主体）的优越地位"在法律上被承认为前提。

　　以实体性公定力概念为内核的行政行为公定力理论，在20世纪50年代开始就遭遇了较多质疑。多数学者以日本战后宪法构造中行政权与裁判权之间的变化，以宪法为依据否定公权力的先验优越性；以实定法举证责任的分配放弃了行政行为效力之合法性推定。当然，对以公权力的先验优越性来论证公定力的观点提出质疑者并不否定公定力本身的存在意义，放弃合法性推定者也并未放弃公定力概念。质疑者对公定力概念采取了修正态度，进而出现了"程序性公定力概念"。学者今村成和明确指出："行政行为的公定力使行政行为作为有效的行为得到通用，但并不使其作为合法的行为得到通用。"[2]如果行政行为只要存在违法，不论其程度如何，相对人都可以拒绝该行政行为的拘束，那

---

　　〔1〕　［日］田中二郎：《行政法总论》，有斐阁出版社1957年版，第262－263页。转引自王天华："行政行为公定力概念的源流"，载《当代法学》2010年第3期。

　　〔2〕　［日］今村成和：《事实行为的取消诉讼》，载《北大法学论集》1965年第16卷2·3号，第181页。转引自王天华："行政行为公定力概念的源流"，载《当代法学》2010年第3期。

么"行政可能完全陷于停滞",所以行政行为要有公定力。[1]行政行为的公定力是行政行为所具有的一种特殊效力,其内容是:"行政行为作出后,基于该行政行为作出这一事实,以将来撤销为解除条件,暂定性地将合法行政行为所具有的效力(拘束力)认定于该行政行为。"[2]由于这种基于撤销程序排他性的公定力只具有程序法上的意义,不涉及行政行为的合法性评价(换言之,既无合法性推定也无违法性推定),所以,可以称之为"程序性公定力概念"。[3]

程序性公定力概念形成于20世纪60年代,经今村成和、原田尚彦、兼子仁、盐野宏、小早川光郎等学者倡导,成为日本的通说,直至今日。[4]我国学者王天华综合日本的学说和判例,对程序性公定力概念的全貌进行了概略揭示,在此予以引用:[5]

---

〔1〕 [日]今村成和:《行政法入门》,有斐阁出版社1966年版,第75页。转引自王天华:"行政行为公定力概念的源流",载《当代法学》2010年第3期。

〔2〕 [日]今村成和:《事实行为的取消诉讼》,载《北大法学论集》1965年第16卷2·3号,第180页。转引自王天华:"行政行为公定力概念的源流",载《当代法学》2010年第3期。

〔3〕 [日]小早川光郎:《行政法讲义上Ⅱ》,弘文堂出版社1994年版,第233页。转引自王天华:"行政行为公定力概念的源流",载《当代法学》2010年第3期。

〔4〕 王天华:"行政行为公定力概念的源流",载《当代法学》2010年第3期。

〔5〕 参见王天华:"行政行为公定力概念的源流",载《当代法学》2010年第3期。

（1）"行政行为即使违法，只要这种违法不是重大且明白的、导致该行政行为当然无效的违法，该行政行为就完全具有效力，直至其被合法撤销"。[1]（定义——违法但有效）

（2）公定力是行政行为所具有的"强制性地要求关系人承认其对法律关系作出的调整"的法律效力，[2]不管该行政行为"对法律关系进行的调整是否真正有效，都作为有效的调整在关系人中通用"。[3]（本质——作为公权力行使，违法但在法律上通用）

（3）不能在行政复议、行政诉讼等撤销程序以外的程序中消除行政行为的效力。（基础——撤销程序的排他性）

（4）公定力是"法律为了保证行政目的得到迅速而确定的实现"而赋予行政行为的特权。[4]（目的——行政的实效性）

（5）《行政事件诉讼法》和《行政不服审查法》中的起诉期限规定是"公定力的具体化规定"。[5]（法律依据）

（6）无效行政行为没有公定力。（边界）

---

〔1〕　［日］最三小昭和30年12月26日、民集9卷14号2070页。

〔2〕　［日］小早川光郎：《行政法（上）》，弘文堂出版社1999年版，第269页。

〔3〕　［日］小早川光郎：《行政法（上）》，弘文堂出版社1999年版，第268页。

〔4〕　［日］原田尚彦："关于行政行为的'权利性'"，载《诉讼的利益》，弘文堂出版社1973年版，第113页。

〔5〕　［日］山本隆司：《行政上的主观法和法律关系》，有斐阁出版社2000年版，第470页。

（7）公定力不及于国家赔偿诉讼和刑事诉讼。[1]（范围）

（二）行政行为效力理论变迁之原因

行政行为效力理论来源于司法判决的确定力理论。德国首创以确定力为核心的行政行为效力理论，并在此基础上建立了行政行为效力制度，在该理论的发展中逐步被以存续力为核心的行政行为效力理论所代替。日本借鉴德国行政行为效力理论内容，创设了以公定力为核心的行政行为效力理论内容，在该理论的发展过程中逐步确立了以程序公定力为核心的行政行为效力理论。行政行为效力理论的发展影响了其相应制度内容的变化，而行政行为效力制度内容的变化也影响了行政行为效力理论内容的修正与调整，两者相互作用、共同发展。影响行政行为效力理论内容变化的因素有很多，如：整个国家宪法思想及宪法体制的变化、社会结构及社会关系的变化、具体法律制度的变化等。但从深层次来讲，具体法律制度的重大变革（包括行政行为效力制度方面）主要受到整个国家宪法思想及宪法体制、社会结构及社会关系的变化之影响，所以无论是行政行为效力理论还是相应制度，其重大变革的根本原因都在于整个社会大背景的变化，而效力理论与制度间的相互作用所形成的变化与发展只是在微观与局部方面的调整或修正。在相对稳定的社会大环境中，既定的相对成熟的行

---

[1]　[日]最判昭和53年6月16日、刑集32卷4号605页。

政行为效力理论可以指导相应行政行为效力制度的构建，而行政行为效力制度内容的变化只能部分修正或调整相应理论内容（不产生根本性的变化）。所以，在此本文主要分析德国与日本行政行为效力理论及相应制度重大变化的影响因素，而效力理论与制度间相互作用形成的各自微观方面的调整或修正则予以省略。

1. 宪法体制的变革。《明治宪法》体制下，日本虽从形式上跨入了近代国家，但在事实上还是天皇制行政国家，即宪法意义上的"古代国家"。宪法意义上的近代国家与古代国家的差别在于，"近代国家的出发点是以国民主权为前提的议会和保障司法权的优越，这两个支柱是近代国家的中心，而在古代，行政权是隐藏于两个权力之后的。"[1]有关于行政权与司法权关系的内容，《明治宪法》第61条规定："因行政官厅之违法处罚而使权利受到侵害之诉讼，当归属依法律规定另行设立之行政法院审理，不在司法法院受理范围之内。"按此规定，司法法院不得审理行政官厅之违法处罚的争诉案件，也即行政权不受司法权的监督（行政法院并非司法法院）。之所以这样，伊藤博文认为，行政权与司法权一样均需要保持独立，如果行政权实施受到司法权的监督，那么行政官将隶属于法官，[2]进而使得行政官丧失了为确

---

〔1〕　［日］渡边洋三：《日本国宪法的精神》，魏晓阳译，译林出版社2009年版，第35页。

〔2〕　明治五年司法省第四十六号令早就明确提出，凡起诉地方官之审判皆归法院受理，起诉地方官吏之文书递集中于法庭，招致法官牵制行政之弊端。

保社会便利与人民幸福的管理余地；行政官厅实施行政权，来源于其职责及宪法上赋予的责任，所以应赋予其除去妨碍处分实施之抵抗及裁定因此引发之诉讼的权力，否则将导致行政处罚效力消极麻痹，无法履行宪法赋予的责任，所以不能由司法法院来审判而只能由行政法院来审判；行政之事宜，通常非法官所熟知也，其判决不免陷入危道，故行政之诉讼必须要由密切熟知行政事务之人来加以断定。[1]由此可见，《明治宪法》之所以将行政案件排除在司法法院管辖之外，有诉讼技术上的考量，而更多的则是要保持行政权的独立性及特权，使其不受司法权之监督与拘束。与此相一致的，作为监督行政权行使的行政法院并非是与司法法院相并列的司法系统中的法院，其行使的权力也不属于司法权的范畴。因为，日本在全国范围内只设一所行政法院，该行政法院及其法官与行政机关独立性不够，[2]行政法院更多属于行政系统内部裁决机关，其对行政权的监督也只属于行政权的内部控制机制。故《明治宪法》体制下，日本天皇总揽一切权力，而"隐藏于两个权力之后"的行政权不受司法权的监督控制，具有明显的优越性。由此，以美浓部达吉所主张的"公法关系的不对等""国家意思被推定为合法，任何人不得否认其效力"

---

〔1〕 〔日〕伊藤博文：《日本帝国宪法义解》，牛仲君译，中国法制出版社 2011 年版，第 39 - 40 页。

〔2〕 杨建顺：《日本行政法通论》，中国法制出版社 1998 年版，第 701 - 702 页。

"行政行为要件不管是否充足，人民只能服从"等内容及田氏所主张的"不能将国家及其他行政主体视为与私人对等的权利主体""国家及其他行政主体作为公权力发动所作出的行为具有特殊的性质和效力，其以实定法整体的构造为前提"等内容为代表的实体公定力理论及相关制度符合日本当时的宪法体制。

战后，日本宪法在"分权制衡"原则基础上建立了现有宪法体制。《昭和宪法》用独立的两章规定了行政权及司法权：第五章"内阁"，第六章"司法"。关于行政权与司法权的关系，主要体现在《昭和宪法》第76条、78条及81条等条文内容，其主要内容为"一切司法权属于最高法院及由法律规定设置的下级法院""行政机关不得施行作为终审的判决""法官除因身心故障经法院决定为不适于执行职务者外，非经正式弹劾不得罢免。法官的惩戒处分不得由行政机关行使之""最高法院为有权决定一切法律、命令、规则以及处分是否符合宪法的终审法院"等。在此宪法体制之下，司法分立及司法最终性原则得以确立，而行政权只不过是与司法权并列的一种国家权力，其反而受到司法权的监督与控制。由此，行政权不受司法权监督与控制而具有优越性的宪法体制基础不复存在，进而以行政权优越性为基础、以实体公定力理论为核心的行政行为效力理论及相关制度也将随之动摇。由于行政权与司法权是相互独立的"平行"权力，所以行政行为的效力将不能对司法权产生绝对约束力，使得行政行为效力适用范围大大减小。同时，行政权受到司法权的监督与控制，并且司法最终性原则的确立，使得行政行为效力的最终归宿将依赖于司法权的判定。由此，在日本现有宪法体制之下，只具有程序法上意义而不涉及行政行为内容合法性评价的、以基于撤销程序排他性的程序公定力为核心的行政行为效力理论及相应制度即孕育而生。

由上可见，日本行政行为效力理论及相关制度的变化与其宪法体制的变化相一致：《明治宪法》体制下的行政权的绝对优越性，对应着强度大、适用范围广的以实体公定力为核心的效力理论及相关制度；《昭和宪法》体制下行政权的优越性不复存在，对应着只具有程序法意义的以程序公定力为核心的效力理论及相关制度。当然，《明治宪法》对于行政权优越性的安排与宪法意义上"古代国家"的行政优越性传统相一致，即绝大部分封建专制国家（特别是亚洲国家）行政权的优越性是该国政权体制常态安排及传统——宪法意义上"近代国家"中的立法权与司法权往往被"古代国家"中的行政权所吸收。同样，德国行政行为效力理论内容的发展，也深受该国宪法体制变化的影响。行政行为有无实质确定力（及实质存续力）、实质确定力发展的条件及"分级存续力"理论，其讨论前提及基础均离不开德国当时宪法体制下行政权与司法权的关系及差别，而后"法治国下法的安定性原则"作为行政行为存续力的存在基础及相关内容则直接来源于德国宪法相关内容。

2. 法治国原则内容的革新。法治国原则或法治原则一直是近代西方国家所倡导的治国理念或目标。英美国家主要倡导法治或法治原则，而法治国则来源于德国。"'依法而治的国家'（a rule of law nation），被称为'法治国'，却是不折不扣的德文用语（rechtsstaat）"。[1]"法治国的概念据认为起源于康德的一句名言：'国家是许多人以法律为根据的联合'"，"法治国，就其德文本意及康德的解释而言，指的是有法可依、依法治国的国家，或者说是一个有法制的国家。"[2]显然，其为第二次世界大战结束之前的认识，在法治国发展阶段上也称为"形式法治国"时期。形式法治国依据实定法来实现国家的所有目的，即依据法律推行国家事务、确保"依法律行政"与"依法律裁判"。对于人民权利与自由的限制，只能以法律进行规定，在此基础上，行政机关依法即可以对人民的权利与自由进行规制。形式法治国并不以保障人民的权利、自由为目的，相反其还通过法律对人民的权利、自由进行限制，即将实证法律作为工具。形式法治国既可以和民主主义结合也可以与法西斯结合。

战后大陆法系国家对传统法治国（形式法治国）进行了反思，并对其内容进行了改造，即保留了"法治国"的外壳，而

---

[1]（台）陈新民："国家的法治主义——英国的法治（The Rule of Law）与德国法治国家（Der Rechtsstaat）之概念"，载《台大法学论丛》1998年第1期，第48页。

[2]刘军宁：《共和·民主·宪法》，上海三联书店1998年版，第140、146页。

注入了英美国家"法治"的内容。[1]实质法治国以保障民众权利与自由为目的及主要内容,强调依法拘束与限制国家权力。法治国中的"法"是指超越法律或实定法的更高层次的"法",其不仅拘束行政机关和司法机关,也拘束立法机关。由此,实质法治国与英美国家"Rule of Law"相差无几,意味着限制专断权力,在宪法之下给予公民权利最大限度的保障。[2]在形式法治国的反思及实质法治国的建立中,由于德国经历了纳粹统治的惨痛教训,对于实质法治国内容的发展及确立作出了巨大贡献。德国1949年基本法第28条第1项规定:"各邦的宪法秩序必须符合联邦基本法所定之共和、民主及社会法治国原则";第1条第1项规定:"所有国家权力必须尊重及维护人类尊严";第1条第3项规定:"基本人权条款可视同现行法来拘束所有国家权力";第20条第3项规定:"行政与司法权受到法律与正义的拘束"。由上可见,德国法律并非拘束国家权力的唯一法源,而渊源于自然法所谓的人性尊严与正义等高位阶的法(超法律的法),是法治国的最高法。特别是基本法第93条与第100条赋予了联邦宪法法院违宪审查权,强化了法治国的功能,使得法治国概念提升到德国宪法层次。由此,在实质法治国理念中,"良法"之治以追求实质正义为其核心价值。当然,实质法治国也继承了形式法

〔1〕 卓泽渊:《法治国家论》,法律出版社2004年版,第10-16页。
〔2〕 杨建顺:"'法治行政'在日本",载杭州大学法学院、浙江省法制研究所主编:《法治研究》,杭州大学出版社1998年版,第149页。

治国的杰出理念，"诸如最大幅度地维护人民基本权利、基于自由主义的对国家权力可能滥权的疑惧，以及确保上述两个原则所必须采行的法律保留及所衍生的信赖利益保护、溯及禁止与可预测性原则的实践等"，[1]"传统自由主义法治国所树立的原则，例如形式完整的合法性原则以及追求法律安定性，皆可构成此正义的一个元素……"，[2]只不过由于实质法治国以保障人权为目的及主要内容，使得相应内容发生了根本性的变化：必须与实质正义相结合。

建立持续稳定的秩序一直是法的内在理念与首要价值——即使是形式法治国阶段——只不过实质法治国阶段还增加了对实质正义的追求。一方面，与立法行为一样，行政行为和司法行为均是法秩序的建立者或维护者，追求实质正义无疑为其更高的价值。另一方面，行政行为与司法判决自古存在"血缘"联系，实质法治国下国家司法权力应该符合的合法性、追求正义及法律安定性三个条件，[3]同样也是对行政行为的要求。由此，实质法治国下行政行为效力理论及制度的内在价值也发生了巨大变

---

〔1〕（台）陈新民：《德国公法学基础理论》，山东人民出版社2001年版，第100页。

〔2〕（台）陈新民：《德国公法学基础理论》，山东人民出版社2001年版，第91页。

〔3〕〔德〕拉德布鲁赫："法律上的不法与超法律的法"，载《南德法学报》1946年8月，转引于陈新民：《德国公法学基础理论》，山东人民出版社2001年版，第91页。

化：合法性、法的安定性之上的实质正义追求。德国行政行为效力理论及制度内容上由此产生的反应则主要在于：行政行为存续力替代确定力突出体现了实质法治国下对法的安定性的追求，[1]无效行政行为理论与制度的建立与发展则更加体现出实质法治国下对实质正义的追求，而行政行为生效、撤销与废止的限制与补偿、行政行为补正等理论及制度的变化体现了实质法治国下法的安定性与合法性（在实质正义追求下）的博弈与要求。

3. 宪法理念变化与行政观念的革新。19 世纪盛行自由主义法治国家理念，强调必须依法律方可限制人民权利。此时之思想，惟恐国家对于人民与社会过多干涉，而侵犯人民自由权利。由此，国家任务主要在于维护社会秩序，而相对应的行政活动的主要内容是秩序行政（狭窄的治与安方面），主要方式是消极行政、管制行政（或强制行政）。行政机关的主要任务在于维护社会秩序（除此之外则不予干涉），而对于社会秩序的维护则主要采取强制方式予以实现。行政观念主要表现为管制或强制，以政府为中心，以权力为本位，以命令与强制为手段，政府权力处于绝对优越地位，片面强调公民单方面的服从。

第一次世界大战后，强调应该以积极追求公益作为国家任务

---

〔1〕 当然，存续力替代确定力的因素还有行政行为效力区别司法确定力以独立发展的内在需求。同时，形式存续力、实质存续力（包括同时期的确定力）理论内容及范围的变化，不仅受到实质正义与法的安定性双重追求与博弈的影响，还受到司法分立、司法最终性原则等宪法结构变化的影响。

是宪法思潮之所在。由此，国家任务转变为积极地满足一切民众所需要的范围之上，而相对应的行政活动则表现为积极行政。二战后，作为宪法法治等方面反思后取得的成果之一，社会国家、福祉国家、服务国家或是照顾（人民）国家等立国理念与原则出现并确立。如：德国基本法（第 20 条、第 28 条）主张德国必须永远是社会法治国，主张社会正义，并且借法治的制度达成这种理想。在这种理念之下，国家负有一个广泛的责任，即追求公共福祉，促进经济成长、社会福利以及文教之振兴。[1]相应的，行政领域中积极追求公益以实现社会福祉，并以实质法治途径予以实现，服务行政孕育而生。服务行政的出现，最大意义在于改变了行政观念：其不仅要求积极行政还要求以"服务者"的姿态积极行政。服务行政将政府定位于服务者的角色，以社会公众的需求为其行为导向，彻底抛弃了"治民"观念。服务行政理念使得政府与公民地位趋向于平等，公益与私益之保护趋于平等，公民需求满足和公益实现共同作为行政行为的最高价值选择。

宪法理念与实践的变化，促使了行政观念的革新。服务行政使得政府与公众角色发生了转换，由此行政权的强制色彩便日益淡化，行政特权观或行政权威观也日趋没落。从战前的极权主义国家到战后的福祉国家，从管制行政到服务行政，宪法理念与实

---

　　〔1〕　（台）陈新民：《德国公法学基础理论》，山东人民出版社 2001 年版，第 189 页。

践的变化、行政观念的革新，使得行政行为效力理论与制度之基础也随之发生变化，而其内容调整则理所应当。日本实体公定力理论之基础为行政特权观或权威观，而行政特权观与极权主义国家相适应。极权主义的倒台、行政权威观的没落，取而代之的是服务行政观念，程序公定力理论正是在这样背景之下所作的调整。服务行政理念彰显的政府与民众之地位平等及公益与私益之平等保护，反映在德国行政行为效力理论与制度中的变化则是信赖利益保护与撤销、废止中的裁量以尽量维持行政行为的存续力。

（三）小结

德国行政行为效力理论内容从以确立力为核心向以存续力为核心转变，虽有行政行为效力理论欲脱离于司法确定力理论而独立发展的学科动力，但更多在于二战后德国福祉国家之宪法理念、实质法治国理念及制度实践之转变及服务行政之行政观念的革新。而服务行政理念及制度实践则是前两者转变在行政法领域中的反映。师承德国之日本，在极权主义国家背景下学者们创造了以公定力理论为核心的行政行为效力理论，其内容相较于德国表现出更为强烈的行政权威观、行政特权观。受日本二战后宪法体制变化、实质法治国理念及服务行政理念等影响，取而代之的是以程序公定力为核心的行政行为效力理论及相应制度。除此之外，行政行为方式的多样化（如：持续性授益行政行为的大量出现）、国家行政向公共行政的发展（行政权享有主体的多元化）、行政法治的发展，也从不同侧面共同促使了行政行为效力理论与制度的发展。

三、行政行为效力传统理论的反思

我国大陆行政行为效力理论的传统内容由公定力、确定力、执行力及拘束力等四种效力组成，其中公定力为基础或前提。从内容来看，我国大陆对于公定力、确定力等内容的描述，类似于日本与我国台湾地区早期的所谓实体公定力理论时代的相应内容。引用性论述较多，属于介绍而非原创内容。直至 20 世纪 90 年代后期，大陆才有学者较为详细并系统地对行政行为效力理论作出讨论，[1]之后陆续有学者对行政行为效力理论作了系统论述。[2]同时，在我国行政程序法制度实践需要的推动下，在无效行政行为理论引入及其制度构建时，学界不得不对行政行为效

---

〔1〕　叶必丰："行政行为确定力研究"，载《中国法学》1996 年第 3 期；叶必丰："论行政行为的执行力"，载《行政法学研究》1997 年第 3 期；叶必丰："论行政行为的公定力"，载《法学研究》1997 年第 5 期；叶必丰、张辅伦："论行政行为的补正"，载《法制与社会发展》1998 年第 1 期。

〔2〕　叶必丰："行政行为的效力研究"，中国人民大学出版社 2002 年版；章志远："行政行为效力论"，苏州大学 2002 年博士学位论文；赵宏："法治国下的行政行为存续力——以德国法为基础的分析"，北京大学 2005 年博士学位论文；李琦："行政行为效力新论——行政过程论的研究进路"，中国政法大学 2005 年博士学位论文；杨科雄："行政行为效力来源研究——规范、价值和事实"，中国政法大学 2009 年博士学位论文；等等。

力理论相关内容进行讨论，特别是公定力理论，其可谓我国大陆学界第一次集中正视并反思行政行为效力理论及相关问题。按照德国、日本及我国台湾地区无效行政行为理论及相关制度，无效行政行为自始不发生任何法律效力；而我国大陆学界在传统上一直认为，行政行为一经作出就产生推定为合法有效的公定力，即公定力发生具有绝对性。由此，学界将面临两种选择：一种是固守以往认识，即公定力的发生具有绝对性（所谓"完全公定力"），所有的行政行为一旦成立就具有公定力，进而否定无效行政行为理论及制度；另一种是修正以往认识，即公定力的发生只具有相对性（所谓"有限公定力"），无效行政行为不具有公定力，进而承认无效行政行为理论及制度。也就是说，固守以往公定力理论者将反对无效行政行为理论及其制度引入，而修正者则是无效行政行为理论及制度引入的积极倡导者。当然，大多数学者支持无效行政行为理论并主张在我国建立无效行政行为制度，[1] 其

---

〔1〕 胡建淼主编：《行政法教程》，法律出版社 1996 年版，第 99 页；罗豪才主编：《行政法学》，北京大学出版社 1996 年版，第 115 页；方世荣："行政决定"，载应松年主编：《当代中国行政法》，中国方正出版社 2005 年版，第 669 页；张建飞："论无效行政行为"，载《浙江社会科学》1998 年第 4 期；沈岿："法治和良知自由——行政行为无效理论及其实践之探索"，载《中外法学》2001 年第 4 期；王锡锌："行政行为无效理论与相对人抵抗权问题探讨"，载《法学》2001 年第 10 期；王太高："无效行政行为制度研究"，载《河北法学》2002 年第 2 期；柳砚涛、刘宏渭："论无效行政行为防卫权及其矫正机制"，载《行政法学研究》2003 年第 2 期；金伟峰："我国无效行政行为制度的现状、问题与建构"，载《中国法学》2005 年第 1 期；等等。

说明大多数学者支持修正公定力理论。[1]

由此可见，我国大陆行政行为效力理论传统内容强调以公定力为核心，与日本及我国台湾地区的早期认识相一致。无效行政行为理论及制度引入我国大陆后，学界对于公定力理论的研究较多，出现了有限公定力之认识。行政行为效力理论起源地之德国、日本等国家及我国台湾地区已对行政行为效力理论内容作了重大修正，我国大陆除对公定力理论作了部分反思外对其他内容涉及较少，关于对行政行为效力传统理论的反思，本文则主要对以公定力理论为核心的行政行为效力理论之整体作一宏观分析与反思。

（一）行政行为效力理论内容滞后而有待更新

虽然我国大陆对于公定力理论作了一些有益的探讨，并通过修正公定力理论来支持无效行政行为理论及制度，但是行政行为效力理论的其他内容还较多停留在日本及我国台湾地区之早期认

---

[1]　有学者提出，公定力界限在于无效行政行为的观点是对行政行为生效理论与制度的错误解释和演绎。"行政行为的生效与行政行为具备何种效力内容是两个层面的问题。对于后者的讨论应建立在行政行为已经被确认产生效力的基础之上。如果将行政行为生效制度错误地演绎为行政行为公定力理论，自然会推导出公定力与无效行政行为理论为一个硬币的两面，无效行政行为为公定力理论界限的结论。……事实上，与无效行政行为相对应的是行政行为的生效理论，生效对应无效亦符合法律行为的一般逻辑。"参见：赵宏：《法治国下的行政行为存续力》，法律出版社 2007 年版，第 254 - 255 页。

识。德国行政行为效力理论从以确定力为核心演进为以存续力为核心，日本则从以实体公定力为核心演进为以程序公定力为核心，均是由于其宪法理念及体制、法治国观念及原则、行政观念及行政方式等内容之更新。我国《宪法》第 1 条规定，我国是社会主义国家，我国根本制度是社会主义制度；第 5 条第 1 款规定："……实行依法治国，建设社会主义法治国家"；第 131 条规定："人民法院依照法律规定独立行使审判权，不受行政机关、社会团体和个人的干涉。"我国是社会主义国家，国家积极追求公益来为人民谋福利是社会主义国家的应有之义，比德国、日本等所谓的福祉国家更具有先进性；社会主义国家及社会主义制度下，人民是国家与社会的主人，政府是为人民服务的，所谓行政观念的更新即服务行政观念一直是我国行政活动之根本要求；虽未实行分权制衡之体制，但是我国行政权与司法权相互独立，司法机关享有纠纷最终裁决权；实行依法治国，建设法治国家，说明具有普世价值的法治国之基本观念、基本原则、基本制度也将为我国所吸收。所以，从国家性质、行政权与司法权之关系、法治国家之宪法要求等内容来看，我国完全具备德日等国行政行为效力理论发展的基础与条件，其意味着我国大陆行政行为效力理论内容不应停留于日本及我国台湾地区早期认识之阶段。

考察德日等国行政行为效力理论的发展原因，以及德日等国现有行政行为效力理论之基础，依照现有条件我国行政行为效力理论理应发展并以其相似内容为目标。但是，德国行政行为效力理论内容是以存续力为核心，日本是以程序公定力为核心，而我国台湾地区则是从以实体公定力为核心的日本模式向以存续力为核心的德国模式发展。笔者认为，由于行政行为效力理论之基础趋于相同，那么名称只是一个技术问题。由于我国大陆习惯采用公定力等学术术语，所以笔者认为不应抛弃公定力这一名称，而是在此基础上进行修正。笔者认为，我国行政行为效力理论宜以公定力为核心，并对公定力理论内容作如下修正：公定力是指行政行为生效后具有其内容被推定为有效[1]的法律效力；公定力理论基础在于法治国下的法的安定性；公定力是对行政行为规制内容效力（实体权利义务内容）的保护，为实现规制内容作保障；公定力只能在职权撤销程序、行政复议与行政诉讼撤销程序中被消灭；所有的行政行为均具有公定力。[2]

（二）行政行为效力理论与制度脱节而有待结合

行政行为效力理论与制度具有相同的基础，理论作为制度之

---

[1]　美浓部达吉所创公定力观点被学者称为"合法性推定""适法性推定"或"推定为合法有效"。公定力主要是指在行政行为合法或违法不定的情况下，承认其规制内容具有效力，即推定为有效而非推定为合法进而有效。笔者曾经撰文时在"推定为有效"之内涵下误用"推定为合法有效"之表述，在此予以特别更正说明。

[2]　在逻辑上只有生效才有效力，即行政行为生效后才具有公定力，但是行政行为生效与公定力发生的时间是同时的，即行政行为一生效其内容就被推定为有效。笔者不主张无效行政行为理论及其制度，所以笔者认为所有行政行为生效后均具有公定力。

基础，制度作为理论之反映，两者理应相结合。德国及我国台湾地区不仅将存续力、确定力、构成要件效力等理论内容作为行政行为效力制度的基础贯穿于其中，而且在司法活动中法院也常用行政行为效力理论内容阐述相关效力制度内容并以此作为判决理由作出裁判。

在我国，上文提及的以公定力理论来讨论无效行政行为理论与制度，是行政行为效力理论与制度相结合最为紧密的一次。以公定力与执行力理论得出"起诉不停止执行"，也属此类情形，只不过此结论已为学界普遍反对，虽然相应制度内容还未修正。[1]除此之外，行政行为效力理论与制度的结合几乎不存在，使得长期以来行政行为效力理论仅停留于学术层面、观念层面，而非体现于实定法的内容之中。即使是行政法论著在学术层面的讨论中，两者的关系无论是在内容上还是在体系上均不紧密，进而容易产生两者并无紧要关系之误解。我国行政行为效力理论包括公定力、确定力、执行力及拘束力等内容，应将这些效力理论内容与行政行为效力制度具体内容相衔接。

（三）行政行为效力制度内容缺乏而有待构建

行政行为效力理论与制度相脱节之重要成因，在于我国行政行为效力制度内容较为缺乏，即效力理论缺乏需与之结合的效力

---

〔1〕 参见《行政复议法》第21条与《行政诉讼法》第56条。

制度内容。行政行为效力制度一般包括生效、撤销、废止、治愈等内容。行政行为生效虽然为我国行政法之传统内容，但是由于长期以来学界不太注重行政行为成立、生效与合法等基本范畴的区分（体现在制度内容上也是如此），以至于其涵义界定较为混乱，进而直接导致生效规则、生效法律效果等制度内容更加混乱。而行政行为生效对于其他行政机关、司法机关以及其他社会主体的法律效果之制度构建内容几乎处于空白阶段。虽然"撤销"一词在我国行政法（包括行政诉讼法）上一直被广泛使用，但是我国行政行为撤销的外延过大，不仅未区分法律救济程序之内与之外不同主体的撤销，并且将行政行为撤销的重心放置在监督角度，忽略了行政机关自我纠错中行政行为撤销的问题，即行政机关职权撤销制度基本上处于空白阶段。同样，虽然行政行为废止一直为我国行政法所讨论，我国法律规范对此向来也有较多散见零星的规定，但是行政行为废止的适用条件、废止裁量因素及方法、废止与信赖利益保护等内容均处于初创阶段，需要构建与完善。除了以上制度外，行政行为治愈即行政行为追认、补正等制度内容也几乎处于空白阶段。

综上所述，我国行政行为效力理论内容相对滞后，效力理论与制度脱节，效力制度内容缺乏。借鉴德日等国行政行为效力理论内容，结合我国发展现状，本文以修正公定力为核心的效力理论作为"假设"前提来讨论行政行为效力制度的构建问题。

第二章　法治国下行政行为效力制度构建的基础

　　行政行为及其效力理论与制度的产生与发展，始终围绕着法治国理念及其原则等内容的发展而演变。二战后，德国从形式法治国向实质法治国发展，行政行为效力理论实现了从以确定力为核心向以存续力为核心的逐步转变。日本由于宪法体制改革、法治国原则确立等原因，行政行为效力理论实现了实践法治国理念的回归。法治国理念及其原则的发展、行政行为效力理论的发展，带动了行政行为效力制度的发展。在我国由于缺乏法治国传统及制度基础，从西方舶来的行政行为及其效力理论曾一度失去了实践法治国理念的作用，甚至造成了负面影响。在当下，行政行为效力理论的发展与制度的构建，应放置于我国的宪法背景及时代背景之中予以考察。在此基础之上，再来确定法治国下行政行为效力制度应遵循的原则，以及行政行为效力制度应当衡量的因素。

一、行政行为效力制度的宪法背景

(一) 法治国宪法原则的确立

奥拓·迈耶最初创设行政行为时以司法判决作为蓝本，在德国学理中行政行为也自始作为司法判决在行政程序中的对应物。奥拓·迈耶创设行政行为概念之时，德国已步入了形式法治国家时期，将司法判决最重要的功能"明确化与稳定化"移植至行政领域，通过个案调整国家与人民的法律关系、界定国家与人民的权利义务，行政行为的出现本身就带有浓厚的法治国背景及法治国价值追求。基于"明确化与稳定化"功能，行政行为从最初就通过限制国家权力、维护法的安定和公民权利，成为实现行政法治的重要工具。[1]从产生之时起行政行为与司法判决即具有密切关系，德国学者从最初探讨行政行为效力问题时，就一直以司法判决确定力作为思考方向，并一度沿用"确定力"术语且将确定力作为行政行为效力核心。二战后，随着法治国内涵的发展，德国从形式法治国逐步转向了实质法治国，由此行政行为效力理论也作了重大修正——以存续力替代确定力作为行政行为效力的核心。所以，德国行政行为理论的产生及行政行为效力理

---

〔1〕 赵宏：《法治国下的行政行为存续力》，法律出版社 2007 年版，第 262 页。

论的发展，并非简单地将司法行为及司法判决确定力学术移植至行政领域，而是赋予行政行为与司法行为一样的实践法治国的功能，其背后包含了德国深刻的法治国内涵和目标追求。

日本最初继受德国行政行为及行政行为效力理论之时，由于缺乏法治国背景及基础，所以日本学者背离了德国行政行为及其效力理论之用意，创造了以公定力为核心的行政行为效力理论，该理论一度作为主流学说并影响到了我国。以公定力为核心的行政行为效力理论之产生并被广泛接受，符合日本当时极权主义国家体制及其相对应的权威国家观。二战后，宪法体制的变革，日本逐步转向了西方法治国家。在法治国的背景下，日本学界对公定力理论作了重大修正，逐步以程序公定力取代实体公定力。在实践法治国功能方面，日本行政行为效力理论现与德国的行政行为效力理论可谓殊途同归。

日本公定力理论背离了德国行政行为效力理论之法治国内涵及价值追求，而我国又是从日本将行政行为效力理论予以引入，理论引入的间接性使得我国长期以来忽略了德国行政行为及其效力理论背后的法治国内涵与价值追求，只出于工具主义立场将行政行为、行政事实行为及行政合同等作为行政管理的方式或方法。我国学界一开始就接受日本公定力理论，甚至曾一度将此作为行政行为效力理论之主流学说，与我国传统制度与观念不无关系。我国历史上是中央集权制国家，无法治传统更无法治国背景。体现国家权威观的公定力理论一传至我国，我国传统体制及传统观念即给予其扎根生长之土壤。

行政行为效力理论与制度植根于法治国背景之下，德国行政行为效力理论与制度的发展一直伴随着法治国理念与制度的发展而发展，而日本公定力理论的修正则体现了法治国下行政行为效力理论与制度的回归。我国《宪法》第 5 条第 1 款规定："……实行依法治国，建设社会主义法治国家。"法治国理念与原则在我国宪法中的确立，为我国行政行为效力理论与制度的改革与发展注入了法治国内涵与价值追求，也为我国行政行为效力理论与制度的真正回归奠定了基础。法治国宪法原则首先要求司法分立、司法优位与司法公正，其为行政行为理论与制度的宪法基础，同时由此来确定与划分行政行为效力作用领域。其次，法治国宪法原则以及其衍生出的法的安定性、法的实质正义、依法行政（行政法治）、权利保障等宪法原则，对立法、行政及司法均有约束力，不仅是行政行为效力理论与制度的价值追求，也是行政行为应遵循的原则。

（二）法治国下行政权与司法权分立

宪法意义上的近代国家与古代国家的差别在于，"近代国家的出发点是以国民主权为前提的议会和保障司法权的优越，这两个支柱是近代国家的中心，而在古代，行政权是隐藏于两个权力

之后的。"〔1〕立法、行政与司法分权制衡是西方现代国家最基本的宪法原则,《人权宣言》指出,"凡权利无保障和分权未确立的社会,就没有宪法"。分权在于防止权力滥用而保障公民权利,"从事物的性质来说,要防止滥用权力,就必须以权力制约权力"。〔2〕

日本最初继受德国行政行为及行政行为效力理论之时,正处于宪法意义上"古代国家"的阶段,行政与司法不分、司法不独立。在极权主义国家背景下,日本学者背离了德国行政行为及其效力理论之用意,创造了以公定力为核心的行政行为效力理论,该理论一度作为主流学说并影响我国。以公定力为核心的行政行为效力理论之产生并被广泛接受,符合日本当时极权主义国家体制及其相对应的权威国家观。二战后,极权主义国家体制在日本瓦解,行政与司法分立,司法分立与司法权威确立,日本法律制度逐步转向了西方法治国家法律制度。在此背景下,日本学界对公定力理论作了重大修正,逐步以程序公定力取代实体公定力。

我国是从日本将行政行为效力理论予以引入,一开始就接受日本的公定力理论,甚至曾一度将此作为行政行为效力理论之主流学说,这与我国传统制度与观念不无关系。我国历史上是中央

---

〔1〕 〔日〕渡边洋三:《日本国宪法的精神》,魏晓阳译,译林出版社2009年版,第35页。

〔2〕 〔法〕孟德斯鸠:《论法的精神》(上册),张雁深译,商务印书馆1982年版,第154页。

集权制国家，权力制约与监督方式强调纵向关系，横向上的行政权与司法权不分，更无相互间的制约与监督。而现阶段行政权的强大，司法权的弱小甚至司法公信力之下降，很大程度上与我国传统观念有关。

我国是社会主义国家，实行"议行合一"，并不主张三权分立的宪法原则。但是，我国宪法主张权力制约原则，权力制约的前提是权力的分立，只不过我国更强调权力之间的分工、合作与监督。就司法权与行政权而言，我国宪法确立了司法分立原则、司法权与行政权相平等原则。我国宪法规定全国人民代表大会是最高国家权力机关，地方各级人民代表大会是地方国家权力机关，行政机关、司法机关由人大选举产生，向人大及人大常委会负责并接受其监督。《宪法》第110条第1款规定："地方各级人民政府对本级人民代表大会负责并报告工作。县级以上的地方各级人民政府在本级人民代表大会闭会期间，对本级人民代表大会常务委员会负责并报告工作。"第133条规定："最高人民法院对全国人民代表大会和全国人民代表大会常务委员会负责。地方各级人民法院对产生它的国家权力机关负责。"《宪法》第128条规定："中华人民共和国人民法院是国家的审判机关。"第131条规定："人民法院依照法律规定独立行使审判权，不受行政机关、社会团体和个人的干涉。"由此可见，按照《宪法》的规定，我国行政机关与司法机关是在国家权力机关之下的各自独立的平行机关，我国行政权与司法权的宪法地位是平等的。司法权与行政权的分立与平等，标志着我国在宪法体制上符合了宪法意义上的"近代国家"之表征，也标志着我国正逐步迈向现代法治国家。

我国《宪法》确立的行政权与司法权的平等分立，意味着行政行为效力之国家权威观、行政优越观基础将不复存在，这为我国行政行为效力理论与制度的良性发展奠定了基础。行政权与司法权的分立与平等、司法分立的确立，对于行政行为效力理论与制度的作用，除了法治国内涵及价值的注入外，还确定了行政行为效力制度的适用范围问题：首先，行政行为效力主要解决的是行政行为在行政程序中的约束力问题，即行政行为对行政主体、相对人以及利害关系人的法律约束力。司法判决效力主要是指司法判决对诉讼当事人的法律约束力。行政权与司法权是并行的两种权力，两者均有各自的适用范围或存在领域。一般而言，行政行为效力存在于行政领域，司法判决效力存在于司法领域，两者是并行关系。当然，司法机关按照既定的行政行为效力制度甚至理论作出裁判，是法律适用问题，并非行政行为对司法裁判具有约束力。其次，由于司法权与行政权均为公权力，均具有创设或改变法律秩序内容的功能，所以行政行为与司法判决所确定的内容还将对各自程序外的主体产生约束力。其表现在，行政行为的内容作为既定事实在司法判决中予以应用，而司法判决的内容作为既定事实在行政程序中予以应用。两者作为事实在对方程序中予以应用是行政与司法分工、法律秩序稳定的需要所致，并非超越了各自效力存在领域。因为，行政行为内容作为既定事实于司法判决中的应用，其前提在于该行政行为未作为诉讼标的而被司法审查，说明行政行为效力的存在领域是行政领域；相反，当行政行为作为诉讼标的受司法审查时，该行政行为当然不对司法机关产生法律约束力，因其已属于司法领域而超越了行政行为效力的存在领域。最后，行政权与司法权系并行关系，行政行为效力的存在领域为行政程序，其决定了当司法判决与行政行为对于同一事项出现争议之时，行政行为效力当然不优于司法判决效力。[1]

（三）法治国下司法优位与司法公正

到目前为止，世界各国大多建立了行政诉讼制度或司法审查制度，我国也早在 1989 年颁布了《行政诉讼法》。司法权对于行政权的监督制约主要通过司法分立、司法优位以及司法公正等内容予以实现。司法分立是将司法权从行政权中予以剥离，使得行政权与司法权平等分立。司法权与行政权系国家权力组成部分，两者是并行关系，一般在各自领域中发挥作用而互不干涉。所以，泛泛讨论行政行为效力与司法判决效力孰优孰劣并无意义。分权只是消极地防止权力专断，在此基础之上，权力之间的制约与监督是积极地防止权力专断以实现保护公民权利的目的。简单而言，司法优位是指当行政行为与司法判决对于同一事项的判断

---

〔1〕　参见黄全："法治国视野下行政行为对司法机关的效力"，载《河北法学》2014 年第 3 期。

出现不同结论之时，司法判决效力优先于行政行为效力。在司法权对行政权的制约与监督中，司法判决效力优先于行政行为效力。而司法权对行政权制约与监督的作用途径为司法程序，司法判决效力优先于行政行为效力必须通过司法程序予以实现，即行政行为作为司法审查对象之时司法判断优于行政判断，否则将违背司法的"不告不理"原则。所以，只有当行政行为与司法判决对于同一事项判断出现争议之时，讨论两者效力孰优孰劣才具有意义。立法是创造行为规则，而行政行为与司法行为均为在个案中适用规则。根据法律规定，在一定事实之下作出相应的行政行为，如果行政行为所认定的事实是错误的，那么该行政行为之法律适用前提错误。所以，行政行为与司法判决对于同一事项判断出现争议，其原因不仅在于法律适用方面，还在于行政行为认定事实方面。

行政行为与司法判决对于同一事项判断出现争议，需要具体分析。在行政诉讼中，行政行为作为诉讼标的之时，毫无疑问，法院对此具有完全管辖权，以司法判决为准，体现了司法判决效力优于行政行为效力。但是，行政行为未作为诉讼标的，而是与行政诉讼之诉讼标的具有密切联系的，按照不告不理之司法原则，此时法院对该行政行为不应直接审理。法院对该行政行为应按照法律适用中的冲突规则予以审查：如果该行政行为符合法律规定，那么对该行政行为的效力予以承认，在该案中予以适用；如果该行政行为不符合法律规定，那么对该行政行为的效力不予承认，在该案中不予适用。所以，按照不告不理原则，虽然该行政行为的效力未被法院明确予以否定或肯定（未直接宣布该行政行为是否违法或合法），但是法院按照法律适用冲突规则予以选择适用时，实际上司法判断优于行政判断，体现了司法判断效力优于行政行为效力。

在民事或刑事诉讼中，按照不告不理原则，法院不得对行政行为予以直接审查。如果行政行为构成了该诉讼的审判前提，那么一般有两种做法：一种是应中止诉讼，告知当事人应先提起行政诉讼，等待该行政行为效力在行政诉讼中的认定结果，体现了（行政诉讼中）司法判决效力优于行政行为效力；另一种是当事人不提起行政诉讼（法院告知后当事人明确表示不提起行政诉讼）或该行政行为已逾起诉期限而不能提起行政诉讼，法院应将该行政行为作为证据，按照诉讼证据规则予以适用，体现了司法权与行政权之分工及行政行为效力作用领域为行政领域（即行政行为未被司法判决否认，其效力将继续存在）。如果行政行为未构成民事或刑事的审判前提，当事人明确不提起行政诉讼或已不能提起行政诉讼，那么该行政行为应作为证据，按照诉讼证据规则予以适用（当然，行政行为作为证据一般比其他证据具有更高的证明力）。例外情况是，在刑事诉讼中，当行政行为决定的内容将直接影响相对人是否构成犯罪时，出于对相对人基本权利的保护，行政行为不对法院产生约束力。

对于我国而言，除了以上民事、刑事以及行政诉讼中涉及的行政行为效力的相关处理机制需要构建与完善之外，还需要考虑保障司法公正及司法权威问题。德国行政行为及其效力的产生与发展与司法联系密切，其体现的法治国内涵及价值追求无不以司法权威与司法公正为逻辑前提及事实前提。在日本行政行为效力理论之转型中，司法分立、司法权威与公正的实现起到了巨大的推动作用。由于我国法制及传统观念影响，对司法公正及司法权威性保障不足。在此情形之下，如果不保障及实现司法公正及司法权威，那么引入及按照法治国理念构建的行政行为及其效力理论与制度将无法起到应有作用。

与司法分立一样，司法优位与司法公正是法治国的基本要求，也是行政行为及其效力理论与制度之基础。同时，与司法分立一样，司法优位也决定着行政行为效力作用领域或行政行为效力制度的适用范围。司法优位决定了对于同一事项的判断司法判决效力高于行政行为效力，受不告不理原则影响，作为诉讼标的之时行政行为不对司法机关产生法律约束力。而当行政行为未作为诉讼标的时，虽然也被其他诉讼带入了司法程序，但由于该行政行为未与司法判决直接交锋而未被司法判决予以否定，按照司法与行政的分工，该行政行为对司法机关具有法律约束力，当然该约束力之大小应视该案中的证据规则或法律冲突规则的适用而定。

综上所述，司法分立（或司法权与行政权分立）、司法优位及司法公正是法治国之基本要求，也是行政行为及其效力理论与制度存在的基础。按照我国《宪法》及其他法律规定，我国在宪法体制方面已实现了以上基本要求，这说明我国行政行为效力理论转型与制度构建具备了良好的宪法体制基础。同时，司法分立等法治国要求或宪法体制基础也决定着行政行为效力制度的适用范围：行政行为效力存在于该行为未被司法机关直接的司法判决予以否定之外，即只有在作为诉讼标的时行政行为不对司法机关产生法律约束力，其他情况下行政行为一般对司法机关产生按照个案证据规则适用而定或法律冲突规则而定的法律约束力。

二、行政行为效力制度的时代背景

法治国原则、司法分立、司法优位等内容为我国行政行为效力制度奠定了法治国的宪法基础。除宪法规范层面的考察外，还需考察当下相关社会实践以确定行政行为效力制度是否具有社会土壤，其主要从行政观念的转变与行政方式的革新、社会结构的变革与利益的多元化两个方面展开：

（一）行政观念的转变与行政方式的革新

二战后，社会国家、福祉国家、服务国家或是照顾（人民）国家等立国理念与原则广泛确立。如：德国基本法（第 20 条、第 28 条）主张德国必须永远是社会法治国，主张社会正义，并且借法治的制度达成这种理想。在这种理念之下，国家负有一种广泛的责任，即追求公共福祉，促进经济成长、社会福利以及文教之振兴。[1]相应的，行政领域中积极追求公益以实现社会福祉，并以实质法治途径予以实现，服务行政或给付行政作为一种新行政理念、行政观念以及行政形态也在世界范围内逐步广泛流行。作为一种新理念——"生存照顾乃是现代行政的任务"，[2]服务行政先后造成了世界范围内的新公共管理运动与新公共服务运动。在"服务行政"的理念下，政府治理模式由"管制型"向"公共服务型"转变，公民的主体性地位得到认可和尊重，公平、正义、自由、秩序等基本社会价值在很大程度上得以实现，市民社会得以进一步发展，社会自治的能力大大加强。[3]

对于我国而言，学界从 1995 年起使用服务行政的概念，最初主要是在行政法研究中对此进行讨论；1998 年起学界对服务行政的概念进行系统阐述，把服务行政定性为一种全新的行政模式，并将服务行政模式的建构确立为我国行政改革的目标走向，希望借此在有中国特色的社会主义基本制度环境下对政府的现行制度进行重新调整和安排；此后，学界对建设服务型政府进行了

---

〔1〕 （台）陈新民：《德国公法学基础理论》，山东人民出版社 2001 年版，第 189 页。

〔2〕 20 世纪 30 年代德国学者厄斯特·福斯多夫首次明确提出了"服务行政"这一概念，认为生存照顾乃是现代行政的任务。参见陈新民：《公法学札记》，中国政法大学出版社 2001 年版，第 48 - 58 页。

〔3〕 江必新、刘新少："服务行政与自由法治之辩"，载《理论与改革》2011 年第 1 期。

广泛而又深入的探讨，并在借鉴国外公共行政理论与实践经验的基础上对服务型政府进行了理论论证。[1]对世界范围内公共服务潮流的顺应，对学界服务行政的回应，也是出于我国政府管理职能的转型与管理方式的革新，我国政府提出了服务行政与服务型政府的要求。2004年3月国务院颁布的《全面推进依法行政实施纲要》指出：各级政府和行政机关要转变政府职能，深化行政管理体制改革，强化公共服务职能和公共服务意识，简化公共服务程序，降低公共服务成本，提高办事效率，提供优质服务，方便行政相对人，逐步建立统一、公开、公平、公正的现代公共服务体制。2006年9月国务院总理温家宝的重要讲话《加强政府建设　推进管理创新》指出：要切实转变政府职能，进一步规范行政权力，提高行政效能，增强政府执行力和公信力。2007年10月党的"十七大"提出"加快行政管理体制改革，建设服务型政府"的要求，并提出要加大机构整合力度，探索实行职能有机统一的大部门体制。2008年2月中央政治局就建设服务型政府举行第四次集体学习，其后的"十七届二中"全会通过了《关于深化行政管理体制改革的意见》和《国务院机构改革方案》，为构建服务型政府奠定了体制基础、指明了基本方向。

我国是社会主义国家，人民是社会的主人，国家权力来源于人民，政府只是人民的公仆。为人民服务是社会主义国家的应有

---

〔1〕　参见莫于川、郭庆珠："论现代服务行政与服务行政法——以我国服务行政法律体系建构为重点"，载《法学杂志》2007年第2期。

之义，但是我国几千年封建制度的影响使得"治民"观念还在一定程度上广泛存在。服务行政要求政府以"服务者"的角色积极行政，使得政府与公民地位趋向于平等，公益与私益之保护趋于平等，公民需求满足和公益实现共同作为行政行为的最高价值选择。服务行政将政府定位于服务者的角色，使得政府与公众的角色转换，是对"治民"观念的彻底抛弃及社会主义国家之为人民服务观念的回归。服务型政府的提出，已突破行政领域而将"服务"上升为我国整个国家的立国原则与政府的基本要求。服务行政与服务型政府建设的最大意义，在于传统行政观念的转变与社会主义国家社会治理观念的回归，传统上行政权的强制色彩便日益淡化，行政特权观或行政权威观也日趋没落。在此背景下，已不符合我国宪法体制要求、但受传统行政观念长期无形支撑着的，体现着国家权威观与行政特权观的传统公定力理论及其他内容，最终将失去其传统观念支撑而被修正。服务行政理念彰显的政府与民众之地位平等及公益与私益之平等保护，反映在行政行为效力制度中则是信赖利益保护在撤销与废止时与公益的比较衡量，而非简单的公益大于私益。

　　服务行政与服务型政府之所以能改变传统行政观念，而不同于以往提出的诸如此类的口号效应，原因在于服务行政理念有着服务行政具体形态的支撑。服务行政理念要求政府应以服务者的角色治理社会，其是对社会治理时政府角色定位与行为态度方面的概括与抽象要求。服务行政的具体形态是指政府出于"生存照顾"而对民众作出的所有行为。就行政行为而言，服务行政的具体形态主要表现为行政给付行为，如：发放抚恤金、离退休金、社会救济金与福利金、自然灾害救济金及救济物资等行为。服务行政行为的大量出现，使得服务行政取代管制行政成为公共行政的主旋律，其必将加深服务行政理念，促进行政管理方式的改革与发展，进而最终改变传统行政观念。此外，服务行政行为对于行政行为效力制度的具体构建起到了重要作用。服务行政行为均为授益行政行为，行政行为的撤销与废止以授益行为与负担行为的分类为制度起点，授益行为特别是具有持续效果的授益行为中的信赖保护及其规则为行政行为效力制度注入了时代精神。

（二）社会结构的变革与社会利益的多元化

新中国成立后，为调动举国之力进行社会主义建设，我国建立了计划经济体制及相应的社会管理模式。计划经济体制依赖于政府的指令性计划，中央计划部门通过各级计划与相应部门，用指令性计划指标安排经济活动。其使得社会各组织，以整体利益为出发点，服从国家的统一安排，来保证国家计划的完成。社会组织由此在事实上无独立的主体地位，而只是上级实施管理的工具，其成员也只需服从组织的管理安排。在城市，政府通过"单位"将社会成员纳入到统一的组织结构中，而在农村则通过"集体"将农民纳入到生产组织中。每个公民依附于某一社会组织，国家又将所有社会组织纳入行政组织系统，形成行政隶属关系，按照行政组织原则，层层隶属之下，形成金字塔式的社会结构。[1]我国此时是一个个人单位化、单位行政化、生活政治化甚至军事化的社会。作为高度集中的计划经济体制的产物，我国社会利益结构体现出高度整体性，而公有制则是唯一的利益源泉。整个社会的成员很难划分为严格意义上的利益群体，因为其在利益关系上均不具有独立性。在个人利益与整体利益的关系上，个人利益绝对服从整体利益。这种整体性利益结构使得我国利益主体意识淡化、利益差别模糊以及利益关系单一。在此背景及相应观念之下，体现国家权威观念、突出行政优越性、强调相对人服从的以公定力为核心的行政行为效力理论及相应制度在我国更容易被接受。

改革开放后，随着我国市场经济体制的建立与逐步完善，资源配置方式和产品分配方式的改变导致了社会利益格局的逐步转变与重组，出现了不同利益群体和利益需求，即社会利益多元化。利益多元化主要表现为利益主体多元化与主体利益多元化。[2]利益主体多元化是指个人利益独立化与多种利益群体并存，其是对计划经济体制下利益主体单一化的否定。以公有制为主体的经济成分的多元化，以按劳分配为主的分配方式的多样化，使人们

〔1〕 张树义：《中国社会结构变迁的法学透视——行政法学背景分析》，中国政法大学出版社2002年版，第25－31页。
〔2〕 参见杨春福、王方玉："利益多元化与公民权利保护论纲"，载《南京社会科学》2008年第3期。

之间的收入分配差距逐步拉开，使人们的经济状况、政治地位和思想态度多样化，人们之间的利益差别和矛盾客观存在，利益取向大体一致的人们形成了利益共同体，从而划分为不同的利益共同体。[1]"政企分开"与"政事分开"以及民营经济、外资企业等大量相对独立的利益主体不断涌现，甚至在改革的过程中政府部门也逐步产生了强烈的利益主体意识，这些新利益主体的出现均意味着计划经济管理体制及我国传统治理模式下的社会基础发生了根本改变。由此，传统利益关系调整的绝对的集体主义取向逐渐被人们抛弃，个人独立价值和利益也逐步得到社会承认与尊重。

利益源于需求，在基本生存需求得到满足的前提下，随之而来的是公民逐步对政治自由与政治权利的需求与满足，即民生到民权保障的需求与满足。如：广泛的政治参与、良好的社会环境、充分的自由与权利保障、完备的社会保障体系等方面的需求与满足。利益主体多元化加剧利益需求的多元化，而主体利益多元化即是各主体利益需求的多元化。由于利益主体多元化以及利益主体的不同利益需求，社会利益矛盾与冲突日趋激烈，传统体制下以集体主义为价值取向的利益整合机制难以有效地整合利益多元化条件下的利益关系，由此社会治理模式需要改革与完善。与此同时，在民众对个人利益的追求中，逐步萌发了公民主体意识与权利观念，这也同样对社会治理提出新的要求。

---

〔1〕　彭劲松："当代中国的利益群体矛盾分析"，载《理论导刊》2006年第6期。

我国由高度集权的计划经济体制向现代市场经济体制转轨的过程中，社会结构的变化、社会利益的多元化以及由此带来的社会矛盾的复杂化，都为社会治理模式的改革提出了新要求。我国《宪法》在 2004 年修正后提出"实行依法治国，建设社会主义法治国家"。建设社会主义法治国家，意味着我国行政行为效力理论与制度应赋予法治国内涵与价值追求，体现国家权威观的传统公定力理论及其相关制度应当改革。利益多元化的背景之下，传统利益关系调整的绝对的集体主义取向、强调公益大于私益的简单结论与做法，均已失去了存在的社会基础。现代市场经济体制下的利益多元化，社会治理应当将重点放置于各种利益的平衡，在各种利益的平衡中维护社会秩序并体现社会公正价值。行政行为效力制度应将各种利益内容及利益平衡机制予以考虑与吸收：行政行为生效以相对人在法律上知悉行政行为内容为生效规则以保护相对人利益，行政行为撤销应衡量信赖利益保护与撤销公益、公益损害与撤销公益维护以决定是否撤销、采取何种撤销方式及补偿信赖利益损害，行政行为废止以不废止将造成公益重大损害为实施前提、废止应补偿信赖利益也体现了公益维护与信赖利益保护之间的衡量及信赖利益的保护。

三、法治国下行政行为效力制度遵循的原则

一国法律体系中宪法处于最高位阶，宪法是各种价值理念的

集合体，宪法所确立的原则应是所有法律共同的价值追求。法治国宪法原则及其衍生出的法的安定性、权利保障、法的实质正当性及依法行政等原则，应是行政行为效力制度构建应遵循的原则。

（一）法的安定性

人类在本能上对于无序状态或不可预知的未来具有恐惧心理，即人类均有安全的需求。在社会生活中，出于安全需求的本能，人类需要社会规范秩序的稳定性或安定性，以便能够以此合理安排及进行个人的社会生活。法律规范是社会生活中的重要环节，是社会规范中最重要的部分，法律规范的稳定性或安定性便成为法律规范的重要理念。法的安定性概念的阐释一般有两种：一种是"借由法律所达成的安定性"，另一种是"法律本身的安定性"。[1]前者是指通过法律的规范功能来维持社会秩序的安定状态，后者是指维持法律本身的安定状态。前者是从结果与目的层面考察，其所阐释的只是法律本身安定性的目的、所发挥的功能或作用及产生的结果。所以，从概念而言，法的安定性可理解为"法律本身的安定性"。

法律本身的安定性可分解为："法律往来关系或法律状态的

---

〔1〕（台）城仲模主编：《行政法之一般法律原则（二）》，台湾地区三民书局股份有限公司 1997 年版，第 273 页。

安定性"与"法律文字权利义务规定的安定性"。[1]前者能保障既有的法律关系与状态以免于权力侵害，后者意在强调法律文字对权利义务规定的明确性以使得相关法律状态具有可辨认性而相关行为后果具有可预见性。"安定性"在法律关系与法律状态中主要指"稳定性""持续性"或"不可破坏性"，而在权利义务规定中主要是指法律构成要件与法律效果的明确性与可认识性。当权利义务规定以及法律关系具有明确性、持续性或稳定性时，民众对自己行为的结果具有可预见性与可期待性，由此可以合理地安排个人社会生活，法的安定性得以实现。

法律秩序安定性状态是法的安定性所衍生的功能、作用、结果或目的，其首先依赖于法律本身的安定性，从广义而言，法的安定性的范围可包含法律本身的安定性与法律秩序的安定性。建立持续稳定的秩序（即法的安定性）一直是法的内在理念与首要价值，法的安定性为法治国宪法原则所衍生的原则，是法的秩序价值的延伸。无论是在形式法治国阶段，还是实质法治国阶段，法的安定性只具有相对性，法的安定性价值只是法的价值之一，在制度上需要结合法的其他价值进行系统安排，而在个案中则需要具体结合法的其他价值作综合性衡量与判断。如果一味强调法的安定性效力高于其他法律价值的话，那么必将得出"恶法亦法"的尴尬结论。

---

[1] （台）城仲模主编：《行政法之一般法律原则（二）》，台湾地区三民书局股份有限公司1997年版，第277页。

法的安定性一直是法律的内在理念与首要价值，通过安定性的法律的规范功能可实现整个法律秩序的安定性状态。行政行为是执法行为，是将法律抽象规则适用于具体个案中，创设具体法律秩序内容的法律适用行为，是法律实现规范功能最重要的途径。法的安定性同样要求行政行为具有安定性，其是法的安定性在行政法领域中的必然要求。具体而言，行政行为内容、所设定的具体权利义务具有明确性与可认识性，行政主体与相对人之间的法律关系或法律状态具有稳定性、持续性或不可破坏性，由此相对人可按照行政行为内容安排自己行为并对行为结果具有可预见性与可期待性。通过无数个案中行政行为的稳定性或安定性，可以整体上推进法律秩序安定性的实现，进而实现法的安定性价值的要求。

行政行为安定性是法的安定性对行政行为的必然要求，法的安定性价值的核心要旨在于行政行为保持持续性、稳定性及不可随意更改性。透过行政行为规范功能，行政行为安定性可体现在行政行为效力上的存续性或稳定性。行政行为效力制度的构建应充分考虑法的安定性的价值要求：行政行为生效后，无论其是否违法一般先推定有效，即法律秩序先行稳定；可撤销行政行为涉及信赖保护的，当信赖利益大于撤销公益时，行政行为不被撤销，即考虑法的安定性价值优先于其他价值（此时信赖利益保护作为法的安定性价值优先选择的重要考量因素）；情势变更情形下，合法行政行为不被废止之情形绝大部分也即考虑法的安定性价值优先于其他价值；行政行为的撤销与废止除斥期间之要求，即是考虑法的安定性价值；行政行为的治愈，从效益成本角度考虑法的安定性价值优先于其他价值。但是，行政行为效力制度追求或体现的价值，除法的安定性之外还有其他，所以法的安定性价值要求行政行为效力存续只具有相对性。因此在行政行为效力制度构建上应系统综合考虑多种价值追求，在个案中也需要综合考虑各种价值追求来决定行政行为效力以实现个案公正。

（二）权利保障

形式法治国时期，依据实定法来实现国家的所有目的，即依据法律推行国家事务、确保"依法律行政"与"依法律裁判"。对于人民权利与自由的限制，只能以法律进行规定。在此基础上，行政机关依法即可以对人民的权利与自由进行规制。形式法治国并不以保障人民的权利、自由为目的，相反其还通过法律对人民的权利、自由进行限制，即将实证法律作为工具。形式法治国既可以和民主主义结合也可以与法西斯结合。

二战后大陆法系国家对传统法治国（形式法治国）进行了反思，并对其内容进行了改造：在保留了"法治国"外壳的前提下，在法治国内涵中注入了英美国家"法治"的内容。[1]实质法治国以保障民众权利与自由为目的与主要内容，强调依法拘

---

[1] 卓泽渊：《法治国家论》，法律出版社 2004 年版，第 10 – 16 页。

束与限制国家权力。法治国中的"法"是指超越法律或实定法的更高层次的"法"，其不仅拘束行政机关和司法机关，也拘束立法机关。如：对于实质法治国内容的发展及确立作出巨大贡献的德国，1949 年《德意志联邦共和国基本法》第 1 条与第 28 条规定，德国法律并非拘束国家权力的唯一法源，而渊源于自然法的所谓人性尊严与正义等高位阶的法（超法律的法），是法治国的最高法。由此，实质法治国与英美国家 "Rule of Law" 相差无几，意味着限制专断权力，在宪法之下给予公民权利最大限度的保障。[1]

权利保障作为形式法治国发展至实质法治国的鲜明特征，其是（实质）法治国宪法原则衍生出的一个重要宪法原则。"法治国家的重要特征之一是对个人权利和自由的现实保证。人权是法治国家的精髓，也是社会整体发展的重要因素之一。"[2]在所有的国家形态中，实质法治国是权利最有保障的国家，其以限制国家或政府的专横为手段，以国家对权利的充分保障为价值目标。我国《宪法》第 33 条第 3 款提出"国家尊重和保障人权"，确立了权利保障原则。权利保障应作为行政行为效力制度的价值追求及行政行为所遵循的原则，如：出于权利保障，行政行为作出后应通知相对人并以相对人法律上知悉行政行为内容为生效要

---

〔1〕 杨建顺："'法治行政'在日本"，载杭州大学法学院、浙江省法制研究所主编：《法治研究》，杭州大学出版社 1998 年版，第 149 页。

〔2〕 ［俄］B. B. 拉扎列夫主编：《法与国家的一般理论》，王哲等译，法律出版社 1999 年版，第 349 页。

件，行政行为的撤销与废止应保障相对人的信赖利益并将此作为限制条件，行政行为的补正情形不包括违反法定程序者，等等。

（三）法的实质正当性

法的实质正当性或法的实质正义作为法治国宪法原则衍生出的原则，是随着"实质法治国"的确立而产生的。形式法治国并不以保障人民的权利、自由为目的，相反其还通过法律对人民的权利、自由进行限制，即将实证法律作为工具。二战后，大陆法系国家法治国内容中注入了英美国家的"法治"内容，使得形式法治国向实质法治国的蜕变得以发生。实质法治国以保障民众权利与自由为目的与主要内容，强调依法拘束与限制国家权力。由此，实质法治国与英美国家"Rule of Law"相差无几，"良法"之治以追求实质正义为其核心价值。法的实质正当性原则对立法、行政及司法均有约束力，是行政行为效力制度的价值追求及原则。

实质法治国继承了形式法治国的杰出理念，"诸如最大幅度地维护人民基本权利、基于自由主义的对国家权力可能滥权的疑惧，以及确保上述两个原则所必须采行的法律保留及所衍生的信赖利益保护、溯及禁止与可预测性原则的实践等"，[1]"传统自由主义法治国所树立的原则，例如形式完整的合法性原则以及追

---

〔1〕 （台）陈新民：《德国公法学基础理论》，山东人民出版社2001年版，第100页。

求法律安定性，皆可构成此正义的一个元素……"，[1]只不过由于实质法治国以保障人权为目的与主要内容，使得相应内容发生了根本性的变化：必须与实质正义相结合。所以，实质法治国以实质正义为最高价值追求。

追求实质正义为法治国宪法原则之本质，所以法的实质正当性应为行政行为效力理论与制度的最高价值追求与原则。其意味着法的安定性、权利保障、依法行政等原则或价值追求发生冲突之时，应以法的实质正当性予以衡量。

（四）依法行政（行政法治）

依据实定法来实现国家的所有目的、推行国家事务，在行政领域则体现为"依法行政"。无论是形式法治国还是实质法治国时期，依法行政一直是行政法的基本原则，只不过各阶段的内涵有本质的区别。[2]权利与自由只能由法律予以限制。形式法治

---

〔1〕（台）陈新民：《德国公法学基础理论》，山东人民出版社2001年版，第91页。

〔2〕汉语中的"原则"对照的英文是principle，"基本原则"对照的是fundamental principle、cardinal principle，"具体原则"直译为specific principle。英文中一般不用specific principle，而直接用rules。英文中使用"基本原则"是为了强调该原则的重要性，基本原则与原则是"横向关系"。我国基本原则与具体原则是"纵向关系"，基本原则统领具体原则，两者共同构成原则的全部内容。本文涉及的法、宪法以及行政的基本原则与原则关系皆为"横向关系"。参见黄全："论政府信息公开的原则体系"，载《江苏大学学报（社会科学版）》2014年第1期，第79页。

国时期出于实证法律工具主义立场，法律并不以保障人民权利与自由为目的，相反还对其加以限制。实质法治国以保障民众权利与自由为目的与主要内容，强调依法拘束与限制国家权力，"良法"之治以追求实质正义为其核心价值。虽然均是依法行政，但是由于形式法治国与实质法治国时期的法律内涵与本质发生了根本性变化，所以依法行政的内涵也发生了根本性变化：从追求形式正义到追求实质正义。实质法治国下依法行政，以追求实质正义为目标，是法治国原则在行政领域中的具体化，此依法行政以"行政法治"进行表述更为恰当。

与法的安定性、权利保障以及法的实质正当性等不同的是，来源于法治国宪法原则的依法行政更多是对行政、司法的要求，很少有对立法者（立法机关）的要求，所以依法行政很难作为行政行为效力制度的价值追求，而只能作为效力制度构建遵循的原则，通过依法行政实现行政行为效力制度的价值追求。

四、法治国下行政行为效力制度的衡量因素

市场经济是法治经济，我国《宪法》已明确规定我国将建设社会主义法治国家。市场经济下利益多元化，公益与私益应得到平等保护。法治国下社会治理的重点在于各种利益的平衡，而已非简单地认为公益大于私益或公益优先。行政行为效力理论与制度构建应充分考虑公益与私益两种因素对于行政行为效力的影

响，并将利益之间的衡量机制构建作为重点。

（一）公共利益

公益向来是国家积极追寻的目标之一，也始终是国家与社会存在的目的。行政的首要特征在于为了公益而活动，行政的目的在于公益的实现与维护。"公共利益的概念，由最高位阶的宪法以降，所有国家之行为——立法、行政、司法，皆广泛使用公益作为其行为'合法性'的理由以及行为之动机。"[1]公益由"公共"与"利益"组成，前者是指利益主体范围，后者是指价值判断问题。受益对象或范围的不确定与利益内容的不确定，使得公益概念的内容具有不确定性，所以公益一直是典型的不确定法律概念。公益作为行政行为效力制度构建中一个重要的衡量因素，必须明确其概念，而确定公益内容则需要从公共与利益两个方面着手。

公共是一个不确定的构成体，无法用一个简单数量予以衡量。公共绝非是多数人在数量上的累加或总和，也不意味着全部，因为全体国民利益一般称为国家利益。德国立法者、司法界及学界提出了"某圈子之人"作为公众的相对概念，并简单勾

---

〔1〕　（台）陈新民：《德国公法学基础理论》，山东人民出版社2001年版，第182页。

勒出公共的判断标准。[1]确定"某圈子之人"有两个要素：一是该圈子并不对任何人都开放，具有隔离性；二是该圈内成员的数量是少数。那么相反，作为与"某圈子之人"相对的公众或公共的标准则至少包含两个条件：非隔离性与成员数量的大多数。非隔离性即开放性，是指群体成员具有自由的流动性，进出该群体无特别的条件限制。数量上的大多数比非隔离性更为重要，因为只有成员数量多才能构成公众。以人数多少的方式来决定公共的概念，主要强调的是数量特征。由此，以过半数人利益作为公益的基础，符合了民主多数决定少数、少数服从多数的一般理念。所以，"公共"是指不确定的大多数。

相较于公共的概念，利益则显得更为抽象。德国公法学界对于利益的解释，不外乎是一个主体对一个客体的享有；或是主体及客体间的关系；或是在主体及客体关系中，存有价值判断或价值评判。[2]由此可见，利益主要是指客体被主体所获得或肯定的积极价值。价值作为利益的中心要素，所得的利益概念即带有明显的主观性与不确定性。利益因人而异，并且范围上不限于物质利益。

利益形成与利益认定带有一定的主观性，若利益仅由主观而

---

〔1〕（台）城仲模主编：《行政法之一般法律原则（二）》，台湾地区三民书局股份有限公司1997年版，第158页。

〔2〕（台）陈新民：《德国公法学基础理论》，山东人民出版社2001年版，第182页。

定的话，那么谁掌握了话语权谁即是公益的代言人，其结果必将造成公益判断的恣意性及私益损害的随意性。所以，公益的判断标准应置于客观基础之上。而所谓的"客观"主要是指由大多数人的评价而定，即不确定的大多数人的利益由大多数人来评价。在现代民主法治国家中，大多数人评价的途径或载体应为法律。法律所包含的目标是针对现存价值，其能脱离个别利益主体的影响，可以起到限制个人主观目标的作用。在一个国家的法律体系内所追求的公益，最重要的决定因素是由该国宪法直接导出的公益理念。而宪法公益理念基础往往由该国宪法所规定的国家任务与国家基本原则所定。[1]为不使宪法公益理念变成一个空泛的条文或口号，就必须通过立法的途径将其具体化。法律在公益概念法制化及具体化的同时，也可使得适用机关（行政及司法机关）在个案适用公益条款时能对该条款规定的公益内容获得比较确定的结论。

我国《宪法》序言中规定："国家的根本任务是，沿着中国特色社会主义道路，集中力量进行社会主义现代化建设。……逐步实现工业、农业、国防和科学技术的现代化，推动物质文明、政治文明、精神文明、社会文明、生态文明协调发展，把我国建设成为富强民主文明和谐美丽的社会主义现代化强国。"除了国家任务外，我国《宪法》规定了国家（立国）的基本原则，如：

---

　　〔1〕（台）陈新民：《德国公法学基础理论》，山东人民出版社2001年版，第187页。

人民主权（第1条与第2条）、社会主义法治国家（第5条）、人权保障（第33条）等。我国《宪法》规定的国家任务与国家基本原则内容均可形成公益理念，而这些公益理念通过立法可以形成公益内容。"形成国家基本制度及原则的理念，皆可以衍生其他符合公益的价值。例如由法治国家理念可衍生出法律不溯及既往的基本原理，法律安定性之原则，以及分权制衡，例如依法行政，依法裁判、保障司法分立之理念等，都是符合公益之宪法理念。"[1]

公益作为行政行为效力制度构建的重要衡量因素，主要是指公益对于行政行为效力的影响。首先，不论行政行为是否违法，只要生效要件成就，该行政行为即发生法律约束力。由上文价值追求中所述，其是主要出于法的安定性价值的考虑。同时，追求法律秩序的安定性也属于由法治国理念衍生的符合公益的宪法理念。法的安定性既是价值追求，又符合公益理念，体现出价值与利益之间的密切关系，也体现出公益的复杂性与多面性——公益不仅仅为物质上的利益。所以，公益对行政行为生效的影响，主要体现在法的安定性之公益理念对决定行政行为生效具有绝对性。其次，公益对于已生效行政行为效力的影响，主要是指公益对该行政行为存续、撤销及废止等的作用。如：违法行政行为是否撤销，取决于撤销公益是否大于信赖利益或者撤销公益是否大

---

〔1〕（台）陈新民：《德国公法学基础理论》，山东人民出版社2001年版，第193页。

于不撤销而造成的公益损害；合法行政行为是否废止，有时取决于不废止是否将造成公益明显损害。公益对行政行为效力具体影响之衡量，也是公益选择之过程，特别是公益与公益冲突时的选择。[1]最后，公益并不限于物质利益，公益对于行政行为效力的影响并不能以量化的物质利益来衡量。公益与公益冲突需要衡量选择时，以"量最广、质最高"作为一般标准，而非简单的物质利益多少。

（二）私方利益

除了公益外，私益同样也是行政行为效力理论与制度构建中的一个重要因素。依照我国《宪法》的人权保障之国家基本原则，私益保护属于由宪法理念导出的公益理念内容。私益保护符合公益理念，从这个意义上讲，私益保护与公益维护本身并不可分，在地位上也无高低之分，公益与私益应得到同样的保护，而

---

〔1〕利益的形成与利益价值的认定一直受到当时社会客观事实的影响，所以公益内容必须弹性的由社会、国家的法律的价值概念来决定。然而，国家的公益需求往往会因不同价值标准而有所差异，可能会造成在同一事件上会有因为不同价值判断而形成的不同公益之间的冲突。如：环境保护与经济发展之间的公益冲突。其涉及公益之间的价值比较问题，即在多个公益之间选择一个最优先考虑的价值标准。而选择一般用"量最广""质最高"的方法："量最广"是指受益人的数量最多，尽可能使得最大多数人均享福利；"质最高"是指对受益人生活需要的强度而定，凡是与人类生存越有紧密关系的要素，越符合质最高的标准（参见（台）陈新民：《德国公法学基础理论》，山东人民出版社2001年版，第202－204页）。

公益维护与私益保护之间的衡量实际上也是不同公益内容之间的衡量与选择。私益保护符合公益需要，但是私益并不等同于公益。

由于利益形成与利益认定带有一定的主观性，并一直受到当时社会客观事实的影响，所以私益内容及范围也必须要由立法予以法制化与具体化。在我国大陆，私益一般即是实定法所称谓的"合法权益"。而按照现有实定法内容来看，"合法权益"一般指"人身权与财产权"。而在德国与我国台湾地区的行政行为效力理论与制度中，信赖利益作为影响行政行为效力的重要因素，特别是授益行政行为的废弃主要由信赖利益与公益之间的衡量结果而定。由此可见，我国大陆的私益范围较小，特别是缺乏信赖利益的规定。

在我国市场经济下，利益的多元化就是私益从公益中剥离并独立成长的结果。私益与公益应得到同样的维护或保护，当公益与私益发生冲突之时，应具体比较衡量而非简单地认为公益即大于私益。私益作为行政行为效力制度构建的一个重要衡量因素，对我国而言主要是信赖利益的承认与信赖利益保护原则与机制的建立：存在信赖保护的情形下，只有撤销公益大于信赖利益时，该违法授益行政行为才能予以撤销，反之则不撤销，体现了公益与私益对行政行为效力的影响在地位上是平等的。一般只有在不废止将对公益产生重大损害时，合法授益行政行为才能予以废止，也体现了信赖利益保护。同时，行政行为被撤销、废止之时，采取不同的撤销、废止方式或补偿同样也是出于对信赖利益保护的考虑。

五、小结

法治国宪法原则的确立，司法分立与司法权威不断加强，为我国行政行为效力制度构建奠定了宪法基础。服务行政的兴起与服务型政府的建设，促使了行政观念的转变与行政方式的革新；市场经济体制不断完善，促使了我国社会结构的变革与利益的多元化，两者为我国行政行为效力制度的构建奠定了社会基础。法治国宪法原则及其衍生出的法的安定性、权利保障、法的实质正当性以及依法行政等内容，应为我国行政行为效力制度构建所要遵循的原则。公益与私益应得到平等保护，行政行为效力制度构建应充分考虑公益维护与私益保护之间的平衡。法治国原则下各价值追求及原则间的冲突与平衡，公益维护与私益保护间的冲突与平衡，是贯穿整个行政行为效力制度构建的两条主线。以法的实质正当性作为冲突平衡机制的最终选择，体现了实质正义追求为实质法治国的核心价值。

第三章　行政行为的生效

　　行政行为生效是行政行为效力制度构建的起点，行政行为生效的涵义又是行政行为生效理论与制度的前提与基础。何谓行政行为生效？生效有何法律意义？行政行为如何生效或生效规则是怎样？生效将产生何种效力？对于不同主体产生何种具体效力内容？对不同主体具有怎样的不同法律效果？对于这些问题的回答构成了行政行为生效理论之全貌及制度构建之全部。本章从行政行为生效的涵义着手，区分生效与成立之不同，并具体分析生效规则及相应法律效果。

一、行政行为生效的涵义

　　长期以来，学界不太注重对行政行为的成立、生效、有效与合法等基本范畴的区分，以至于相关表述较为混乱。20 世纪 80年代，在我国行政法初创期，代表性的行政法学论著将行政行为成立要件、生效要件、有效要件及合法要件相混，如：成立要件是"法律要求行政机关采取行政行为时应遵守的条件称为行政行为的有效要件，或称之为成立要件"〔1〕（成立要件与有效要件相混淆）；生效要件为"该行为产生法律效力的必要条件，缺少任何一项要件，该行为即是无效的或者是可撤销的"〔2〕（生效要件与有效要件相混淆）；有效成立要件指"使行政行为能够产生合法的法律效力的必要条件……缺少其中任何一项，行政行为都不能合法成立"〔3〕（生效要件、成立要件与合法要件相混淆）。

20世纪90年代中期始，行政行为生效逐步成为一个独立范畴，一些权威论著也开始注意行政行为的生效与成立、有效之间的区别，并初步探讨生效规则或方式。〔4〕当然还有学者仍认为，具体行政行为从其成为具体行政行为时开始就产生法律效力，"生效条件"不过是"成立条件"的别称，因而主张废弃"生效条件"的提法。〔5〕到目前为止，上述概念之间的混用现象虽仍未完全消除，但已主要集中在行政行为生效的涵义及其内容的不同认识。构建行政行为生效制度，首先必须明确行政行为生效的涵义。

---

〔1〕　罗豪才：《行政法论》，光明日报出版社1988年版，第151页。

〔2〕　应松年、朱维究主编：《行政法与行政诉讼法教程》，中国政法大学出版社1989年版，第167页。

〔3〕　张树义主编：《行政法学新论》，时事出版社1991年版，第200页。

〔4〕　王连昌主编：《行政法学》，中国政法大学出版社1994年版，第302－304页。

〔5〕　傅士成：《行政强制研究》，法律出版社2001年版，第134页。

（一）行政行为生效涵义的几种代表性观点

观点一：行政行为生效是指行政行为形式效力的发生。有学者认为，"从行政决定过程性角度来看，生效是行政决定自身运行进程中的一个重要环节，意指行政决定在符合特定条件时开始产生形式效力。"[1]同时，行政行为对于行政主体与相对人两种不同主体的生效（"生效时间点"）是不同步的，[2]具有不同

---

[1]　章志远："行政决定"，载应松年主编：《当代中国行政法（上）》，中国方正出版社2005年版，第686页。

[2]　行政行为对于行政主体与相对人不同生效时间点的观点由来已久，早在20世纪末王名扬先生的《法国行政法》（中国政法大学出版社1988年版）对此就作过论述："行政处理效力的开始时期，应分开对行政机关本身和对当事人而不同。对行政机关本身来说，行政处理效力的开始时期和行政处理的成立时期一致。行政处理一旦作出立即生效。行政机关从作出处理时起就有遵守的义务。对当事人来说，行政处理只在行政机关使当事人知悉时起才能实施，即行政处理只在公布以后才能对当事人主张有效。"（参见该书第165页）但是，王名扬先生未将行政处理的效力解释为形式效力，而是："行政处理的效力是指行政处理在法律上所发生的效果。行政处理是行政机关单方面决定当事人法律地位的特权，它的效力首先根据它的内容而定。由于行政处理的内容是创设、变更和消灭当事人的法律地位，所以它的效力也是创设、变更和消灭当事人的法律地位。"（参见该书第164页）王名扬先生将行政行为的效力理解为行政行为内容对相对人发生效力，即创设、变更和消灭当事人法律地位的法律效果的发生。对于此种效力理解，王名扬先生认为其是法律行为效力的一般特征："这种效力不是行政处理的主要特征，因为私人的法律行为也可创设、变更和消灭相对人的法律地位"（"行政处理的效力主要特征是它是行政机关单方面的行为，是行政主体的一种特权"）。为进一步说明行政行为效力的主要特征，王名扬先生提出了行政处理的特权表现，其中之一为"效力先定特权"：

的生效规则："从理论上说，对于行政主体而言，行政行为的成

接上注〔2〕

"效力先定特权是指行政机关的决定一旦作出以后，就假定符合法律的规定，对行政机关本身和当事人以及其他国家机关具有拘束力量。"（参见该书第 165 页）

王名扬先生对行政行为生效涵义的相关理解，可总结为：首先（生效涵义），行政行为生效是指行政行为内容对相对人发生法律效果：创设、变更和消灭当事人法律地位。其次（生效时间），对于行政主体而言，行为作出之时就生效；对于相对人而言，当事人知悉之后（公布之后主张有效）行政行为才能实施（至少实施之前已生效——笔者注）。最后（生效主要特征），行政行为决定一旦作出，行政行为内容就假定符合法律规定，就对行政机关本身和当事人以及其他国家机关具有拘束力量。

行政行为生效涵义是行政行为内容对相对人法律地位发生法律效果，但生效时间对两种不同主体却有不同要求，其将自身界定的行政行为生效作用范围或适用对象扩大——说明前后的生效涵义应该是不相同的。同样，将行政行为内容对相对人法律地位发生法律效果作为法律行为生效的一般特征，而提出了行政行为主要特征（行为决定一旦作出，就假定符合法律规定，就对所有主体均产生拘束力），其在一般特征之下提出主要特征时却把生效作用范围或适用对象又扩大——说明生效与拘束力是不同概念。王名扬先生"缺乏"逻辑性及前后"矛盾"的论述，在现有行政法相关理论语境之下，其可能表达行政行为形式效力（"效力先定特权"与"公定力"理论内容相似）与行政行为内容对相对人法律地位发生法律效果是不相同的：行政行为一旦作出即发生形式效力，对所有主体发生拘束力；行政行为一旦作出对行政主体即生效，行政机关应当遵守义务（但是，义务内容是什么呢？）；行政行为公布之后（相对人知悉了相关内容），行政行为内容才对相对人生效。

由于时空变幻，我们已无法获知王名扬先生真实的意思。王名扬先生这一论述产生于我国行政法初创的特殊时期，其深深影响了学界。该论述所反映的行政行为生效相关理论体系与内容的"真实意思"不清晰，导致了学界对此产生诸多理解，以至于现在学界不同学者对行政行为生效涵义理解还不一致，甚至同一学者在论述行政行为生效相关内容时存在前后互换概念、逻辑不一致等问题。这些问题的实质，其实反映了行政行为形式效力与传统法律行为生效之间的差异，以及如何构建行政行为效力体系等问题。

立与生效是完全一致的，即行政行为一旦作出就对行政主体一方产生形式上的效力，这是警示行政主体慎重行使行政职权的内在要求。但对行政相对人来说，行政行为只有在其知晓之后才可能对其产生形式效力。"[1]

仅从以上表述内容来看，行政行为生效的相关内容是清晰的。但是，结合该学者其他相关论证内容来看，这些内容似乎不那么清晰。现列举该学者相关论证内容：行政行为效力内容包括公定力、不可变更力、执行力及不可争力等四种。[2]公定力是指"行政行为一经作出，除自始无效外，即获得有效性推定，在未经有权机关依法撤销之前，要求任何国家机关、社会组织或者公民个人对其给予承认……的效力。"[3]（公定力自行为作出时就对所有主体——包括相对人[4]——发生效力）不可变更力主要是对行政主体产生的作用力。[5]执行力是指"已生效的行政行为具有的要求相对人自行履行或者强制相对人履行其所设定义

---

[1] 章志远："略论行政行为的生效"，载《长春市委党校学报》2003年第3期。

[2] 章志远："行政行为效力论"，苏州大学2002年博士学位论文，第41-73页。

[3] 章志远："行政行为效力论"，苏州大学2002年博士学位论文，第43页。

[4] 章志远："行政行为效力论"，苏州大学2002年博士学位论文，第44页。

[5] 章志远："行政行为效力论"，苏州大学2002年博士学位论文，第62-63页。

务的作用力。"[1]

结合行政行为生效的相关内容来看，以上列举的各种形式效力的发生条件或作用对象（公定力于行为成立时对所有主体产生效力、不可变更力只对行政主体产生效力、执行力主要对相对人产生效力）与行政行为对不同主体依不同规则内容生效（对行政主体于行为成立之时，对相对人于生效规则符合时）不一致，或者说按照行政行为生效而产生的形式效力不在其所界定的四种形式效力之中。也许该学者想表达行政行为生效后所发生的法律效力在性质上属于形式效力的范畴，但留待的疑问是：生效所产生的法律效力究竟属于该学者所界定的四种形式效力内容中的何种呢？由此可见，该学者的论证与王名扬先生一样，存在着概念前后不一致、不清晰等问题。

观点二：行政行为生效是指对相对人发生法律效力。行政行为生效是指行政行为向行为所针对的当事人开始发生法律效力。[2]（此种理解与王名扬先生对于行政行为生效"涵义"的表述相一致）该学者认为，行政行为效力分为形式效力与实质效力：形式效力是指行政行为一旦成立后就具有的法律效力，实质

---

[1] 章志远："行政行为效力论"，苏州大学 2002 年博士学位论文，第 68 - 69 页。

[2] 杨小君主编：《行政法基础理论研究》，西安交通大学出版社 2000 年版，第 166 页。

效力是指行政行为符合一切法定要件下所具有的法律效力。[1]
形式效力包括公定力、确定力、执行力等，其中公定力与确定力
均在行政行为成立之后立即发生，而执行力是指"行政行为一旦
成立并开始生效的情况下，相对人必须遵守、照办和履行的法律
效力"。[2]

"行政行为成立后，只有符合一定的生效规则，才能发生法
律效力"，[3]该学者列举了即时、受领、公告、附条件四种情形
的生效规则，但是显然行政行为生效后所产生的法律效力并非实
质效力，因为实质效力产生条件为"合法有效要件"。该学者进
一步写道："从行政行为的生效与行政行为的效力之间的关系看，
行政行为效力内容中的执行力产生于行政行为生效以后"，执行
力包括相对人的自行履行约束力和行政机关的强制履行约束力两
个方面。[4]由此可见：该学者认为行政行为生效就是指该行政
行为针对相对人发生执行力的形式效力，或者执行力只是行政行
为生效后产生一种法律效力。因为该学者采用"执行力产生于行
政行为生效以后"的表述，而未采用"行政行为生效产生执行

〔1〕 杨小君主编：《行政法基础理论研究》，西安交通大学出版社
2000 年版，第 163 页。

〔2〕 杨小君主编：《行政法基础理论研究》，西安交通大学出版社
2000 年版，第 162 页。

〔3〕 杨小君主编：《行政法基础理论研究》，西安交通大学出版社
2000 年版，第 166 页。

〔4〕 杨小君主编：《行政法基础理论研究》，西安交通大学出版社
2000 年版，第 168 页。

力"。留待的疑问是：生效究竟发生了什么法律效力？

观点一与观点二在很大程度受到了王名扬先生在《法国行政法》中相关论述的影响，三者虽有概念、名称及具体内容上的差异，但共同表达了行政行为对于行政主体及相对人具有不同的法律约束力，共同暴露出逻辑论证及体系构建上的一定缺陷。

观点三：行政行为生效是指行政行为"在法律上的成立"，或行政行为规制内容（下命、禁止、形成或确认等）所意欲发生的法律效果。[1]我国台湾地区学者将行政行为生效所产生的法律效力分为"外部效力"与"内部效力"。"行政处分的生效（外部效力）与成立等义，可谓是行政法学上的通说"；"行政处分的'诞生'，用法律上的术语讲，就是行政处分的生效（Wirksamkeit），或者说，在法律上的成立（rechtliche Esistenz）。行政处分基本上因对相对人（或关系人）发布而对该受发布者生效。未发布前，尚不成为行政处分，而纯属行政内部行为。"[2]内部效力是指行政行为规制内容发生的法律效果，其与外部效力原则上同步发生，但是，如果行政行为规制内容附始期或停止条件的话，内部效力发生于外部效力之后；如果行政行为规定内容溯及既往的话，内部效力又早于外部效力发生。相对人对行政行为规

---

〔1〕（台）许宗力："行政处分"，载（台）翁岳生主编：《行政法（上）》，中国法制出版社2002年版，第677页。

〔2〕（台）许宗力："行政处分"，载（台）翁岳生主编：《行政法（上）》，中国法制出版社2002年版，第677页。

制内容不服的话，救济期限依外部效力发生时起算，而无论内部效力是否与外部效力同时发生。

该论断将公布作为行政行为成立的要件，并且强调行政行为成立是"法律上的成立"，体现并突出了公布对于行政行为成立的重要性。在此前提之下，将行政行为成立等同于外部效力的生效，似乎有成立与生效不区分的嫌疑。从该论断的相关内容来看，外部效力主要是指概括的法律约束力，针对不同主体有不同的表现，以区别基于行政行为规制内容而对行政主体与相对人发生的具体的法律约束力——内部效力。

从以上列举的三种代表性观点来看，学界对行政行为生效涵义本身的理解还是有较大争议的。观点一将行政行为生效理解为"形式效力的发生"，而形式效力内容包括公定力、确定力等内容，由此行政主体与相对人之间实体权利义务的法律约束力在性质上可归结为"形式效力"，但却无法在范围上归结为形式效力中的任何一种。观点二直接将行政行为生效理解为对相对人开始发生法律效力，这种效力与其所界定的形式效力和实质效力均不吻合，是第三种效力——"内容效力"（笔者注）。以上两种观点深受王名扬先生观点的影响，某一单独内容的表述（非整体内容）[1]在

---

〔1〕 在分析以上两个观点时，笔者是从各个学者所有内容的整体上予以分析。从局部内容来看，某一单独内容的表述（如：行政行为生效是指形式效力的发生或行政行为内容对相对人发生法律效力）在学界是比较常见的，只不过采用这些表述的学者可能与以上学者相类似，均存在术语、概念界定等方面前后不一致的情形。

学界还是比较流行的。观点三比较清晰，但是将"公布"作为成立要件并生效，生效与成立有不加区分之嫌。

（二）行政行为生效涵义的本文界定

鉴于目前行政行为成立（或作出）与生效概念还未完全明晰，有必要提及行政行为成立与生效之间的差别。蔡志方认为，行政行为作成大致经过构想阶段、预备阶段、成立阶段以及生效阶段；行政处分规制内容已具备时，只要外观可以探知行政处分的内容，行政处分即为成立；生效是指行政处分能够（开始）依照它的作出目的发生规制作用，两者具有本质区别。[1]陈敏却认为："行政处分之作成与通知不同。其情形相当于民法意思表示之发出与生效。意思表示于发出后，始有生效之问题。行政处分之作成，即相当于意思表示之发出。"[2]在此前提之下，陈敏细分"书面"行政处分、"言词"行政处分及"标志"行政处分等行政处分的作出与通知之间的差别，如："书面之行政处分，于作成公文书，并交付邮政机关，或以其他方式离开行政机关时作成。"[3]

---

〔1〕（台）蔡志方：《行政法三十六讲》，台湾地区蔡志方发行1997年版，第214－221页。

〔2〕（台）陈敏：《行政法总论》，台湾地区新学林出版股份有限公司2004年第4版，第360－361页。

〔3〕（台）陈敏：《行政法总论》，台湾地区新学林出版股份有限公司2004年第4版，第360－361页。

笔者认为，行政行为成立与生效是两个完全不同的概念：行政行为成立是行为在客观上存在的前提，而生效是在行为存在前提之下发生的效力，两者在逻辑先后顺序上有明显的差别。行政行为成立是针对行政行为是否已经完成而言，只要行政行为内容已经确定并通过一定的载体，如书面文书、言行或标志，使得外界可以认知（或具备外观）——并非相对人知悉，即告成立。成立并不意味着生效，行政行为成立不产生任何的法律约束力：行政主体可以随时撤回该行为或变更该行为内容，行为对象不会因此受到任何权利义务方面的影响。由于行政行为生效往往以相对人知悉为前提或要件，所以成立而未生效时相对人连行为内容都不知道，对其产生法律约束力也无任何意义。在这个意义上，有学者认为：成立时（未生效——笔者注）行政决定仅存在于行政内部，不具有法律意义（相比较生效而言——笔者注）。[1]

笔者认为，行政行为成立不能类比民事法律行为的成立。民事法律行为的成立以"意思表示"为要件，"意思表示"分为"意思"与"表示"，其中"表示"是指民事主体将明确的意思通过外在媒介明确的表达出来。民法以"意思自治"为原则，"意思表示"达到的效果必须是意思受领方能明确获知意思内容。所以，民法中意思的对外表示不只是意思的客观化、外在化，还需要意思受领方的知悉。由此，如果将行政行为成立类似

---

〔1〕 王万华：《中国行政程序法典试拟稿及立法理由》，中国法制出版社2010年版，第365页。

于民事法律行为的成立，那么必然得出通知或公布是行政行为成立要件的结论，因为只有公布或通知才能使得相对人知悉行政行为内容（类似于意思的"对外表示"）。行政行为系单方行为，无需双方意思表示一致，无适用民法中意思表示的基础。行政行为原型为司法裁判行为，行政行为自产生起就属于一个结果意义上的考察对象，应如同对待一个司法裁判书那样对待一个行政行为。所以，行政行为成立无需以通知或公布为成立要件，行政行为具备外观即可成立，如行政决定书制作完毕——如同司法裁判书制作完毕即成立，至于该司法文书是否送达只是生效问题。当然，行政行为承载着一定的行政目的，仅仅成立而不生效将毫无意义，所以行政行为必须要通知或公布。

　　"生效"，顾名思义为发生法律效力。现代汉语中"生效"的意思为："发生效力"，如条约生效。[1]法理学上"法的效力"是指，"广义的法的效力，是指法的约束力和强制力……广义的法的效力还包括那些非规范性法律文件的效力，……这些非规范性的法律文件对具体的事和人都有特定的法律约束力。"[2]行政行为属于法理学上的"非规范性法律文件"，行政行为生效是指其发生法律约束力。学界对此表述无任何争议，但问题在于如何理解"发生法律约束力"（以上列举的三种观点即可反

---

　　[1]　中国社会科学院语言研究所词典编辑室编：《现代汉语词典》，商务印书馆1983年版，第1027页。

　　[2]　张文显主编：《法理学》，法律出版社1997年版，第89－90页。

映）——其不仅直接影响了对行政行为生效涵义的界定，而且也影响了行政行为效力体系的构建。正因为对"发生法律约束力"的理解不一，所以行政行为效力相关问题也无法一致。

笔者认为，行政行为生效首先是指行政行为规制内容发生效力，即行政行为所规定的实体权利（力）义务内容发生法律约束力。法律行为的内容是创设、变更及消灭当事人的法律地位（法律地位主要表现为当事人在该法律关系中的享有的实体权利与承担的实体义务），法律行为的生效即是实体权利义务对当事人发生法律约束力。行政行为是法律行为，其生效涵义首先符合一般法律行为的特征。所以，行政行为生效首先是指行政行为的实体内容发生法律约束力。

其次，行政行为生效是指程序法与救济法上的程序权利义务内容对当事人产生法律约束力。行政行为规制内容——实体权利义务内容——依赖于行政主体的创设行为，因具体事件不同而有不同内容。程序权利义务内容由法律作出统一规定，无需行政主体的创设。行政行为一旦生效，程序权利义务内容即对当事人产生法律约束力，或者说当事人即依法取得相应的程序权利义务。救济法上的程序权利义务约束力，主要表现为限期行使救济权。救济权的内容由法律统一规定，无需行政主体的具体创设。行政行为生效即救济权内容对当事人发生法律约束力，行政行为生效是救济权行使的"始点"。行政行为生效所产生的救济法上的程序权利义务约束力，与一般法律行为相似。只不过，出于法的安定性需要，行政行为救济权行使期限短、怠于行使救济权的法律后果严重，所以救济法上的程序权利义务约束力对于行政行为更为重要。也正因为重要，行政法学者将"不可争诉力"作为行政行为形式效力之一以突出强调。"不可争诉力"究其实质不过是救济法上的程序权利义务约束力而已，一般民事行为超过救济期限者也产生"不可争诉力"。而程序法上的程序权利义务约束力，主要表现为法定程序权利享有与义务履行，其为行政行为效力的特殊性所在。如：行政行为一旦生效，相对人即具有查阅该案卷的权利、行政主体即具有相应公开案卷的义务。案卷公开与查阅的程序权利义务由法律规定，行政行为一旦生效，就直接对当事人产生法律约束力。综上，程序权利义务主要为实体权利义务的实现或保障而服务，程序法上的程序权利义务约束力是行政行为效力的特色。

最后，除了实体与程序权利义务约束力之外，行政行为生效还将产生"形式效力"，如：推定有效的效力、不得随意变更的效力等。形式效力有别于一般法律行为的效力，其产生于法治国下法的安定性维护。行政行为原型为司法裁判行为，是法律秩序的创设与维护者。形式效力的原型为司法裁判确定力等效力，是基于法治国下法的安定性维护而产生的特殊效力。出于法的安定性维护需要，行政行为一旦生效，其内容应保持相对稳定，不得随意变更。在本质上，形式效力是保障行政行为规制内容的稳定性，也是为实体权利义务而服务。

行政行为生效所产生的权利义务内容有三种。笔者认为，行政行为生效是指，行政行为产生为规制内容而发生的实体权利义务约束力，为规制内容服务而发生的程序权利义务约束力，以及出于法的安定性需要而发生的形式效力。一般而言，三种约束力同时发生。例外情形是，行政行为"附款"时行政行为规制内容发生的法律约束力晚于其他两种效力。对于行政行为生效涵义的理解，还需要结合行政行为针对不同主体产生法律约束力的具体内容来讨论，否则将无法揭示行政行为效力内容体系之全部。所以，行政行为生效的涵义在下文中还将继续展开。

（三）行政行为生效的法律意义

行政行为是创设法律秩序的行为，行政行为生效首先意味着该法律秩序内容初步趋向稳定。其次，行政行为生效意味着法律秩序内容的实现开始，即行政主体与相对人开始行使权利、履行义务。当然，双方行使的权利与履行的义务并不限于实体方面。行政行为"附款"情形下，行政行为生效与行政行为规定的实体内容生效并非同步。这种情形之下，双方行使的权利与履行的义务主要是程序方面的权利与义务，其为实现该实体内容而作相应准备。另外，实现法律秩序内容的开始与该法律秩序内容的实现并不相同：法律秩序内容的实现是指行政行为内容被履行或被执行完毕，其还涉及履行期限及执行等诸多问题。最后，行政行为生效意味着该法律秩序内容被限期推翻的开始。行政行为所创设的法律秩序内容并非所有人都同意。对于反对该法律秩序内容者（相对人或利害关系人）而言，行政行为生效是其救济权行使期限的始点。

二、行政行为生效的时间起点及其规则

行政行为生效是指发生法律约束力，而生效规则是指这些法律约束力如何发生的问题，其包括行政行为具体情形之下的生效时间起点及其相应规则。

（一）关于行政行为生效的时间起点的观点及规定

观点一：生效对于不同主体具有不同的时间起点。有学者认为，同一行政行为对于不同主体的生效时间起点是不相同的：对于行政主体，行政行为作出之时即生效，生效时间起点为行为作出或成立；对于相对人，其知悉行政行为内容之时才生效，生效时间起点为相对人知悉内容。此种认识由王名扬先生的《法国行政法》首创，"行政行为作出之时即对行政主体生效，而在相对人知悉内容时行政行为才对其生效。"[1]

观点二：生效对不同主体具有相同的时间起点，以行政行为作出之时生效为原则。行政行为原则上自作出之时起生效，但是

---

[1] 王名扬：《法国行政法》，中国政法大学出版社 1988 年版，第 165 页。

不利行政行为自通知相对人之时起生效。这种生效规则在西班牙、葡萄牙与澳门特别行政区的实定法中已作了规定。西班牙《行政程序法》第57条第1款规定："受行政法约束的公共行政机关的行为自作出之日起即为有效并产生效力，除非另有规定。"第58条第1款规定，影响利害关系人权益的裁决及行政行为应通知利害关系人。葡萄牙《行政程序法》第127条规定，行政决定自作出之日始产生效果；第132条规定："向私人设定义务或负担而无需公布的行为，自该行为通知相对人时起，或自以其他方式使相对人正式知悉该行为时起开始产生效果。"澳门特别行政区《行政程序法典》第109条、第113条也作出相同规定。有学者对此评价认为："对有利于相对人的行政行为来说，从行政行为作出之时即发生法律效力，更有利于保护相对人的利益。"[1]

观点三：生效对不同主体具有相同的时间起点，以行政行为通知或公告之时生效。在通知相对人之前，行政行为仅处于行政内部阶段。对行政主体而言，其可以随时撤回该行为或变更该行为内容；对相对人而言，由于其对行为内容都不知悉，更不会产生法律约束力。这种生效规则在德国与我国台湾地区的实定法中作了相应规定。我国台湾地区"行政程序法"第110条规定："书面之行政处分自送达相对人及已知利害关系人起，书面以外

---

〔1〕 应松年主编：《比较行政程序法》，中国法制出版社1999年版，第134页。

之行政处分自以其他适当方法通知或使知悉时起，依送达、通知或使知悉之内容对其发生效力。一般处分自公告或刊登政府公报、新闻报纸最后登载日起发生效力，但处分另定不同日期者，从其规定。"德国《联邦行政程序法》第43条第1款规定："行政行为以对相对人或涉及的人通知的时刻开始生效。行政行为内容的有效以通知为准。"对此，我国有学者予以支持："之所以没有采用……那样区分授益行政决定和不利行政决定适用不同的生效起点，是因为行政决定的生效起点还涉及救济期间的起算，适用统一的起算点更为便利一些。此外，当行政决定从行政机关发出后，虽然到达当事人手中还有时间差，但事实上行政机关已经没有变更的可能，因此，采用当事人知悉生效对当事人的影响并不大。"[1]

观点四：外部与内部效力有不同的生效时间起点。我国台湾地区学者将行政行为效力分为外部效力与内部效力两类，行政行为生效规则也因此分两种。行政行为外部效力的生效规则为"发布"："行政处分的生效（外部效力）与成立等义，可谓是行政法学上的通说"；"行政处分的'诞生'，用法律上的术语讲，就是行政处分的生效（Wirksamkeit），或者说，在法律上的成立（rechtliche Esistenz）。行政处分基本上因对相对人（或关系人）发布而对该受发布者生效。未发布前，尚不成为行政处分，而纯

---

〔1〕　王万华：《中国行政程序法典试拟稿及立法理由》，中国法制出版社2010年版，第367页。

属行政内部行为。""行政处分一经发布而生效,所称的生效,基本上指的是只生'外部效力',也就是对外宣布其存在的事实而已。"[1]行政行为内部效力的生效规则原则上为"发布":内部效力与外部效力原则上同步发生。但是,如果行政行为规制内容附始期或停止条件,内部效力生效规则为期限届至或条件成就。

其他观点:我国大陆学者以列举方式指出行政行为生效规则。有学者认为,行政行为生效规则为"即时生效、送达生效以及附条件生效"三种。[2]有学者则认为,"告知之时与附款规定之时"为生效时间。[3]目前,学界大多数认为行政行为生效规则有四种具体情形:受领生效、告知生效(或公告生效)、即时生效、附条件生效(或附款生效)。[4]这些列举方式,由于各自生效涵义并不一致——如:有的认为是形式效力的发生,有的特指针对相对人发生效力,还有的未明确提出"生效规则"中"生效"的涵义——所以生效规则"名称"相同之下反映的实质

---

[1] (台)许宗力:"行政处分",载(台)翁岳生主编:《行政法(上)》,中国法制出版社2002年版,第677页。

[2] 王连昌主编:《行政法学》,中国政法大学出版社1997年版,第134页。

[3] 姜明安主编:《行政法与行政诉讼法》,北京大学出版社、高等教育出版社2005年版,第244页。

[4] 胡建淼:《行政法学》,法律出版社1998年版,第287-288页;杨海坤主编:《跨入21世纪的中国行政法学》,中国人事出版社2000年版,第282页;等。

内容可能并不一致。当然，其中以观点一为前提者（即认为行政行为对于行政主体与相对人具有不同生效时间起点），其生效规则可归为观点一之具体延伸。

从国外实定法的规定内容来看，行政行为生效对于行政主体与相对人具有相同的时间起点，在此前提之下再具体规定各情形之下的生效规则。我国台湾地区将行政行为效力分为外部效力与内部效力，在行政行为生效对于行政主体与相对人具有相同的时间起点的前提下，分别规定或讨论外部效力与内部效力的生效规则。我国大陆学者在生效界定上的不一致而在生效规则"名称"上的趋同，[1]实际反映了论证逻辑不一致及前后矛盾等问题。

（二）行政行为生效规则及具体情形

世界各国行政程序法律制度大多规定，行政行为对于行政主体与相对人具有相同的生效时间，即行政行为对两者同时生效。笔者认为，对于行政主体与相对人，行政行为生效的时间起点是相同的。行政行为生效规则为相对人"法律上知悉"行政行为内容，即行政行为生效时间起点为相对人法律上知悉行政行为内容之时。所谓法律上知悉而非事实上知悉，是指相对人知悉行政行为内容是

---

[1] 仔细分析这些生效规则内容，绝大部分生效规则是针对"行政行为实体内容产生法律约束力"，即何时该行为实体内容对行政主体及相对人产生法律约束力而因此行使权利承担义务。但是，在生效涵义界定时，学者们一直与形式效力等内容纠缠不清，导致了"生效""效力内容"及"生效规则"各自内容更不相同。

一种"法律上推定"而非事实描述，即一定规则之下推定该相对人知悉了行政行为内容。如，相对人签收了行政决定书，即意味着相对人知悉了行政行为内容，该行政行为生效，此时相对人是否真正了解行政行为具体内容则不论，相对人不能以事实上不了解、不知道行政行为内容为由主张行政行为不生效。既然法律上知悉是一定规则之下的推定，那么就有必要结合行政行为具体情形分析各种生效规则。行政行为的作出方式有书面、言词以及标志等形式，不同形式的行政行为的生效规则又有所差异。以下具体分析不同形式的行政行为的生效规则及其在具体情形中的表现：

1. 书面行政行为生效规则。书面形式属于行政行为最为常见及正式的作出方式。相对人"受领"行政决定书[1]推定其在法律上知悉行政行为内容。相对人受领行政决定书后行政行为生效，即生效规则为"受领生效"。行政行为作出后须告知相对人，书面行政行为告知方式主要表现为行政决定书的交付。书面行政行为可分为当场作出、事后作出，而行政决定书有宣布之时当场交付及其他事后交付等具体情形。行政行为作出场合与行政决定书交付方式的具体情形不同，导致了受领生效具体情形有所不同。本文结合行政行为作出场合与行政决定书交付之具体情形，分析受领生效的具体表现：

具体情形一：行政行为当场作出并交付，即时生效。所谓

---

[1]　行政决定书是指以书面方式作出的行政行为。

"当场作出并交付"是指行政主体（行为者为代表行政主体的公务人员）与相对人均在场的情形下，直接对相对人作出行政行为并将行政决定书交付给相对人。该情形一般适用于行政行为作出程序之"简易程序"，如我国《行政处罚法》第 33 条即作了相应规定。本情形下，由于行政决定书交付及相对人受领几乎是同一时间，行政行为作出与生效是同时的，所以受领生效可表现为"即时生效"。除此之外，其他情形中行政行为作出与生效均不同时，可称为"不即时生效"。

具体情形二：行政行为事后作出，行政行为内容宣布之时当场交付行政决定书，当场生效。与情形一相同的是，行政决定书也是当场交付。只不过，情形一一般适用于简易程序（主要适用于"事实清楚、权利义务关系明确、争议不大"或"对相对人权益影响较小"等比较简单的情形），情形二中行政行为可能涉及其他利害关系人之权益，所以本情形下行政行为生效只对"当场者"生效，对其他利害关系人则以其知悉该行为内容始生效。另外，本情形下，行政决定内容宣布之前，由于行政行为仅处于行政内部阶段，所以行政主体可以随时修改相关内容。

具体情形三：行政行为事后作出，行政决定书通过送达予以交付，到达生效。与情形二不同的是，行政决定书必须通过一定方式送达（如通知、告知），行政决定书送达后行政行为才生效。送达行政决定书必须有送达回证，由相对人在送达回证上记明收到日期并签名或盖章，签收日期为送达日期，也即生效日期。送达行政决定书以直接送达为原则，即应当直接送交相对人。相对人是自然人者，由其本人签收，本人不在则可以交其同住成年家属签收；相对人是法人或组织者，应当由法人的法定代表人、其他组织的主要负责人或者该法人、组织负责收件的人签收。送达行政决定书的方式应遵循合法性原则。如果行政法规范对行政文书的送达方式已作出了明确的规定——如各种送达方式的适用条件、[1]送达方式之间的先后顺序[2]——行政机关不得违反；如果未作明确规定，一般而言，可按《民事诉讼法》"送达"的有关规定进行。

相较于情形二，本情形下行政行为作出与行政决定书到达相对人之间明显有一段期间。所以，一方面行政决定书送达在途期间行政行为不生效，另一方面在行政决定书到达相对人之前，行政主体可以撤回决定书。当然，行政主体撤回行政决定书必须先于该决定书到达相对人之前，至少为同时到达，否则该行政行为生效。

具体情形四：行政行为作出后，行政决定书以公告方式送达（我国台湾地区称"公示送达"[3]），期满生效或以相对人实际知悉而生效。相对人下落不明，或者其他方式无法送达的，行政

---

[1] 我国台湾地区"行政程序法"用了整节内容25个条文（第67—91条）规定了各种送达方式的适用条件。

[2] 《湖南省行政程序规定》第176条明确提出了五种送达方式的先后顺序：直接送达、留置送达、委托送达与邮寄送达、公告送达。

[3] 参见我国台湾地区"行政程序法"（1999年）第一章"总则"之第十一节"送达"部分的内容。

决定书可以采用公告方式送达。公告送达方式必须制作相应的公告书，通过电视、广播、报纸等大众传媒予以公告，并将公告书张贴至指定场所予以公告。自公告之日起，经过 60 日（依照《民事诉讼法》规定）或者公告书所规定的期限届满，行政决定书视为送达相对人，行政行为生效。[1]需要强调的是，此处公告是法律文书的送达方式，公告期间相当于行政决定书送达在途时间；该公告确定的期限届满后法律上推定该行政决定书送达给相对人、相对人受领行政决定书并知悉其内容，行政行为由此而生效。行政行为基于相对人法律上知悉而生效，而事实上相对人是否知悉则不论。

但是，如果相对人在公告期内实际知悉了行政决定内容，即相对人事实上知悉早于法律上推定其知悉，行政行为自相对人事实上知悉内容始生效。在事实上知悉了行政行为内容，即无必要

---

　　[1]　民事诉讼法中法律文书以"公告送达"者，公告期限为 60 天，其意指诉讼当事人在公告期满之日起还有 15 天的上诉期（如果该法律文书是判决书的话），那么实际上诉期限为 75 天。当然，如果诉讼当事人在公告第 2 天即通过公告而知悉判决书内容，其完全可以提起上诉。公告期限 60 天之规定，为法律文书送达在途时间的推定，其意义在于公告期满，法律上推定法律文书送达当事人、当事人也受领了该文书，其理由也在于维护法律秩序的安定性。当然，这种法律上的推定如与事实不符，即当事人在公告期内就知悉法律文书内容，其完全无须等待至公告期满才可以提起上诉，当然也可以等待期满再提起上诉。虽然公告送达期限规定及相关法律效果是出于维护法的安定性需要，但是其有可能造成当事人丧失上诉权而权益受到损害，故民事诉讼法将公告送达方式作为在"下落不明或其他方式无法送达"之情形下的最后一种送达方式。

再在法律上推定其知悉，此时生效规则与以上三种情形相似。当然，相对人"实际知悉"需要一定的外在表现，否则仅仅"内心知悉"在法律上无任何意义：相对人完全可以等待至公告届满之后行政行为生效起再作相应行为——外人也无法判断。相对人实际知悉行政行为内容应以其外在行为来判断，即以积极"作为"行为来体现其实际知悉，如：行使救济权、向行政主体提出异议等。但无论如何，公告期满，相对人即使事实上不知悉，在法律上也推定其知悉，行政行为生效。

公告送达方式可能使得相对人在公告期限内无法在事实上知悉行政行为内容，由此使得相对人失去救济机会进而使其权益遭到损害，所以公告送达方式的使用应当慎重：公告送达方式应当在各种送达方式均不能使用的前提之下才使用；公告时间应当适当，不得过短，使得相对人在事实上知悉行政行为内容的可能性加大以便采取相应行为；公告载体的选择应尽最大努力使得相对人在事实上能知悉。另外，行政行为生效与行政行为实体内容发生法律效力并非等同，公告期满行政行为生效，该行政行为实体内容一般但并非一定同时发生，其例外如行政行为附款情形。

小结：以上四种情形，均为书面行政行为生效规则之受领生效的具体表现。第一与第二种情形中，行政决定书直接交付相对人，相对人"法律上知悉"行政行为内容与"事实上知悉"是相吻合的，相对人受领后行政行为即生效，对此争议不大。第三种情形中大部分行政决定书是由相对人直接签收，与第一和第二种情形相同。但是，有些情况下，行政决定书并非相对人直接签收，此等情形下不仅相对人"受领"行为是法律规则之下的推定，而且相对人"法律上知悉"也是法律规则之下的推定而非事实。与此相类似的第四种情形，相对人受领行为、知悉行政行为内容主要为法律上推定。从以上四种情形来看，书面行政行为以相对人受领行政决定书而法律上知悉其内容为生效规则，相对人"受领"及"法律上知悉"为法律规则之下的"推定"，有时法律上知悉与相对人事实上知悉相吻合，有时则并不吻合。相对人虽然在事实上并不知悉但在法律上知悉行政行为内容，行政行为生效。当然，相对人实际知悉行政行为内容时，就无须再按规则以推定其法律上知悉该行为内容。

从行政行为成立与生效时间起点之间的时间关系来看，行政行为生效分为即时生效与非即时生效。从相对人受领行为、法律上知悉的规则之具体情形来看，行政行为生效的时间起点不尽相同，非即时生效情形下有当场生效、到达生效及期满生效之别。此等用词不仅形象说明了行为成立与生效之间的差别，不同情形下受领生效具体表现不同，也是部分回应上文（一）之"其他观点"之内容：生效规则术语使用应符合逻辑与具体场合。

2. 言词行政行为生效规则。行政行为生效时间起点之规则是相对人"法律上知悉"行政行为内容。由于言词行政行为作出、告知与相对人受领、知悉其内容系同时完成，所以言词行政行为生效规则为作出生效、受领生效与即时生效，或是该三种生效规则的合一，与书面行政行为生效规则的具体情形一相似。

3. 标志行政行为生效规则。标志行政行为是将特定内容简化为一种标志——该标志内容应为其所指定或涉及对象认识——并将该标志设立于一定地点或与相关物结合。标志与地点或相关物的结合，才能构成标志行政行为，搁置于行政机关内部备用的标志无任何法律意义。标志行政行为作出或成立，与物理上该标志设立于特定地点或与相关物结合的时间是同步的，标志设立即是标志行政行为作出。标志的外观特征，决定了标志行政行为作出之时其内容的公布与告知。行政行为以标志形式作出，该形式与"公告"相似，但与书面行政行为送达方式之"公告"有较大差别。[1]

行政行为生效规则是相对人"法律上知悉"行政行为内容，"法律上知悉"本为规则之下推定而非事实上知悉。对于特定对象而言，事实上知悉往往是其进入标志可视范围才能实现，[2]若以此来判定标志行政行为的生效则可能面临这样的尴尬：一个标志行政行为，对于不同主体一些生效另一些不生效，对于同一主体一时生效一时不生效。标志行政行为作出形式与公告相似，标志设立即意味着其内容向特定区域内（标志的可视范围）公

---

〔1〕 法律文书公告送达在我国台湾地区称"公示送达"，其与我国大陆的公告送达差别不大，均脱胎于民事诉讼法之裁判文书送达方式。此处标志行政行为之"公告"是为该行为的作出方式，而非行政行为文书的送达方式，故两者对行政行为生效的影响有所差别。

〔2〕 特定相对人进入标志可视范围，仅仅为该标志行政行为规制内容对该相对人发生法律效力。

开告知，公告之时即可推定该区域内相对人法律上知悉该标志内容，而至于在事实上该区域内是否有人则不论。所以，标志设立即该标志行政行为作出，该行为作出、内容告知、相对人法律上知悉其内容及该行为生效是同时的，其生效规则为作出生效与即时生效。

4. 小结。相对人知悉行政行为内容为行政行为生效的时间起点，即行政行为生效规则为相对人知悉行政行为内容。"相对人知悉行政行为内容"之"知悉"为"法律上知悉"而非事实上知悉，因为该知悉为一定规则之下的推定。行政行为的作出方式有书面、言词及标志等形式，不同形式下"推定"相对人知悉行政行为内容的规则并不一致，其必然导致不同形式的行政行为具有不同的生效规则之具体表现。

书面行政行为内容的告知方式为行政决定书的交付，相对人受领行政决定书即推定其知悉行政行为内容，故书面行政行为以受领行政决定书为生效具体规则——"受领生效"。由于行政行为作出场合及行政决定书交付方式有不同情形，所以受领生效在不同情形之下有不同表现：行政行为作出当场即交付行政决定书，相对人当场受领，该受领生效规则表现为即时生效；非即时生效情形下，行政决定书交付的不同方式决定了行政行为生效的时间起点各不相同，受领生效规则分别表现为当场生效、到达生效及期满生效等。言词行政行为作出与生效系同时发生，其生效规则为作出生效或即时生效等。标志设立之时即标志行政行为作出，该行为作出、内容告知、相对人法律上知悉其内容及该行为生效是同时的，其生效规则为作出生效与即时生效。

需要指出的是，行政主体自我约束与行政行为生效产生法律约束力有着明显的差别。有学者认为，行政行为针对不同主体有不同的生效时间起点：行政行为一旦作出对于行政主体立即生效，行政主体有遵守义务；行政行为公布后相对人知悉才生效。[1]有些情形下行政行为作出与行政行为生效之间的确有一段期间，该期间内行政行为可能是处于行政系统内部阶段，也可能是处于行政决定书送达在途阶段。在这段时间内，出于行政成本考虑、谨慎作出行为的约束等因素考虑，行政行为一旦作出，行政主体即自我遵守而不得修改，笔者认为其属于行政主体"自我约束"范畴。这种自我约束不具有法律效力：对行政主体不具有法律约束力，也不产生法律效果，而最多在行政主体与案件实际承办者之间产生一定的行政内部纪律约束效果。另外，在相对人知悉行政行为内容之前（行政行为生效前），行政机关的这种自我约束对相对人毫无意义，行政主体可以随时修改或撤回行政行为。所以，对于行政主体与相对人而言，行政行为生效时间起点是相同的，行政行为生效才开始对行政主体产生法律约束力。至于行政主体单方承诺其行政行为作出之后即遵守，其所产生的法律约束力由承诺形成，与行政行为生效而发生法律约束力无关。

---

[1] 王名扬：《法国行政法》，中国政法大学出版社 1988 年版，第165 页。

（三）　特殊情形之行政行为生效起点及规则问题

1. 公布或通知为成立必要条件之下行政行为生效规则问题。我国台湾地区学者习惯上将行政行为效力分为外部效力与内部效力。行政行为外部效力是指"对外宣布其存在的事实"，相应生效规则为"发布"（"通知"或"公布"）："行政处分的生效（外部效力）与成立等义，可谓是行政法学上的通说"；"行政处分的'诞生'，用法律上的术语讲，就是行政处分的生效（Wirksamkeit），或者说，在法律上的成立（rechtliche Esistenz）。行政处分基本上因对相对人（或关系人）发布而对该受发布者生效。"〔1〕"由于行政处分是一种须相对人受领的意思表示，所以行政处分生效的时点，基本上自相对人因发布而知悉行政处分的内容时为断。"〔2〕行政行为内部效力原则上与外部效力同步发生，但是，如果行政行为规制内容附始期或停止条件，内部效力生效规则为期限届至或条件成就；如果行政行为规定内容溯及既往的话，内部效力又早于外部效力发生。相对人对行政行为规制内容不服的话，救济期限依外部效力发生时起算，而无论内部效力是否与外部效力同时发生。

---

〔1〕（台）许宗力："行政处分"，载（台）翁岳生主编：《行政法（上）》，中国法制出版社2002年版，第677页。

〔2〕（台）许宗力："行政处分"，载（台）翁岳生主编：《行政法（上）》，中国法制出版社2002年版，第678－679页。

一般而言，行政行为作出至生效经历以下过程（或逻辑阶段）：行政行为作出（或成立）→告知（通过公布或通知、文书送达等方式）→相对人法律上知悉（通过相对人受领等方式）并生效。以上论断将行政行为公布及相对人受领作为行政行为作出或成立的必要条件，即行政行为作出包含了逻辑上的作出、告知及相对人受领等阶段。该论断将公布与受领作为成立的法定要件或应然要件，强调行政行为成立是"法律上的成立"，体现并突出了公布与受领对行政行为成立的重要性。在此前提之下，将行政行为成立等同于外部效力的生效。从理论的圆通性上讲，此种论断毫无问题，在实质上与笔者所述相同，只不过笔者出于我们的学术习惯将各逻辑阶段分开进行讨论，而该论断则更加突出公布与受领对于行政行为成立的重要意义。至此，"行政行为一旦成立即生效"，[1]在该论断下是完全成立的，但是离开此背景或前提则可能是错误的。

2. 行政行为生效时间起点与对利害关系人发生法律效力时间起点问题。行政行为生效规则为相对人法律上知悉行政行为内

---

[1] 笔者曾撰文指出行政行为一旦成立或作出即发生法律效力，该文基于告知与相对人受领对于行政行为成立的重要意义，而将其作为行政行为成立的必要条件。（参见黄全："行政行为形式效力之完全公定力论"，载《甘肃政法学院学报》2009年3期）本文定位于为我国相关制度构建而作的研究，一方面考虑到学界的学术术语习惯，另一方面考虑到我国行政法中法律文书的送达可适用民事诉讼法相关规定之法律现实（民事诉讼法中裁判文书的作出、送达及生效有明显的界分点），所以本文将行政行为成立、告知、相对人受领及生效等逻辑阶段予以分开讨论。

容，行政行为对于行政主体与相对人同时生效。除相对人外，受行政行为影响者还可能包括利害关系人，其与相对人知悉行政行为内容可能在时间上存在先后关系。以相对人知悉作为行政行为的生效规则，是由行政行为主要调整行政主体与相对人之间关系所决定的。虽然行政行为从利害关系人知悉内容始对其生效，但是此时行政行为可能对行政主体与相对人早已生效。在这种情况下，行政行为对行政主体、相对人及利害关系人的生效时间起点是不相同的。

　　行政行为对利害关系人的生效时间点可能在相对人之后，由此造成了一个行政行为对不同主体产生先后法律约束力的问题。从利害关系人权益保护的角度而言（或出于法的实质正当性考虑），不应该限制利害关系人相关权利的行使（如救济权）；但是，出于对法的安定性的考虑，行政行为创设的以规范行政主体与相对人之间关系为主要内容的法律秩序需要稳定，应该限制利害关系人推翻该法律秩序的权利行使。所以，一方面行政行为作出时应尽量通知所有的利害关系人，以减少利害关系人与相对人知悉行政行为内容上的时间差（即生效上的时间差），其可采用多种方式相结合的告知方式（如对相对人与明显利害关系人采用"个别"告知方式外，附带采用公告方式），以使得不明显的利害关系人也能在最短时间内知悉该行政行为内容；另一方面，应当对于未得到告知的利害关系人设置特殊的救济时限或除斥期间，如：救济期限的起算点为利害关系人实际知悉行政行为内容之日，从行政行为作出之日起计算一段期间，该期间届满利害关系人丧失救济权。

三、行政行为效力内容及法律效果

行政行为效力内容是指行政行为发生何种法律效力，而法律效果则指在各具体效力内容之下各主体所享有的权利、承担的义务及相应的法律责任。针对不同主体，行政行为法律效力的具体内容及相应法律效果有所不同，所以应区分不同主体分别予以讨论。由此，也能充分展现行政行为效力内容之全貌，进而更能准确地揭示行政行为生效之涵义。

（一）对行政主体的法律效力及效果

行政行为是创设法律秩序的行为，一个行政行为即创设一个法律秩序。法治国下法的安定性原则要求，行政行为一旦生效，其所创设的法律秩序应保持稳定。对于行政主体（行为作出者）而言，一方面其应行使权力与履行义务以积极实现其所创设的法律秩序；另一方面则不得改变行政行为以消极维护其所创设的法律秩序。"消极维护""积极实现"为行政行为对行政主体主要的"当前"约束力。除此之外，行政行为对行政主体以后作出的其他行政行为产生"后续"约束力，即其他行政行为不得否定前一行政行为所创设并趋稳定的法律秩序内容。

1. "当前"约束力。行政行为对于该行为作出机关当前程序产生约束力表现为以下两个方面：

（1）"消极维护"——限制废弃行政行为。法治国下法的安定性原则要求，行政行为所创设的法律秩序应保持稳定，即行政主体不得废弃该行为。但是，法律安定性原则只是行政行为效力的一个方面的考量因素。除此之外，还有法的实质正当性、权利保障等其他考量因素，而这些因素决定了在一定条件下行政主体应该废弃行政行为以改变既定的法律秩序。所以，行政行为效力对行政主体在废弃行政行为上的约束效果是"限制"而非"禁止"，以保持一种"相对稳定"秩序而非绝对稳定秩序。这种限制废弃行政行为的具体要求是，行政主体不得随意或任意废弃行政行为，只有在一定条件下才能撤销与废止行政行为。

至于如何限制行政主体的废弃权限，则应根据行政行为的合法与违法程度、对相对人授益或负担效果有所不同。"基本上，废弃对象越属合法、受益性质的处分者，由于依法行政与信赖保护原则之故，限制越严；越属违法、负担性质者，为保护人权之故，限制则越宽。"〔1〕除此之外，公益与私益之间的衡量也是重要的考量因素。有关限制行政主体废弃行政行为的进一步内容，将留待后文中行政行为的撤销与废止部分再作讨论，在此暂且不论。

---

〔1〕（台）许宗力："行政处分"，载（台）翁岳生主编：《行政法（上）》，中国法制出版社2002年版，第682页。

（2）"积极实现"——行使权力履行义务。创设法律秩序只是第一步，更重要的是实现该法律秩序，否则行政目的将无法实现，所以行政行为生效后对行政主体产生要求其积极实现该法律秩序的约束力。与其他法律行为一样，行政行为设定了各主体的实体权利义务内容，这些实体内容是其所创设法律秩序之主体，程序上的权利义务及救济权等其他内容由此引发、为此服务。这种法律约束力要求行政主体积极行使权力与履行义务以实现创设该法律秩序之行政目的，其主要表现在：行政主体按照该行政行为所设定的实体内容行使权力与履行义务，行政主体行使相关程序权利与履行相关程序义务，对于不履行义务者依法予以强制执行。需要指出的是，要求行政主体积极实现行政行为内容的法律约束力（行政行为生效内容之一）发生的时间（即生效时间），与行政主体实际行使相关权力与履行义务的时间并非同一概念，也并非同时。

2. 后续约束力。行政行为对该行为作出机关在后续程序中作出的后续行政行为产生约束力，即在前一行政行为未被撤销或废止的前提下，行政主体不得作出与其内容相矛盾的新的行政行为。其主要理由在于，为了防止行政主体借新作行政行为之便，以达到规避撤销与废止授益行政行为的限制条件之目的。行政行为生效后对行政主体产生限制废弃行政行为的约束力，行政主体并非不可以改变该行政行为，只是必须采用撤销或废止方式。而采用撤销或废止者，必须遵循撤销或废止的要件。行政主体作出新的行为"代替或改变"原行为，在逻辑上是"先撤销或废止""而后作出新的行为"，若行政行为直接作出与原行为相矛盾的新行为则明显规避了"撤销或废止要件"，应为禁止。撤销或废止授益行政行为可能涉及"信赖利益保护"的问题，其要件比较严格，行政主体未经撤销或废止程序而直接以新的行为实际改变原行为，可能规避了撤销与废止的限制条件，进而可能造成相对人权益之损害。

我国台湾地区将后续约束力称为"跨程序约束力"，该约束力的目的、内容，绝不能简单化约为对先前行为的"变更之禁止"或"重复决定之禁止"，确切地说，应该是对相对人"不利之变更之禁止"。[1]笔者认为，其不仅仅为"不利之变更之禁止"，而是禁止所有的行政主体不经撤销或废止程序而直接以新的行为代替原行为。因为，以负担行政行为为例，未经撤销程序行政主体直接以新行为改变原行为，即使新行为比原行为对相对人有利，但已违反依法行政之原理（程序违法）。除了防止行政主体规避撤销与废止要件之外，后续约束力的理由还在于：行政主体未经撤销或废止程序作出与原行为相矛盾的新行为，此时同时出现了两个相互矛盾的行政行为，相对人将无所适从，其依赖于原行为产生的"既得权益"也将处于变动之中，不利于法律秩序的稳定。正如"限制废弃行政行为"的约束力并非绝对禁

---

〔1〕（台）许宗力："行政处分"，载（台）翁岳生主编：《行政法（上）》，中国法制出版社2002年版，第685页。

止行政主体可以改变行政行为那样，"后续约束力"也并非绝对禁止行政主体以新的行为改变原行为，只是"改变"必须遵循一定条件。

（二）对行政相对人的法律效力及效果

行政行为分为负担行为与授益行为，不同行为对相对人[1]权益的影响有所不同。相对人对该法律秩序的实现与推翻的动力有所不同：对于授益行为，相对人积极地维护并实现该秩序；而

---

[1] 笔者曾撰文，以权益得失之利害作为相对人配合和监督行政行为的内在动因，以利害关系作为行政主体与相对人内在联系，而对相对人内涵进行界定，得出法律上利害关系（权益受到行政行为或行政行为结果之影响）是相对人内涵的根本要件。该文以现代行政发展趋势将相对人定位于配合和监督主体的构思——配合行政职权行为的正常行使和维护自身合法权益的双重作用主体——是立足于行政法主体结构的宏观构建。（参见黄全："行政相对人概念之重构"，载《研究生法学》2003年第1期）但在行政程序中，行政行为所针对对象即行政主体所欲调整对象，以行政决定书之记载即可清晰明辨，常称"当事人"（当事人本身是程序主体概念）。从程序意义上而言，本文所称行政程序中的"相对人"以"当事人"表述更为恰当。所以，此处相对人实际范围仅限于当事人，除此之外受行政行为权益影响的主体以"利害关系人"称谓。（相对人在某个行政行为的程序中为当事人，程序外则为利害关系人，两者差别在于是否在行政行为程序中。一般而言，程序中当事人权益受到行政行为调整及影响是最直接、最明显及最主要的，所以将主要制度构建都集中在当事人部分。但是，行政行为虽以客观事件为基础，但毕竟带有行政主体主观调整之意图，当行政主体主观调整对象与客观不符合即错误或遗漏对象时，则可能造成该行为对当事人权益影响不大，而对当事人之外主体影响甚大之情形。所以，当事人与利害关系人只是行政程序主体称谓之不同，实体上法律地位并无差别——均为行政主体之外配合和监督主体即相对人。）

对于负担行为，则积极地推翻该秩序或消极地接受该秩序。行政行为生效后的法律约束力体现为：相对人遵守并实现该秩序内容，或相对人限期积极推翻该秩序。

1. "积极推翻"——行使救济权。法的安定性原则是法律秩序稳定的根据，而法的实质正当性原则及权利救济原则等因素是打破法律秩序的根据。处理"稳定"与"推翻"之间的关系，行政行为生效对相对人产生了限期行使救济权的法律约束力。行政行为生效后，相对人应限期行使救济权，否则该行政行为创设的法律秩序即使保持相对稳定，相对人也可能因此丧失了改变该秩序的可能。

2. "积极或消极实现"——行使权利履行义务。与行政主体一样，行政行为生效对相对人也产生要求其实现该法律秩序内容的约束力。相对人根据行政行为的内容规定，享有权利或负担义务，积极实现或消极实现法律秩序的内容。在负担行为中，相对人若不履行义务则将被强制履行。这种法律约束力的发生有时与行政行为生效时间点并非同步，即行政行为生效后该效力不一定马上发生。其例外在于：附款（期限或条件）行政行为对其特定内容发生法律约束力设置了"额外条件"，只有在符合附款情形下，该效力才能发生。我国台湾地区学者将此归结为"内部效力"："至若其规制内容（下命、禁止、形成与确认等）所意欲发生的法律效果，即所谓'内部效力'，原则上固与外部效力同步发生，但如果行政处分附始期或停止条件，于期限届至或条件成就前，则另当别论。此时该行政处分已有外部效力，固毋论，但尚不生内部效力。"〔1〕这种例外情形下实体内容形成的法律约束力同样适用于行政主体，因为对于法律关系相对两方而言，一方的权利即是另一方的相应义务。但是，在行政行为内容实现过程中，除了实体上的权利义务外，还有程序上的权利义务，如说明理由、告知权利、程序公开等，所以产生要求各主体实现该法律秩序的约束力始于行政行为生效，而实体内容产生法律效力则可能有例外。

如 2011 年 11 月 25 日工商机关作出决定：自 2012 年 1 月 1 日起刘某小吃店停止营业。当日，工商机关便将该行政决定内容通知了刘某。该事例中，行政行为自 11 月 25 日生效，对工商机关产生了限制废弃行政行为的约束力，即工商机关不得随意改变行政行为内容；对刘某则产生了限期行使救济权的法律约束力，如在 15 日内提起救济。行政行为实体内容的生效时间是 2012 年 1 月 1 日，晚于该行为的生效时间。11 月 25 日行政行为生效后，对工商机关与刘某都有实现（积极或消极）该行政行为内容的法律约束力，但是由于实体内容生效时间为 2012 年 1 月 1 日，所以在这段时间内只发生为实现该实体内容而在程序上的法律约束力（如告知、说明理由、案卷查询与公开等权利义务的约束）以及限期行使救济权的法律约束力。

---

〔1〕（台）许宗力："行政处分"，载（台）翁岳生主编：《行政法（上）》，中国法制出版社 2002 年版，第 677 页。

（三）对利害关系人的法律效力及效果

除了相对人（当事人——见前文注），行政行为还将影响利害关系人权益。一般而言，行政行为对相对人所产生的效力内容同样适用于利害关系人，即行使救济权以限期推翻法律秩序的约束力与积极或消极行使权利、履行义务以实现法律秩序内容的约束力。由于行政程序以当事人为构建中心，使得利害关系人与相对人在程序地位上有所差异，[1]所以行政行为对利害关系人产生约束力的实际效果与当事人有所差异。行政主体作出行政行为之后告知利害关系人者，该行为对利害关系人生效，除了生效时间及行使救济权起始时间点上的差别，该行为对利害关系人产生的法律约束力及效果与当事人无异。

行政主体作出行政行为之后未告知利害关系人，按生效规则，该行为对利害关系人不生效，当然也不产生任何法律约束力。但是，实定法大多对利害关系人规定了限期行使救济权的相关内容：以利害关系人知道或应当知道之日起限期行使救济权，

---

〔1〕　如，行政主体之告知行政行为作出的事实、理由与依据、说明理由、听取意见、告知权利等程序义务的承担对象一般为当事人，而对利害关系人则一般只承担告知义务。何况在有些情况下行政主体对于利害关系人是否存在的事实还不可知，更无法履行告知义务。

以行政行为作出之日起一段期间为救济权的除斥期间。[1]这种
按生效规则对利害关系人未生效的行政行为却对其产生限期行使
救济权法律约束力的做法，体现了在多种因素博弈之后选择法的
安定性原则在行政行为效力制度上的安排。未被告知的利害关系
人往往为权益影响较小或不明显者，否则行政主体在作出行政行
为之时即可发现并予告知，所以法律虽给予利害关系人救济权，
但是对救济权的取得、救济权起算点及除斥期间等内容有所限
制，体现了国家在行政行为创设法律秩序的稳定与利害关系人权
益的保护之间衡量时选择了前者。

（四）对其他行政机关的法律效力及效果

行政行为创设法律秩序内容的实现主要依赖于行政主体、相
对人及利害关系人的作为，其产生法律约束力内容的重点也在于
规范这些主体的行为以实现法的安定性与法的实质正当性等价值
间的平衡。除了以上主体之外，行政行为也对其他主体产生一定
的法律约束力，即使其所创设的法律秩序内容的实现并不依赖于

---

[1] 如，《解释》（2000）第 41 条第 1 款规定："行政机关作出具体
行政行为时，未告知公民、法人或者其他组织诉权或者起诉期限的，起诉
期限从公民、法人或者其他组织知道或者应当知道诉权或者起诉期限之日
起计算，但从知道或者应当知道具体行政行为内容之日起最长不得超过 2
年。" 第 42 条规定："公民、法人或者其他组织不知道行政机关作出的具体
行政行为内容的，其起诉期限从知道或者应当知道该具体行政行为内容之
日起计算。对涉及不动产的具体行政行为从作出之日起超过 20 年、其他具
体行政行为从作出之日起超过 5 年提起诉讼的，人民法院不予受理。"

这些主体的积极作为。

　　行政行为对该行为作出者之外的其他行政机关产生法律约束力，我国台湾地区将此理解为"构成要件效力"或"要件事实效力"。[1] 行政行为生效后，其他机关应当将该行政行为所作结论（行政行为的决定内容[2]）作为一个既定的事实予以承认、接受，不得怀疑与否定，并可以作为其作出相关行政行为的前提或基础。如，甲某取得了"法律执业资格证书"，司法行政机关对此应承认并以此作为颁发"法律执业证"的前提。行政行为具有如此之法律约束力，主要出于对各行政机关间权限分配秩序之尊重的考虑。若各行政机关对其他行政机关在其权限范围内作出的相应决定不予以接受或认可的话，行政机关间的权限分配或管辖权制度将毫无意义。"……盖国家既然设官分职，或依事务种类，或地域范围，编织成一层次井然的权限分配秩序，是倘一机关在其权限范围内所作决定，没有拘束其他机关的效力，随时

---

　　[1]　参见（台）许宗力："行政处分"，载（台）翁岳生主编：《行政法（上）》，中国法制出版社 2002 年版，第 686 页；吴庚：《行政法之理论与实用》，中国人民大学出版社 2005 年版，第 241 页；（台）陈敏：《行政法总论》，台湾地区新学林出版股份有限公司 2004 年第 4 版，第 447 页。
　　[2]　一般而言，行政行为内容包括理由、决定内容及救济权等内容，其中"理由"为事实认定与法律适用（即基于怎样的事实与法律规定），决定内容为相应主体享有何种权利义务内容或处于何种状态，而救济权等内容则为对决定内容不服而采的救济途径。

得为其他机关所质疑、否定，岂不一切尽失存在意义，而沦为具文?"[1]

事实认定与法律适用部分是决定内容的理由，即该行政行为决定内容是基于何种事实与法律理由作出结论的。行政行为决定内容应作为一个事实或结论对其他行政机关产生约束力，但是该决定内容的理由（即结论的推导过程与方法）对其他行政机关不产生约束力，即其他行政机关不必遵循该行政行为的理由而作出行政行为。在不同事项管辖权的行政机关之间，一般情形下不可能出现同种行政行为，更无一个行政行为理由对其他行政行为理由产生遵循的约束力问题。在相同事项管辖而不同地域管辖权的行政机关之间或相同地域管辖而事项管辖权有交叉时，按照依法行政原则的要求，行政机关得依法律规范内容（前提、行为模式及后果）作出相应行政行为，其他行政机关作出同种行政行为决定内容的理由对其当然不具有约束力（最多具有参考意义）。

(五) 对司法机关的法律效力及效果

行政行为对司法机关产生约束力，司法机关应当将该行政行为所作结论（行政行为决定内容）作为一个既定的事实予以承认、接受，不得怀疑与否定，其理由在于司法权与行政权之间的分工。但是，司法权与行政权既有分工，司法权优位原则又决定

---

[1] （台）许宗力："行政处分"，载（台）翁岳生主编：《行政法（上）》，中国法制出版社2002年版，第687页。

了司法权对行政权有监督审查权。所以，行政行为对司法机关的约束力有一定限制或例外情形，是由行政行为效力适用领域决定的。[1]

毫无疑问，行政行为作为争诉标的于行政法院（法院行政庭）审理时，该行政行为不对法院产生任何约束力。同样，无论在何种案件审理中，一个行政行为本身也作为争议对象，此时该行政行为是该案审理的先决问题或附属问题，若该行政行为还处于司法救济期限内，法院对此可以合并处理，或要求其先行提起行政诉讼，此时行政行为对法院也不具有约束力。当然，为了避免非行政法院审理行政争议问题而造成法院之间权限争议或审理结果不专一等问题，可通过诉讼管辖权分配、不同性质诉讼分别进行或附带进行等制度来解决。[2]

在讨论上特别有意义的是，相对人丧失了行政行为的司法救济权，而在其他案件审理时却对该行政行为又产生争议，[3]此时该行政行为是否对法院产生约束力。在民事或行政诉讼中，由于相对人丧失了行政行为的司法救济权，所以不能通过行政诉讼来解决该行政争议。此时，行政行为未作为诉讼标的，但被其他诉

---

〔1〕 参见本文第二章之一相关内容。

〔2〕 参见马怀德主编：《行政诉讼原理》，法律出版社 2003 年版，第一章"行政争议与三大诉讼关系论"相关内容。

〔3〕 若相对人本身对行政行为没有争议，从"不告不理"原则出发，法院当然也不会对此主动审理，行政行为对法院产生约束力（作为证据予以承认并接受）。

讼而带入了司法程序。由于该行政行为未与司法判决直接交锋而未被司法判决予以否定，所以按照司法与行政的分工，该行政行为对司法机关具有法律约束力，当然该约束力之大小应视该案中的证据规则或法律冲突规则而定。

在刑事审判中，当该行政行为决定内容是否合法将直接影响相对人是否构成犯罪时，出于对相对人最基本权利之保护，其不对法院产生约束力，刑事法院（法院刑事庭）应对该行政行为适法性作审查以决定相对人是否构成犯罪；除此例外，其他情形下行政行为均对法院产生约束力。如：依照我国《刑法》[1]"妨害公务罪"（第 277 条）、"逃税罪"（第 201 条）、"抗税罪"（第 202 条）、"逃避追缴欠税罪"（第 203 条）等规定，有些情形下行政行为可作为犯罪构成要件（如："纳税人采取欺骗、隐瞒手段进行虚假纳税申报或者不申报，逃避缴纳税款数额较大并且占应纳税额 10% 以上的，……经税务机关依法下达追缴通知后，补缴应纳税款，缴纳滞纳金，已受行政处罚的，不予追究刑事责任"，但是，"5 年内因逃避缴纳税款受过刑事处罚或者被税

---

〔1〕《中华人民共和国刑法》（1979 年 7 月 1 日第五届全国人民代表大会第二次会议通过，2017 年 11 月 4 日修正）。

务机关给予二次以上行政处罚"即构成"逃税罪",[1]此时行政处罚"次数"即成为了逃税罪的构成要件),此时行政行为是否适法即构成了罪与非罪的标准,若固守行政行为对刑事法院产生约束力的观点的话,那么刑事审判过程只是"走走过程",而相对人权益则无从保护。除此之外,大多数情形下,由于行政行为违法或本身存在争议,相对人采取"对抗"措施(如行政行为内容违法,相对人阻挠执行;对税款征收数额有争议,相对人不交纳税款或逃避交纳等),此时,一方面行政行为适法性可能决定了罪与非罪的判断,[2]另一方面即使在"行为犯"(即单纯不服从行为就构成犯罪)情形下,刑事法院若不审查行政行为内容适法性而直接接受(所谓对其产生约束力)的话,则可能助长违法而侵害权益,相关刑罚当然也达不到惩戒与教育的目的。

---

〔1〕《刑法》第 201 条规定:"纳税人采取欺骗、隐瞒手段进行虚假纳税申报或者不申报,逃避缴纳税款数额较大并且占应纳税额 10% 以上的,处 3 年以下有期徒刑或者拘役,并处罚金;数额巨大并且占应纳税额 30% 以上的,处 3 年以上 7 年以下有期徒刑,并处罚金。

扣缴义务人采取前款所列手段,不缴或者少缴已扣、已收税款,数额较大的,依照前款的规定处罚。

对多次实施前两款行为,未经处理的,按照累计数额计算。

有第 1 款行为,经税务机关依法下达追缴通知后,补缴应纳税款,缴纳滞纳金,已受行政处罚的,不予追究刑事责任;但是,5 年内因逃避缴纳税款受过刑事处罚或者被税务机关给予二次以上行政处罚的除外。"

〔2〕 如,在刑事审判中,判断妨害公务罪时要明确其与人民群众抵制国家工作人员违法乱纪行为的界限:极少数国家机关工作人员,在执行公务过程中,假公济私,滥用职权,违法乱纪,损害群众的利益,引起公愤,群众对之进行抵制、斗争是应当支持、引导的,不构成妨害公务罪。

有学者指出，"全面否定行政处分对刑事法院的构成要件效力，主张刑事法院不仅有权，也有义务审查行政处分的适法性，理由是唯合法行政处分始值得以刑事制裁的手段来保护，故是否该当处罚构成要件，无论如何仍须进一步视行政处分是否合法而定。"[1]对此，笔者完全赞成其理由，但是需要强调的是：当行政行为适法性将直接影响相对人是否构成犯罪时，该行为不对刑事法院产生约束力。

（六）针对其他社会主体的法律效力及效果

除了以上主体之外，对于其他社会主体，行政行为产生"对世"效力。这些社会主体承担不作为的容忍义务，即不得阻挠，否则将承担妨害公务等法律责任。同时，本文讨论的行政行为效力及其制度适用领域仅限于行政程序，即未作为争诉标的置于救济机关审查之下的行政行为的效力问题。作为争诉标的受救济机关审查之时，行政行为不对救济机关产生法律约束力。

（七）小结

针对不同主体，行政行为产生不同的法律约束力，各主体也因此享有不同的权利、承担不同的义务及法律责任。行政行为效力首先涉及行政主体与相对人，其次涉及受其影响的利害关系

---

〔1〕（台）许宗力："行政处分"，载（台）翁岳生主编：《行政法（上）》，中国法制出版社2002年版，第689页。

人、行使职权时涉及该行政行为内容的其他行政机关或法院，最后行政行为作为公权力行为对其他社会主体产生对世效力。行政行为效力主要涉及行政程序，而当该行为作为争诉对象被救济机关审查时，对救济机关不产生效力。

第四章　行政行为的撤销

　　行政行为自生效而产生法律效力，出于法的安定性考虑，行政行为所创设的法律秩序应保持相对稳定性，即该行政行为的法律效力不应被随意否定。出于依法行政等考虑，行政行为的撤销是对行政行为生效之"初创秩序"的否定。法的实质正当性是行政行为效力制度最高的价值追求，其决定着行政行为生效之"初创秩序"的走向，决定着依法行政与法的安定性对于行政行为效力影响的尺度，即具体情形下出于法的实质正当性追求而具体衡量各种因素以决定行政行为之存废。如何界定行政行为撤销、撤销权行使的条件及限制、撤销权行使的法律后果等内容即构成了行政行为撤销制度之全部。

一、行政行为撤销的界定

　　"撤销"一词在我国行政法（包括行政诉讼法）上一直被广泛使用，并作宽泛界定。新中国第一部行政法教程《行政法概要》，〔1〕对于行政行为撤销即采取了宽泛意义上的理解。在实定法中，根据《宪法》《行政复议法》《行政诉讼法》以及其他单行法律规范等相关内容来看，〔2〕我国行政行为撤销包括了权力机关撤销、复议机关撤销、司法机关撤销以及上级行政机关撤销（相应地享有撤销权的主体为权力机关、复议机关、司法机关以及上级行政机关），〔3〕即行政行为撤销是一个宽泛意义上的规

---

〔1〕　该书认为，行政行为的撤销包括了权力机关的撤销、上级行政机关的撤销以及原机关的撤销等，其中权力机关及上级行政机关的撤销是基于监督权而行使的。参见王珉灿主编：《行政法概要》，法律出版社1983年版，第124页。

〔2〕《宪法》第67条第7项规定全国人民代表大会常务委员会有权"撤销国务院制定的同宪法、法律相抵触的行政法规、决定和命令"；第89条第13项和第14项规定，国务院有权"撤销各部、各委员会发布的不适当的命令、指示和规章""撤销地方各级国家行政机关的不适当的决定和命令"；第108条规定，县级以上地方各级人民政府有权"撤销所属各工作部门和下级人民政府的不适当的决定"。《行政复议法》第28条规定，主要事实不清、证据不足，适用依据错误，违反法定程序，超越或滥用职权，明显不当者，复议机关可以撤销该具体行政行为。《行政诉讼法》第70条规定，主要证据不足、适用法律、法规错误、违反法定程序、超越职权或行政行为明显不当者、滥用职权者，具体行政行为将为法院撤销或部分撤销。

〔3〕　需要注意区别的是，有些法律规范虽然采用了"撤销"一词，但是与行政行为撤销涵义有较大差别。如：《金融机构撤销条例》（2001年11月14日国务院第47次常务会议通过并于2001年11月23日公布）第2条第2款规定："本条例所称撤销，是指中国人民银行对经其批准设立的具有法人资格的金融机构依法采取行政强制措施，终止其经营活动，并予以解散。"《商标法》（1982年8月23日第五届全国人民代表大会常务委员会第二十四次会议通过，2019年4月23日第十三届全国人民代表大会常务委员会第十次会议第四次修正）第49条规定："商标注册人在使用注册商标的过程中，自行改变注册商标、注册人名义、地址或者其他注册事项的，由地方工商行政管理部门责令限期改正；期满不改正的，由商标局撤销其注册商标。"

定。所以，虽然我国大陆行政行为撤销的法律效果之描述与国外及我国台湾地区的差别不大——溯及既往地失去效力，恢复至违法行为作出之前的状态——但是我国大陆撤销权主体的范围却比它们宽泛了许多。

我国对于行政行为撤销的宽泛界定与规定之目的，笔者认为，在于对行政权的行使建立一个宽泛的监督体系。在传统上，我国一直注重自上而下的权力监督而忽略权利救济，至下而上的权利救济只是权力监督的一种手段。受此影响，行政法中常规的法律救济机制（行政复议与行政诉讼）在我国却被作为监督机制体系中的一部分，以至于其性质、地位与作用不显而甚至无法区分其与监督机制之差别。就行政行为撤销而言，常规法律救济机制中复议机关、司法机关撤销行政行为的后果与监督机制中权力机关、上级机关撤销行政行为的后果并无明显差别；上级行政机关既可以在行政复议程序中撤销行政行为，又可以在行使层级监督时撤销行政行为。所以，在我国，行政行为撤销在功能定位上是监督行政权的手段，而从监督角度对其进行界定与规定——行政行为既可以经过复议上级机关撤销，也可以未经复议上级机关而撤销。加之《行政诉讼法》较早在法律层面规定了法院作出撤销行政行为的判决标准，使得之后的行政行为撤销往往以此为参照进行操作。由此，长期以来在我国无论是学界还是实定法的规定，均以司法判决为标准、从监督行政权的角度对行政行为撤销开展研究或作出规定，[1]而忽略了行政机关自我纠错中对行政行为撤销问题的关注，即便《行政法概要》已经较早提出行政机关对行政行为撤销的问题。

在德国行政法中，"撤销"在不同意义上有不同的词汇表述。公民通过常规法律救济途径要求"撤销"行政行为是"诉请撤销"（Anfechtung），与之相对应的概念是行政行为的"可诉请撤销性"（Anfechbarkeit）、行政诉讼"撤销之诉"（Anfechtungsklage）；行政机关在法律救济程序之外的行政行为的"撤销"（Rücknahme）、"废止"（Widerruf）为"行政行为废除"（Aufhebung）的下位概念。[2]然而，在德国实定法内容中却又将"废除"（Aufhebung）使用于法律救济程序或行政监督程序之中行政行为效力之排除，使得行政行为的废除既包括法律救济途径，也包括在法律救济途径之外的撤销与废止。对此，有学者指出废除应为撤销与废止的上位概念，根据的是行政程序法；而

---

〔1〕 如：《行政复议法》第 28 条对于行政行为撤销"标准"的规定几乎以《行政诉讼法》第 70 条规定为蓝本。《湖南省行政程序规定》第 162 条、《汕头市行政程序规定》第 153 条、《山东省行政程序规定》第 133 条等规定除了"违反可以补正或更正的法定程序"外，其他与《行政诉讼法》第 70 条规定一样。后三部行政程序方面的专门规范，在行政程序中的行政行为的撤销标准还是沿用了行政诉讼中司法判决的撤销标准。

〔2〕 赵宏：《法治国下的行政行为存续力》，法律出版社 2007 年版，第 142 页。

"清除"（Beseitigung）则为废除、撤销及废止之上位概念。[1]由此，法律救济程序之外为"废除"，而实定法中不论是否以"Aufhebung"表述均不归为"废除"而归为"清除"，以突出"废除"的适用范围只限于行政程序中——即撤销与废止只适用于法律救济程序之外。我国台湾地区基本上沿用了德国行政法相关内容，将由行政机关在法律救济程序之外所为的撤销，称为"职权撤销"，与法律救济程序内由受理机关对违法或不当的行政处分所为的撤销，或由行政法院对违法行政处分所为的撤销相区别。[2]

相较于德国及我国台湾地区的做法，我国大陆行政行为撤销的外延过大，不仅未区分法律救济程序之内与之外不同主体的撤销，并且将行政行为撤销的重心放置在监督角度，忽略了行政机关自我纠错中行政行为撤销的问题。本文立足于行政程序角度讨论行政行为撤销制度构建问题，主要关注行政机关自我纠错中的行政行为撤销问题。由此，本文的行政行为撤销是指行政机关自我纠错的"职权撤销"，违法行政行为违反了依法行政原则的要求，即便在救济期间届满后，仍应允许行政机关对此予以撤销。

首先，行政行为撤销适用于法律救济程序之外。我国现有法律救济机制（常规救济机制）主要是行政复议与行政诉讼。一

---

〔1〕 ［德］汉斯·J. 沃尔夫等：《行政法》，高家伟译，商务印书馆2002年版，第109页。

〔2〕 （台）陈敏：《行政法总论》，台湾地区新学林出版股份有限公司2004年版，第451页。

般情况下，相对人对行政行为不服，完全可以通过以上法律救济途径予以权利救济，其由《行政复议法》与《行政诉讼法》予以规定。但是，由于行使法律救济以申请为前提并有期限等限制，所以在未启动救济程序或错过救济时机的情形下相对人权益及公益可能受到损害。在方式上，行政行为撤销具有更大的灵活性，其不仅可以在法定救济期限内也可以在期限届满后，不仅可以经相对人或利害关系人请求后撤销也可以由行政机关在自查中依职权撤销，只要发现有撤销客观事由，均可以在一定条件下对行政行为实施撤销。所以，在功能上，行政行为撤销可以起到保护相对人权益或公益的作用，行政行为撤销制度可以弥补常规法律救济机制的不足。特别是在授益行政行为情形之下，由于违法授益行为的相对人是"违法"权益的获得者，相对人绝不会启动法律救济程序，法律救济机制对该行政行为的监督功能将可能无法发挥，而此时法律救济程序之外的行政行为撤销就显得尤为重要。行政机关自我纠错之行政行为撤销制度与法律救济程序中撤销行政行为制度，共同维护了依法行政原则。

其次，行政行为撤销主体为原行政机关。按照德国《联邦行政程序法》第48条的规定，德国行政行为撤销的主体为该行为所涉事项具有管辖权之行政机关，而不限于原机关。我国台湾地区"行政程序法"第117条则明确指出原处分机关的上级机关也具有撤销权。我国学者也提出了相同的认识："违法的行政决定在法定救济期间届满后，决定机关或者上级行政机关仍可以依职权撤销。"〔1〕事实上，我国相当多的法律规范也明确规定在法律救济程序之外行政行为撤销的主体还包括原机关的上级机关，如《行政许可法》《湖南省行政程序规定》等。〔2〕

笔者认为，行政行为的撤销主体应限于原机关。主要原因有三：第一，行政行为生效后，基于行政管辖权上的分工，行政行为对其他行政机关（包括上级机关）具有法律约束力（构成要件效力）。基于行政层级监督，上级机关可以撤销下级机关的行

---

〔1〕 王万华：《中国行政程序法典试拟稿及立法理由》，中国法制出版社2010年版，第382页。

〔2〕《行政许可法》第69条第1款规定，作出行政许可决定的行政机关或者其上级机关，可以在5种情形下撤销行政许可：滥用职权、玩忽职守作出许可，超越法定职权作出许可，违反法定程序作出许可，对不具备申请资格或不符合法定条件者准予许可或可撤销的其他情形。该条将行政许可撤销权给予了行政许可原机关和上级机关。《行政许可法》第七章"法律责任"部分，却主要给予上级行政机关的是"责令改正"的权力行使方式。除了第71条规定的——对于违法设定许可（违法设定许可情形除了第17条所认为的除第14条、15条外的其他规范性文件设定许可的违法情形外，还包括以行政行为形式直接设定许可的违法情形）者，有关机关（包括上级行政机关）责令改正或撤销——外，第72条、第74条、第77条规定的上级机关或者监察机关可以责令改正的情形，几乎可以囊括第69条第1款规定的情形。由此可见，笔者认为，《行政许可法》对于行政许可撤销的思路是：一是上级行政机关有撤销权，二是上级机关对下级机关主要实施责令改正的监督方式（下级机关若不改正的话，上级机关才撤销）。

《湖南省行政程序规定》第158条、第159条以及第162条规定，可撤销的行政执法行为（第162条规定的情形）行政机关不自行纠正的，由有监督权的机关依职权予以撤销。从现有法律规定以及该规章第152—155条来看，"有监督权并具有撤销权的机关"范围相当广，包括权力机关、上级机关以及司法机关。《汕头行政程序规定》（第147-149条）与《山东省行政程序规定》（第126-128条）基本也遵循了这一思路。

为，但应通过法律救济机制予以实现，否则行政分权（行政管辖权分工、执行权与监督权分工）即无必要，也将弱化法律救济机制的功能。职权撤销在法律救济程序之外，是为弥补法律救济机制之不足，而非代替，否则无需法律救济机制。同时，职权撤销可在法定救济期限届满后作出，其本身是对法的安定性的一种挑战，所以对此应有所限制而不宜将撤销主体范围扩大。第二，在我国，原行政机关的上级机关为复议机关，上级机关可以通过行政复议撤销行政行为。若上级机关在复议程序之外，还可以撤销行政行为，则将弱化行政复议制度之功能。[1]第三，原机关是该行政行为的作出者，其对行政行为内容最为熟悉，对违法行为的发现及撤销更为方便。

所以，从长远制度构建来看，上级机关对下级机关行政行为撤销权的行使应限于法律救济程序之中；而在法律救济程序之外，上级机关对下级机关实现层级监督的方式在制度上可以采取"督促""责令改正"等形式，即上级机关发现有撤销事由时督促原机关予以撤销，而非直接撤销。其涉及监督权行使、监督机制与权利救济机制之间关系重新定位的问题，同样适用于权力机

----

〔1〕　行政复议制度有期限要求，若在法定复议期限之外，复议机关仍可撤销行政行为，虽然两种撤销的制度前提不同，但是其结果是相同的，其可能给相对人造成"期限规定无用"的假象，进而不积极行使救济权。特别在我国社会主义法治国家建设的初期，民众对于法律救济的观念还不强，其无疑将弱化行政复议制度的功能。

关的监督。[1]

再次，行政行为撤销为行政机关的依职权行为。在法律救济程序中，有权机关对行政行为的撤销是依申请而作出。行政行为撤销是原机关依职权作出的行为，不受相对人申请之限制。原机关只要发现行政行为存在应予撤销的事由后，就应当衡量是否作出撤销行为，其相较于法定救济程序中的撤销具有更大的灵活性。当然，依职权行为并不限制相对人申请撤销，只不过不限于此。[2]

――――――――――――

〔1〕 监督的手段与方式有很多，完全可以通过其他方式督促行政机关撤销行政行为而非直接撤销予以包办。在我国现有法律体制之下，不存在权力机关或上级机关实施监督职能时（在法律救济程序之外）督促撤销行政行为而原机关不予撤销的可能，因有相应的责任追究制度等予以保障。相反，如果原机关在督促之下还不撤销的话，此时权力机关及上级机关即使行使了撤销权也不能解决相关问题。法律救济程序之外，过多主体享有行政行为的撤销权，将弱化我国法律救济机制功能。我国以往及现阶段法律救济机制作用不显，在很大程度上是因为监督主体权力过大并缺乏相应规范，其为民众"绕开"法律救济机制而寻找上级机关乃至最高机关解决问题之主因。

〔2〕 德国与我国台湾地区行政程序法均规定了"行政行为依申请撤销、废止或变更"制度（德国《联邦行政程序法》第51条、我国台湾地区"行政程序法"第128条），理论上称为"行政程序之重新进行"。其类似于诉讼之"再审"，相对人于法定救济期间经过后，在符合法定情形时，有权向行政机关申请废弃行政行为。笔者认为，在我国大陆暂时无须建立该制度，暂将其纳入行政行为依职权废弃之适用领域，即相对人完全可以向行政机关申请废弃行政行为，行政机关依职权裁量废弃之，其意味着相对人申请并非行政行为废弃程序之启动。《湖南省行政程序规定》第158条、《汕头市行政程序规定》第149条、《山东省行政程序规定》第128条均规定行政机关可依职权或依申请自行纠正行政行为违法。

最后，行政行为撤销是行政机关的依裁量行为。行政机关发现应予撤销的事由后，并非直接将该行为予以撤销。而是区分不同种类的行政行为，结合行政行为的违法内容及其程度，具体衡量多种因素，以体现法的实质正当性价值要求，选择是否应予撤销及采取相应的措施。行政行为撤销并非是简单的"有错必纠"，并非违法即撤销的羁束性行为，而是综合衡量多种因素后的裁量行为。在德国联邦行政程序法中，"行政机关对于负担行政行为的撤销不再负有义务，而是进行合义务与合目的的衡量确定是否撤销"，[1]虽然该制度内容并不一定被接受，但其所反映的撤销的裁量性可见一斑。

二、行政行为撤销的前提条件

《行政诉讼法》第70条规定，行政行为在主要证据不足、适用法律、法规错误、违反法定程序、超越职权、滥用职权、明显不当等情形下将被法院撤销或部分撤销，该内容主要是指行政行为撤销判决的适用条件。由于该规定属于法律层面最早的规定，学界的后续研究往往以此作为行政行为撤销的前提条件。集国内顶级专家参与制定而成的我国第一部行政程序方面的地方规章——《湖南省行政程序规定》，对于行政行为撤销的规定也采用

---

〔1〕　王万华：《中国行政程序法典试拟稿及立法理由》，中国法制出版社2010年版，第383页。

了这一司法判决的标准,[1]撤销判决的适用条件对行政行为撤销要件之影响可见一斑。司法判决之撤销要件立足于司法权对行政权的监督角度,而行政行为的撤销要件立足于行政机关自我纠错的角度。加上分工不同而导致的司法权对行政权监督审查之撤销能力的限制,行政行为的撤销前提条件应当异于司法判决的撤销要件,并比其具有更大的灵活性及更广的适用范围。

(一) 行政行为撤销的违法标准

行政行为撤销的适用对象是违法行政行为,[2]此为其与行政行为废止之差别所在。按照依法行政原则,行政行为的效力应当建立在其合法要件的基础上。行政行为只有符合了所有法律要件才为合法行为,反之则为违法行为。行政行为违法的原因有很多:从行政行为形成过程来看,行政行为违法可能是由于行政行

---

〔1〕《湖南省行政程序规定》(2008年4月9日通过,2008年10月1日起施行)第162条第1款规定,"具有下列情形之一的,行政执法行为应当撤销:①主要证据不足的;②适用依据错误的;③违反法定程序的,但是可以补正的除外;④超越法定职权的;⑤滥用职权的;⑥法律、法规、规章规定的其他应当撤销的情形。"

〔2〕违法行政行为是以行政行为作出时的事实与法律状态得出的判断结果。同样,废止适用对象之合法行政行为的判断标准也是如此。我国台湾地区行政法院"2005年度判字第1325号判决"对此提出了相同的司法见解:"行政处分合法性之判断基准时乃原处分发布时之事实或法律状态,相对人不得据嗣后之事实于诉讼中主张原处分所认定之事实系不真实而应撤销。"参见:《行政程序法裁判要旨汇编(三)》(2006年),第337页。

为的事实基础不充分，也可能由于其未遵循法定程序；从行政行为结果来看，行政行为违法可能是行政行为的内容违背法律规定，也可能是其形式不符合法律规定；涉及行政机关的自由裁量权时，行政行为违法还可能由于行政机关未按照法律规定或法律原则行使自由裁量权。既然行政行为撤销的前提条件为违法行政行为，其必然涉及行政行为合法性的判断问题。而违法行政行为的具体形态则可通过行政行为合法要件的界定予以展现。一般而言，行政行为要件包括实体要件和程序要件，行政行为合法要件则包括实体与程序两方面的合法要件。

一般而言，行政行为实体合法要件包括：

（1）行政行为作出主体合法。行政行为作出主体首先要具有行政主体资格，即为行政机关（或法律法规授权组织）。其次，行政行为应在行政机关法定管辖权范围内作出，即行政机关对此具有级别管辖权、事项管辖权及地域管辖权等。事项管辖是行政机关的事务或业务管辖范围，其确定行政系统内部不同业务部门之间的权限分工问题；地域管辖是行政机关行使行政职权的地域范围，其确定相同行政业务部门在不同地域上的权限分工问题；级别管辖是同一行政业务部门中各级别行政机关在行政事项上的管辖范围——即由级别所限的事项管辖范围——其确定相同行政业务部门中上下级之间的权限分工问题。级别管辖、事项管辖及地域管辖为法定行政系统内权限之分工，行政机关必须按照该权限的分工要求行使行政职权，否则该行政行为即因主体不适格而违法。

（2）行政行为内容合法。[1]行政行为的内容必须符合法律实体规则及原则的要求。当然，行政行为所依据的法律规范应当不违背上位法与宪法规定，即其本身也合法，也即所谓的"须有授权根据"。行政行为是法律适用行为，是将法律规则的假定、行为模式及后果等内容适用于具体事件。行政行为内容包括理由与决定，理由部分有事实基础与法律理由。事实是法律规则所规定的法律事实或事件的发生，[2]而法律理由则是相应法律规则的内容。行政行为内容符合法律实体规则，其要求行政行为具有充分的事实基础，即已发生的事实或事件与法定的法律事实或事件的要求是一致的；

---

[1] 在德国与我国台湾地区的行政法中，"依法行政原则"分为两个部分，一是"法律优先"，二是"法律保留"。法律优先要求行政行为消极地不违反现行法律规定，法律保留则要求行政行为积极地符合法律规定或有法律依据。行政行为不仅要有直接的法律依据，还需要审查法律依据的合法性与合宪性。如：行政行为所根据之法律规定，违反上位法规定而无效时，该行政行为则无法律根据。所以，对应着"法律优先"与"法律保留"两个部分，德国与我国台湾地区往往将"符合法律规定及法律原则"与"须有授权根据"作为两个独立要件分别论述。（参见（台）陈敏：《行政法总论》，台湾地区新学林出版股份有限公司2004年版，第392页；[德] 哈特穆特·毛雷尔：《行政法学总论》，高家伟译，法律出版社2000年版，第103－119页。）本文基于我国学界表述之习惯，将两个要件合并为"行政行为内容合法"进行讨论。

[2] 我国台湾地区行政法院"2004年度判字第1174号判决"对于"事实"之认识指出："书面行政处分应记载事项之事实，应包括违规行为、违规时间、地点等及其他与适用法令有关之事项，使得据以与其他行政处分为区别，及判断已否正确适用法律。"参见：《行政程序法裁判要旨汇编（二）》（2005年），第206页。

行政行为具有充分的法律理由，即在已有事实基础之上选择准确的法律规范内容作为依据；最后，行政行为必须按照法律实体规则之后果内容作出决定。除了符合法律实体规则之外，行政行为内容还需要符合法律原则的要求，如：平等原则、〔1〕比例原则、〔2〕行政

---

〔1〕　平等原则即非差别对待，其是"法律面前一律平等"的宪法原则在行政法领域中的具体体现，其要求同样情形之下同样对待，不同情形之下不同对待。如，行政机关以考试、考核方式录用公务员，在岗位设置、录用对象、录用条件等方面，不应对考生户籍、出生地、性别、毕业学校等设置限制。当然，出于岗位需要，有些职位需要一定的特别条件，如对性别、身高、视力等有特殊要求，这些特别条件应与相应职位工作需要相关，否则即违反平等原则。近年来，在公务员录取工作中出现的"性别歧视""户籍歧视""乙肝歧视"等事件，即反映了平等原则还需要进一步得到贯彻与遵循。我国实定法对于平等原则作了较多规定，如《行政许可法》第5条第3款规定的"符合法定条件、标准的，申请人有依法取得行政许可的平等权利，行政机关不得歧视任何人"就是要求行政许可应遵循平等原则。

〔2〕　比例原则是法治国下的重要原则，其基本含义是行政机关实施行政行为应兼顾行政目标的实现和保护相对人的权益，保持两者处于适度的比例，尤其是在负担行政行为中。比例原则包括适当性、必要性及均衡性三个子原则。我国台湾地区"行政程序法"第7条全面规定了"比例原则"："行政行为，应依下列原则为之：一、采取之方法应有助于目的之达成。二、有多种同样能达成目的之方法时，应选择对人民权益损害最少者。三、采取之方法所造成之损害不得与欲达目的之利益显失均衡。"我国现有法律规范未明确规定"比例原则"，对其内容仅部分予以吸纳。如：《行政强制法》（2011年6月30日通过，2012年1月1日起施行）第5条规定，"行政强制的设定和实施，应当适当。采用非强制手段可以达到行政管理目的的，不得设定和实施行政强制。"《湖南省行政程序规定》第4条第2款规定，"行政机关行使裁量权应当符合立法目的和原则，采取的措施应当必要、适当；行政机关实施行政管理可以采用多种措施实现行政目的的，应当选择有利于最大程度地保护公民、法人或者其他组织权益的措施。"

处罚"过罚相当"原则〔1〕等。特别是当行政行为涉及行政自由裁量权时，或者行政事项管辖存在交叉之时（如：对于同一违法行为多个行政机关均可实施行政处罚），以及其他成文法规定不足之时，行政行为内容尤其需要符合法律原则的要求。

（3）行政行为内容明确。行政行为内容包括理由与决定，理由部分有事实基础与法律理由。行政行为内容必须充分明确，其表述必须使得相对人可以肯定无误地理解行政机关的意思，并且对行政行为决定内容不会产生歧义。行政行为内容明确的具体要求包括：行政行为的事实清楚（即证据确实充分），适用的法律规范明确具体，适用某法律规范的理由明确充分，行政裁量的理由明确充分，决定内容没有歧义。行政行为内容明确性的要求

---

〔1〕 张某经营一家熟食店，为谋取暴利，经常向无证商贩购买低价猪肉，加工成熟食后进行销售。2002年7月经群众举报，市卫生局对该熟食店进行检疫调查。结果发现张某经营的熟食制品中有三个品种、七个批次细菌严重超标，对食用者的身体健康构成较大危害。因此，市卫生局根据《食品卫生法》的规定，对张某处以5000元罚款，销毁所有不合格熟食制品，没收违法所得2000元，并吊销张某食品卫生许可证的行政处罚。张某对此处罚决定表示服从，不提出行政复议和行政诉讼。2002年8月，张某所在区的工商管理局以熟食店违法经营为由，又对张某进行了查处，决定罚款6000元并吊销熟食店的营业执照。区工商局认为卫生局是依据其对食品卫生监督的职权对张某进行查处，而工商局是根据其对市场管理的职权依法行政，且程序合法，两者并不矛盾。《行政处罚法》第4条第2款规定："设定和实施行政处罚必须以事实为依据，与违法行为的事实、性质、情节以及社会危害程度相当。"以上事例中，两个行政机关均有权实施处罚，两个行政行为内容均符合相关法律实体规则内容。但是综合来看，张某所受处罚与其违法行为并不相当，即工商机关的行政行为违背了过罚相当原则。

是从行政行为的功能中派生而来的，[1]由于其重要性，有些国家或地区将此作为一个法律原则予以确认，[2]其也可以作为法律原则纳入以上"行政行为内容合法"要求之中。

（4）行政行为内容适当。法律授予行政自由裁量权时，规定了裁量界限及裁量目的。行政机关超越自由裁量界限，毫无疑问，该行为内容违法。相反，行政机关在裁量范围之内作出行为，并不等于该行为即合法。行政机关在行使自由裁量权时，只有在遵循法律授予自由裁量权的目的之下，按照行政事务的具体情形在裁量界限之内作出裁量，该行为才合法（并内容"适当"）。可见，行政行为内容适当是在自由裁量权行使之时"行政行为内容合法"之特别要求，即自由裁量权行使不仅符合以上"行政行为内容合法"之要求（即一般情形下遵循法律规则规定及法律原则要求），还需要在此前提之下确保自由裁量权行使的结果是适当的。由于行政权与司法权的分工，司法权对于行政权的监督与审查一般只以自由裁量权滥用为尺度，即只涉及自由裁量权是否遵循法律规则规定、法律原则要求以及裁量权授予目的等方面。除此之外，自由裁量权往往作为"行政特权"予以尊重，司法权对此不予干涉，一般也不纳入司法监督角度的行政行

---

〔1〕　应松年主编：《比较行政程序法》，中国法制出版社1999年版，第62页。

〔2〕　如：我国台湾地区"行政程序法"第5条规定了"行政行为之内容应明确"。

为违法的范围。行政行为撤销是行政机关的自我纠错，其纠错范围应当包括行政行为内容适当性问题。虽然行政行为撤销与司法撤销判决的前提条件均为"违法"，但由于司法权与行政权分工、撤销主体对行政行为审查能力不同等原因，两种违法的范围还是有所差异的。

行政行为程序[1]合法要件包括：①行政行为必须遵循"先调查取证，后作出决定"的步骤。行政行为是法律适用行为，是将法律规范内容适用于具体事件。行政行为作出的前提是法律规范所规定的法律事实或事件的发生，那么其作出之前必先调查取证。只有在调查取证后，取得了充分事实证据——即已发生的事实或事件与法定的法律事实或事件的要求相符合——行政行为才能作出，否则违法。②行政行为必须遵循法定程序规定。法定程序是指法律规定的行政行为必须遵循的程序。由于我国行政程序法尚未制定，何种程序行政机关必须遵循（即上升为法定程序）暂无一般性规定。但从世界范围来看，行政程序中具有普世价值的共性制度内容是可以借鉴的，如：听取意见、告知权利以及说明理由等内容。可喜的是，我国有些法律规范对此已予以规定，

---

[1] "行政程序是指行政主体实施行政行为时所应遵循的方式、步骤、时限和顺序。行为方式构成行政行为的空间表现形式；行为步骤、时限、顺序构成行政行为的时间表现形式。行政程序本质上是行政行为空间和时间表现形式的有机结合。"（姜明安主编：《行政法与行政诉讼法》，北京大学出版社、高等教育出版社2005年版，第365页）行政行为程序要件内容在范围上包括行政行为形式要件。

如：《行政处罚法》《湖南省行政程序规定》《汕头市行政程序规定》《山东省行政程序规定》等法律规范。[1] 这些程序内容反映了行政程序的基本价值，应作为行政程序之最低要求予以遵守，而不论具体的实定法是否将此予以规定。[2] 当然，从长远来看，还应将此规定于我国行政程序法之中。③行政行为必须依法定形式作出。行政行为可以采用书面、言词或者其他形式作出。若法律规范对于行政行为的作出形式予以明确规定，那么该行为是要式行为，如许可证、权属证明文书等，行政机关不得违反。除了

---

[1] 《行政处罚法》第31条、第32条以及第41条规定，行政处罚决定作出之前，行政机关必须依法向当事人告知事实、理由和依据，听取当事人的陈述、申辩，否则行政处罚不成立。"不成立"意在强调该程序内容的重要性与强制性。《湖南省行政程序规定》第62条第1款规定，"行政机关在行政执法过程中应当依法及时告知当事人、利害关系人相关的执法事实、理由、依据、法定权利和义务。"《山东省行政程序规定》第9条与《湖南省行政程序规定》作了相同规定。《汕头市行政程序规定》第56条规定："行政机关在行政执法过程中应当依法履行告知义务。行政执法告知应当采用书面形式；情况紧急时，可以采用口头等其他方式，但依法应当采取书面形式告知的除外。行政机关作出影响当事人、利害关系人合法权益或者增加其义务的行政执法决定前，应当告知行政执法决定的事实、理由和依据；当事人、利害关系人有权陈述和申辩。行政机关作出行政执法决定，应当依法告知行政复议或者行政诉讼的权利、期限和途径。"

[2] "法定"程序之理解应不拘泥于实定法规定，而应理解为法律应然要求。行政程序具体内容要求随着行政事务的发展，在各时代、各具体行政领域中有着不同表现或差别。但是，法律对行政程序的应然要求，即反映行政程序最基本价值的制度及要求，则应一直予以保留并贯彻，其是对立法及行政的共同要求。

要式行为之外，行政行为作出形式一般采取书面方式。[1]④行政行为应适时作出。一般情形下法律对于行政行为作出期限均作规定，首先行政机关应当在法定期限内作出该行为，即行政行为作出应不迟于法定期限之最后期日；其次，法定期限是行政机关作出行政行为时限上的最低要求，行政机关应当尽早作出行政行为，即所谓的及时性原则。当然，如果法律未规定行政行为作出期限，那么行政机关也应遵循及时性原则而在合理期限内作出行为。

（二）行政行为撤销的违法程度

行政行为撤销的适用对象是违法行政行为，但并不意味着所有的违法行政行为都应纳入可撤销的范围。行政行为是否违法涉及的是行政行为适法性判断的问题，而违法行政行为是否纳入可撤销行政行为范围则必须考虑行政行为违法内容及其程度。"有错必纠"对于违法行政行为不再是单一的撤销，而是根据违法内容及其程度采取相应的纠错手段，虽然撤销是主要的纠错手段。

行政行为的违法也称为"瑕疵"，如德国、日本及我国台湾

---

〔1〕 我国台湾地区"行政程序法"第95条规定，"行政处分除法规另有要式之规定外，得以书面、言词或其他方式为之。以书面以外方式所为之行政处分，其相对人或利害关系人有正当理由要求作成书面时，处分机关不得拒绝。"由此可见，虽然在法律规范中对行政行为形式未作出明确规定，但是在正当理由情形之下，行政机关还需以书面形式作出，否则也违法。

地区等，其属于民事行为中瑕疵理论在行政法中的沿用。根据瑕疵的不同内容及程度（违法内容及违法程度），德国、日本以及我国台湾地区将瑕疵行政行为（即违法行政行为）分为无效行政行为、可撤销行政行为及可补正行政行为，相对应的法律后果为：（宣告或确认）无效、撤销及补正。其中"（宣告或确认）无效"是无效行政行为的法律后果，所谓无效行政行为是指含有重大明显瑕疵的行政行为，德国与我国台湾地区在其行政程序法中建立了专门的无效行政行为制度。由此，德国、日本及我国台湾地区以无效行政行为、可撤销行政行为及可补正行政行为等内容构成违法行政行为体系。[1]

　　本文的"违法行政行为"包括了所有的违法行政行为，而不论其违法内容及程度如何（不论是否包括重大明显瑕疵）。接下来的问题是，行政行为效力形态中是否包含行政行为无效，即是否建立无效行政行为制度？肯定者认为，首先需要区分无效行政行为与可撤销行政行为之间违法内容及程度之前提的不同；否定者则认为，主要区分可撤销与可补正行政行为之间违法内容及程度的差别即可。出于理论的一贯性，[2]笔者不主张无效行政

---

　　〔1〕　对于"违法行政行为"的范围的理解有所差别，德国行政法是将违法行政行为作为无效行政行为的并列概念，而我国台湾地区学者则将违法行政行为作为无效行政行为、可撤销可补正行政行为的上位概念。当然，这只是个技术问题。

　　〔2〕　参见黄全："无效行政行为之批判"，载《法学杂志》2010 年第6 期。具体内容详见本章六"关于撤销与无效问题"部分。

行为理论与建立无效行政行为制度，重大明显瑕疵行政行为（所谓的无效行政行为）的效力应由撤销予以消灭。笔者认为，违法行政行为分为可撤销行政行为与可补正行政行为，由此，可撤销行政行为的违法内容及程度是指除了程序方面可以补正的轻微违法之外的其他违法情形。

三、行政行为撤销的限制条件

按照依法行政原则的要求，违法并达到可撤销程度的行政行为应被撤销。相反，按照法的安定性原则的要求，行政行为应存续。依法行政原则与法的安定性原则无主次之分，那么违法行政行为是否被撤销实质上是在法的安定性原则与依法行政原则之间的博弈。笔者认为，法的实质正当性是法治国下更高的价值追求，其一方面决定了博弈过程中应加入公益维护、私益保护等多种考量因素，在多种因素综合衡量后选择维护法的安定性原则还是贯彻依法行政原则；另一方面也决定了博弈结果应体现个案正义与多种利益之保护。简言之，在法的实质正当性要求下，法治国下行政行为撤销过程中加入了多种考量因素并综合衡量这些因素对行政行为效力之影响，在撤销结果上必须体现个案正义与多种利益保护。

行政行为的撤销限制条件是指哪些情形下虽违法并达到可撤销程度的行政行为而不被撤销，其体现了哪些因素将被考量而使得行政行为得以存续与其效力得以维护。在德国及我国台湾地区行政程序法律制度中，授益行政行为与负担行政行为的划分作为行政行为撤销适用规则的前提，不同的行政行为具有不同的撤销规则。本文遵从这一规律，对这两类行政行为的撤销限制条件分别予以讨论。

（一）授益行政行为撤销限制条件

授益行政行为与负担行政行为相对应，以行政行为内容对相对人是否有利为标准。[1]授益行政行为是指行政机关授予或确认相对人某种权益的行政行为，如行政许可、行政给付以及确认相对人权益、资格等内容的行为等属于典型的授益行政行为。授益行政行为涉及相对人（受益人）信赖保护问题，那么信赖利益就作为法的安定性是否得以维护最主要的考量因素，所以，授益行政行为是否撤销在依法行政原则与法的安定性原则之间博弈时，主要围绕着相对人信赖利益与撤销公益之间的衡量展开。除此之外，从成本效益分析，撤销将造成的公益损害也应是重要的考量因素，所以，授益行政行为是否撤销还将围绕着公益损害与公益维护之间的衡量展开。

1. 信赖保护与行政行为撤销限制。德国《联邦行政程序法》

---

[1] 授益行政行为与负担行政行为以有利与不利为区分标准，其是从相对人角度并在行政行为初始状态下所作的分类。特别需要注意的是，不能仅仅以效果上是否有利而区分授益或负担行政行为，否则将得出荒谬的结论：行政许可在作出时对相对人是授益行政行为，对第三人是负担行政行为；在撤销时对相对人是负担行政行为，对第三人是授益行政行为。

第48条将授益行政行为分为金钱给付或可分物给付行为与其他授益行政行为，并分别对这两类行为涉及信赖保护时设置了不同的撤销限制条件。[1]我国台湾地区"行政程序法"参照德国《联邦行政程序法》第48条立法例，却未如德国那样明确区分不同种类的授益行政行为而设置不同的限制条件。该法第117条、第119条、第120条及第127条规定，授益行政行为涉及信赖保护时，当信赖利益大于撤销公益时，不得撤销；相反，当信赖利益小于撤销公益时，撤销但应补偿。从德国与我国台湾地区以上规定来看，违法授益行政行为是否予以撤销，取决于受益人是否具有值得保护的信赖利益，以及该信赖利益是否显然大于撤销所追求的公益。

　　我国《行政许可法》在大陆法律中第一次规定了行政行为撤销时信赖利益保护的问题，[2]虽然其采用了"合法权益"与"赔

---

　　〔1〕 金钱给付或可分物给付授益行政行为，信赖利益大于撤销公益时，不得撤销；受益人已使用所提供的给付，或其财产已作出处分，使得受益人不能（或者只能在遭受不合理的不利情形时才能）解除该处分的，此时该信赖利益一般需要保护，不得撤销。其他授益行政行为，信赖利益大于撤销公益时，不得撤销；信赖利益小于撤销公益时，撤销但应补偿。

　　〔2〕《行政许可法》第69条规定："有下列情形之一的，作出行政许可决定的行政机关或者其上级行政机关，根据利害关系人的请求或者依据职权，可以撤销行政许可：①行政机关工作人员滥用职权、玩忽职守作出准予行政许可决定的；②超越法定职权作出准予行政许可决定的；③违反法定程序作出准予行政许可决定的；④对不具备申请资格或者不符合法定条件的申请人准予行政许可的；⑤依法可以撤销行政许可的其他情形。被许可人以欺骗、贿赂等不正当手段取得行政许可的，应当予以撤销。依照前两款的规定撤销行政许可，可能对公共利益造成重大损害的，不予撤销。依照本条第1款的规定撤销行政许可，被许可人的合法权益受到损害的，行政机关应当依法给予赔偿。依照本条第2款的规定撤销行政许可的，被许可人基于行政许可取得的利益不受保护。"

偿"的法律术语而非信赖利益保护一般术语之"信赖"与"补偿"。其主要内容为：违法许可行为（第1款所列情形）被撤销，被许可人合法权益应得到赔偿；如果被许可人以欺骗、贿赂等不正当手段取得的行政许可（第2款所列情形）被撤销，被许可人取得利益不受保护。"《行政许可法》规定了撤销时的信赖利益保护"这一结论，完全是以信赖利益保护之语境而得出的美好愿望，事实上还有许多未尽事宜。[1] 即便承认这一结论，相较于行政行为撤销时信赖保护规则，我国《行政许可法》只考虑到了赔偿（实际应为补偿）最低限度的保护问题，而未展现信赖利益在行政行为撤销时保护之全貌。

借鉴德国及我国台湾地区授益行政行为撤销时的信赖保护规则，笔者认为，信赖保护符合以下条件时构成限制撤销之条件（即信赖之最大程度保护条件）：

---

〔1〕 一个关键问题是"合法权益"的范围及内容。"信赖利益"是否是合法权益在我国未成定论，那么《行政许可法》采用了"被许可人"之"合法权益"之表述，其留待的问题是：行政许可违法时，被许可人除了"信赖利益"之外是否还有其他我国法律承认的"合法权益"内容？另一个关键问题是赔偿被许可人的原因。信赖保护规则中是否赔偿（补偿）在于是否存在信赖值得保护之情形。我国《行政许可法》则是以被许可人是否有过错来决定是否赔偿（参见乔晓阳主编：《中华人民共和国行政许可法及解释》，中国致公出版社2003年版，第207-208页。该书认为，以被许可人有无过错并依照《行政许可法》第8条"信赖保护原则"来赔偿。但是，《行政许可法》第8条如果确认了"信赖保护原则"的话，其也只适用于"情势变更"之下的行政许可被撤回或变更情形。该书在第57至58页却又将"撤回"要件与效果描述等同于"撤销"，其又引发一个问题是："情势变更"之下行政许可是否还将被撤销?）。

（1）相对人（受益人）须信赖该授益行政行为。信赖保护之前提是须有信赖基础之存在（即有授益行政行为存在），[1]而受益人信赖该行政行为存续之事实是该行政行为撤销限制之前提，即信赖保护必须有信赖基础与信赖事实。如果受益人根本不知道有授益行政行为的存在，那么就不存在信赖之可能。[2]相对人对行政行为存续之信赖，是指依照一般人的合理判断而对行政行为存续之确信和具有正当期待，并据此安排其行为。而"信赖并安排其行为"则引发了"信赖事实的产生是否必须有受益人的信赖行为作为证明"这一争论。在德国学界中，有学者赞成，也有学者反对，还有学者采取了折中态度。[3]

结合行政给付来看，对于"信赖事实的产生是否必须有受益人的信赖行为作为证明"的回答，直接涉及德国《联邦行政程序法》第48条第2款的认识问题。[4]该款明确规定"使用所提

---

[1] 我国台湾地区行政法院"2003年度诉字第1166号判决"指出："信赖基础之存在为信赖保护原则的前提要件，若前提要件不存在，则纵使有信赖之表现事实及值得信赖之必要等，皆无由主张信赖保护原则。"参见：《行政程序法裁判要旨汇编（二）》（2005年），第243页。

[2] （台）陈敏：《行政法总论》，台湾地区新学林出版股份有限公司2004年版，第462页。

[3] 参见赵宏：《法治国下行政行为存续力》，法律出版社2007年版，第166–168页。

[4] 德国《联邦行政程序法》第48条第2款规定："提供一次或持续金钱给付或可分物给付，或为其要件的行政行为，如受益人已信赖行政行为的存在，且其信赖依照公益衡量在撤销行政行为时需要保护，则不得撤销，受益人已使用所提供的给付，或其财产已作出处分，使其不能或仅在遭受不合理的不利时方可解除其处分，则信赖一般需要保护。……"

供的给付""财产处分"等情形下，信赖利益应予保护，该行为原则上不得撤销，这点已无争论。但是，如果未"使用所提供的给付"以及未"财产处分"等情形之下，有无信赖保护、该行为是否撤销以及如何撤销呢？

　　如果信赖事实的产生必须有相对人的信赖行为作为证明，而"使用所提供的给付""财产处分"等行为应作为信赖行为用于证明或表明信赖事实之存在，那么在这些行为欠缺的情形之下，结论就是：信赖事实不存在，无信赖之保护。我国台湾地区学者陈敏表达了类似的看法：受益人已耗用授益行政行为给予的给付，或作成了不能恢复或仅能在不可期待的不利益下恢复原状之财产处置或生活安排，通常即足以证实或表明其信赖应给予信赖保护；受益人如欠缺此等证实或表明信赖之行为，虽非一概排除其信赖保护，惟在此种情形并无信赖损害存在，即无信赖保护之可言。[1]按照这一结论，取得相同给付内容的不同相对人，只因为是否使用或作出财产处分之不同，而可能面临着截然不同的结果。由此造成的影响是，相对人取得金钱给付或可分物给付

---

〔1〕（台）陈敏：《行政法总论》，台湾地区新学林出版股份有限公司2004年第4版，第462页。该书对"耗用""财产处置"以及"生活安排"作了一定解释说明。"耗用"是指消费或无对价之财产支出，如将受领之老年年金用以购置民生必需品，或赠与孙子女。"财产处置"是指一切足以对当事人之财产状况产生长期影响之行为。就受领给付所谓之生活安排，即属财产处置。如：依建筑许可开始施工，或为进住养老院将受领之退休金存入养老院。

后，对其最为有利的方法是立即使用或作出相应处分。所以，"使用所提供的给付""财产处分"等行为作为信赖行为用于证明或表明信赖事实之存在——这种认识只能起到刺激或鼓励消耗或处分给付标的之作用，而不能实现信赖保护之目的——显然不是立法者的本意，从反证的角度得出这种认识是不恰当的。

由行为性质所决定，不同种类的授益行政行为作出之后，相对人对应的行为一定有所差异。如：行政许可行为作出之后，相对人一定积极着手或准备从事许可事项；确认相对人资格或权益的行为可为相对人以后从事相关行为提供基础，但该确认行为作出之后，相对人并不一定有相应的行为表现（如：颁发法律执业资格证书、房产证等）。由于个人习惯的不同，不同相对人即便对于相同的行政给付内容，其对应行为也有所差异。如：取得金钱给付后，有的将此保存以作细水长流之用，有的则立即消费完毕以图一时之快。所以，笔者认为，授益行政行为作出之后，相对人是否作相应行为是由行为性质、个人习惯等原因所致，与其是否信赖该行政行为无关，不应以有无相应行为来证明其信赖事实是否存在。

笔者认为，相对人信赖授益行政行为之"信赖"应是一种推定，其由国家出于社会治理之需要所决定，而不应由相对人的行为来表现与证明。首先，行政机关实施行政行为，应当遵循诚实信用的原则，维护行政机关与相对人之间的信赖关系。诚信原则对立法者与行政机关均具有约束力，相对人对行政行为之信赖是诚信原则之下的必然结果，是立法者与行政机关"自上而下"的诚信态度所决定的。相对人对所有行政行为均应信赖，其由诚信原则之下行政机关的行为之作成而形成，并不需要行政行为作成之后相对人以所谓的信赖行为来表现与证明其对行政行为之信赖。其次，为了行政目标的实现、行政效率的提高，立法者与行政机关均需要相对人对行政行为信赖。行政行为创设内容之实现，只有相对人对其信赖才能产生积极的作为，有利于行政目标的早日实现。特别是授益行政行为，其不如负担行政行为那样有相应的强制措施以促使相对人履行义务，更需要相对人信赖而积极作为以实现行政目标。最后，法的安定性的实现，也需要相对人对行政行为之信赖。相对人只有对行政行为信赖才能"按部就班"地进行相关行为，如：取得许可证之后进行相关经营活动，从而实现法的安定性初步建立，否则将陷入无序状态。

由上可见，相对人对行政行为之信赖，完全是由法治国下社会治理之需要所决定。出于法治国下社会治理目的的实现，立法者与行政机关内在需要维护信赖关系。这种"自上而下"的"请你相信我"的态度，本身使得相对人的信赖成为一种被动的要求，如还需要相对人以信赖行为证明其信赖的话，则不利于信赖关系的建立。用"反推"的方法来看，信赖保护是为维护信赖关系，信赖关系是为法治国下社会治理的需要，所以，相对人对行政行为之信赖完全是无需证明的，是立法者与行政机关单方面对自我的约束。在我国社会主义法治国家建设过程中，诚信原则、信赖保护原则等观念有待加强、相关制度内容还有待建立与完善的背景下，相对人对行政行为的信赖及其保护等制度建立的首要目的，应为重塑信赖关系，加大对相对人信赖保护力度以维护信赖关系。所以，笔者认为应将相对人对行政行为之信赖设定为"推定"，即只要行政行为作出就推定相对人对其应是信赖的，而不论相对人是否采取了所谓的信赖行为。信赖保护看似是保护相对人权益，实质是维护信赖关系，所以不应给相对人的信赖设置过多限制。

（2）无排除信赖的情形。保护信赖的目的是维护信赖关系，其为立法者与行政机关出于社会治理需要而进行的单方面的自我约束。为了维护信赖关系，即使相对人因违法行政行为而"不当得利"也予以保护——"信我，我给你保护""即使我错了，我也给你保护"。从信赖保护产生的逻辑来看，需要保护的信赖只产生于相对人对信赖标的完全处于被动接受状态、行政行为的违法主要是由行政机关自身造成之时。换言之，不当得利之否定让位于信赖关系之维护，本身隐含了对于行政行为的违法相对人应无过错或重大过失，否则与信赖关系维护及信赖保护制度之目的不相符。所以，相对人对行政行为之推定信赖，不应该包含相对人对于行政行为的违法具有过错（故意或重大过失）之情形。

相对人对行政行为违法具有过错的情形，在德国与我国台湾地区行政程序法中称为"不值得保护之信赖"，属于法定的信赖保护排除情形。其主要情形有三：首先，相对人以欺诈、胁迫或者贿赂方法，使得行政机关作出了违法授益行政行为。其为最明显严重之过错，不仅不产生任何信赖之保护，还需要追究相对人相应法律责任。其次，相对人对重要事项提供不准确资料或不完全陈述具有过错，由此使得行政机关以此为依据作出了违法授益行政行为。[1]相对人应保证其对重要事项提供的资料或陈述是准确的，如相对人对资料的准确性或陈述的完整性未尽注意义务则具有过错，排除其信赖。[2]当然，如果以上情形是由行政机关所促成的，如行政机关提供的申请表格有错误、错误诱导了相对人对于问题的回答等，那么应由行政机关负责，不构成排除信赖之情形。最后，相对人明知或因重大过失而不知道行政行为违法。此时，应将相对人置于一般普通人之角度，以生活常理、一

---

[1]　我国台湾地区行政法院"2004年度判字第1359号判决"指出："受益人对重要事项提供之不正确资料或不完全陈述，必须为作成行政处分之依据，其信赖始不值得保护。"参见：《行政程序法裁判要旨汇编（二）》（2005年），第219页。共同申请人在申请登记时，任何一方所提供资料不正确，致使行政机关依该资料登记而造成违法，不存在信赖保护。参见该院"2004年度判字第717号判决"。

[2]　我国台湾地区行政法院"2002年度诉字第3938号判决"认为："纵非伪造该文书之行为人，惟其既提出该同意书以为申请之重要依据，自应查证并担保其准确性，否则并无信赖保护之可言。"参见：《行政程序法裁判要旨汇编（二）》（2005年），第211－222页。

般交易中所应有的注意义务为判断标准。[1]如：重大明显违法行政行为（笔者将此纳入可撤销行政行为范围）不产生信赖保护问题，因相对人可以从一般普通人的角度知道或因重大过失而不知道该行为违法。

（3）信赖利益大于撤销公益。由以上（1）与（2）可知，相对人对于行政行为的违法只要不存在应予排除之过错，均可推定相对人信赖行政行为（无需特定的信赖行为予以表明或证明），对于其信赖均应予以保护。但是，信赖保护的方式有多种，而信赖保护方式之选择则取决于信赖利益[2]与公益之间权衡的

---

[1] 我国台湾地区行政法院"2003 年度诉字第 721 号判决"认为："公共设施保留地如以市地重划方式取得，无免征土地增值税规定之事由（"土地税法"第 39 条规定），原告纵非明知该法律规定，也难谓无因重大过失而不知之情形（原告继承土地时已知该土地已参加市地重划——说明土地取得方式已发生了变化），所以原告认为免征土地增值税之处分适用信赖保护原则而不被撤销的主张不成立。"参见：《行政程序法裁判要旨汇编（二）》（2005 年），第 225 页。相同见解裁判有：该院 2003 年度诉字第 753、754 号判决。

[2] 信赖保护到信赖利益保护是从抽象到个案量化之具体。法治国下社会治理的需要，推定相对人对于行政行为是信赖的，而维护信赖关系与保护信赖在个案撤销时则具体到信赖利益问题。笔者不赞成以相关行为表现来证明相对人是否信赖，因为这无必要，其完全可以在信赖利益具体化及信赖利益与撤销公益比较衡量时予以具体考量，否则无须三个步骤而在第一步骤就可解决信赖保护与撤销限制之问题。所以，不管是否有行为表现，如是否处分了给付物、是否开工建设等，都推定相对人信赖（除了例外情形），而相对人相关行为具体表现及内容只作为确定信赖利益保护范围及撤销限制衡量时的考量因素。德国《联邦行政程序法》第 48 条第 2 款第 2 句规定之"受益人已使用所提供的给付，或其财产已作出处分，使其不能或仅在遭受不合理的不利时方可解除其处分，则信赖一般需要保护"，恐怕也是此种情形下推定信赖之后的选择吧！

结果。相对人信赖行政行为所产生的信赖利益明显大于撤销该行为所维护的公益时，该行政行为不得撤销而保持其存续，此种情形下的信赖保护即构成了撤销限制条件。相对人信赖行政行为所产生的信赖利益并非显然大于撤销公益时，该行政行为应予以撤销，当然在撤销方式上可根据具体情形采用溯及既往撤销、只对未来撤销等，但是必须补偿相对人因撤销所产生的信赖利益之损失。行政机关在衡量信赖利益与撤销公益以裁量决定是否撤销以及撤销具体方式时，主要考量以下事项：

第一，撤销对相对人的影响。行政行为撤销是对行政行为效力之消灭，对原有法律状态的恢复，其不仅影响相对人已获取的利益，还影响相对人以行政行为为基础实施相关行为而形成的其他法律关系的稳定问题。撤销对相对人的影响，因行政行为种类及方式不同而有所差异。一次性金钱或实物给付，撤销即意味着相对人返还给付标的，其对相对人的影响即考察相对人返还是否有困难、对相对人之后生产生活之影响等。如：德国《联邦行政程序法》第48条第2款规定"已使用"或"已处分"给付标的者该行为原则上不得撤销，[1]其即考虑了撤销对相对人的影响。而行政许可或确认相对人具有某种资格等具有持续性效果的行为，其撤销对相对人的影响则更为复杂，必须结合相对人根据行

---

〔1〕　该款第2句规定："……受益人已使用所提供的给付，或其财产已作出处分，使其不能或仅在遭受不合理的不利时方可解除其处分，则信赖一般需要保护。"

政行为内容实施相关行为的实际状况进行具体分析。如：撤销相对人的建筑许可证，其对相对人的影响则根据相对人建筑工程进度状况、相对人资金投入状况、相对人与其他社会主体签订的相关合同状况等实际情况进行分析。

第二，不撤销对公众以及第三人的影响。相对人因违法授益行政行为获益，相反公众以及第三人因此而损益。不撤销对公众以及第三人损益之影响，根据不同的行政行为种类及内容可表现为抽象与具体、严重与轻微等影响。如：不撤销行政给付，对公众的影响一般是抽象损害（因给付为国库支持）；不撤销建筑许可，对第三人的影响一般是相邻权、土地使用权等权益的具体损害；不撤销食品药品生产许可，对公众的影响一般是对生命健康潜在的巨大损害。结合行政行为种类及内容，综合考察不撤销对公众以及第三人的影响之性质与大小。

第三，行政行为种类及成立方式。授益行政行为的种类较多，不同种类及相同种类的行为在方式与效果上存在着一定差异。一次性的行政给付不具有持续性效果，而行政许可、确认相对人具有某种资格等行为则具有持续性效果。虽然均涉及信赖保护的问题，但是后者涉及的信赖利益以及法的安定性显然比前者更加复杂。同时，从以上两点来看，撤销或不撤销对于相对人、公众以及第三人之影响的考察往往还需要结合该行政行为的种类及内容。行政行为的成立方式，也影响着相对人信赖程度及其保护程度。经由较正式的行政程序作成的行政行为，相对人较能信赖其存续，对其信赖利益应给予更好的保护方式。[1]

第四，违法的严重程度。行政行为违法程度越高，按照一般交易中的注意义务程度，相对人对此信赖程度则越低，信赖保护可能性则越小。最极端的是，重大明显违法行政行为不产生信赖保护，因相对人以普通人的角度就能知道或因重大过失而不知道该行为违法。同时，违法程度越高，往往意味着撤销公益则越大。

第五，行政行为作成后经过的时间长短。行政行为作出后经历的时间越长，相对人对行政行为存续越信赖，涉及的信赖利益则越多，信赖保护则越强。同时，经历时间越长，该行政行为涉及的其他法律关系则越多（如：相对人取得经营许可证的时间越长，由经营活动所产生的法律关系则越多），法的安定性维护则越必要。

综上（1）（2）（3）内容可见，除了排除信赖情形之外，相对人对于违法授益行政行为的信赖均应受到保护。对相对人信赖保护的不同方式，取决于信赖利益与撤销公益之间的衡量。利益衡量结果决定着法的安定性原则与依法行政原则之间的博弈，并

---

〔1〕　信赖保护方式可总结为三种：一是溯及既往撤销并补偿信赖利益损害，二是只向将来或某一时间点开始撤销并补偿信赖利益损害，三是不得撤销。行政行为是否撤销或采取何种撤销方式，也即对信赖保护采取何种方式，由利益衡量结果所定，但是利益衡量本身无法量化，而是裁量行为。所以，应考虑行为成立程序之正式程度以裁量更好的信赖保护方式，也即行政行为更应存续、法的安定性更应维护。

最终体现在行政行为撤销与否之结果上。当信赖利益小于撤销公益时，该行政行为应被撤销。其涉及的信赖利益应得到保护，不仅体现在相对人信赖利益损害应得到补偿，还体现在撤销方式上的可选择性（如溯及既往还是只向将来消灭效力，撤销方式的选择也是信赖保护与利益衡量的结果）。当信赖利益大于撤销公益时，该行政行为应存续。此时信赖保护构成了维护法的安定性最主要的原因，而涉及的信赖利益通过行政行为存续方式得到全面保护，此等情形下的信赖保护也构成了授益行政行为撤销的限制条件。

2. 公益损害与行政行为撤销限制。信赖保护作为授益行政行为撤销的限制条件时，主要围绕着信赖利益与撤销公益间的衡量而展开。其前提是存在信赖保护，问题是：若不存在信赖保护，是否即意味着该行政行为就应撤销？回答是否定的。如：相对人采用贿赂方式取得拆迁安置工程方面的一揽子许可证，并将工程进行近半，此种情形相对人无信赖保护问题，但是如果行政机关撤销该许可证而重新招标颁发新的许可证以完成该工程的话，可能造成工程交付延期、公共资金投入加大等问题。对此，该许可证不应被撤销，因其撤销将可能对公共利益造成重大损害，而只能采取其他补救措施。同样，在信赖利益与撤销公益比较之时，一般围绕着"撤销对相对人之影响""不撤销对公众与第三人之影响"等内容展开，是否需要进行撤销与不撤销对公益影响的比较？回答是肯定的。如以上例子中，拆迁安置工程许可证违法是由行政机关玩忽职守或违反法定程序造成的，相对人已将工程完成近半，工程质量及进度符合要求，投入资金中的绝大部分为工程款部分资金及银行贷款资金，相对人只垫付少量资金。此种情形下，相对人存在信赖保护，在信赖利益与撤销公益之间衡量，可以勉强得出信赖利益大于撤销公益而不应被撤销的结论，但是这一结论的取得远不如通过撤销与不撤销对公益影响的比较（撤销造成公益重大损害而不撤销造成的损害不大）来得更为贴切。以上两个问题共同反映了撤销时公益损害因素之考虑，而答案则是公益损害也应作为行政行为的撤销限制条件之一，即撤销造成的公益损害大于撤销公益维护时，该行政行为不得撤销而只能采取其他补救措施。

对于公益损害作为撤销限制条件，德国《联邦行政程序法》未明确规定，我国台湾地区"行政程序法"第117条作了明确规定,[1]我国大陆实定法也作了明确的规定。[2]信赖保护影响行

---

　　[1]　该条规定："违法行政处分于法定救济期间经过后，原处分机关得依职权为全部或一部之撤销；其上级机关，亦得为之。但有下列各款情形之一者，不得撤销：一撤销对公益有重大危害者。……"

　　[2]　如：《行政许可法》第69条第3款规定："依照前两款的规定撤销行政许可，可能对公共利益造成重大损害的，不予撤销。"而前两款所列的行政许可违法原因中即有属于"排除信赖之情形"："被许可人以欺骗、贿赂等不正当手段取得行政许可的"。《湖南省行政程序规定》第163条规定："行政执法行为的撤销，不适用以下情形：①撤销可能对公共利益造成重大损害的；……"《山东省行政程序规定》第133条与《汕头市行政程序规定》第154条作出了相同规定。除此之外，《行政诉讼法》第74条从司法审判角度提出了公益维护限制撤销。

政行为撤销及其方式，并在一定条件下作为撤销的限制条件，出发点主要在于维护信赖关系。而公益损害作为撤销限制条件，是通过成本效益分析而维护较大公益。两者基于不同角度，可以相互补充，共同构成撤销限制条件。授益行政行为种类及方式多样，各行政行为所产生的实际效果差别较大，撤销时衡量因素有所差异。如：有些情形之下更多涉及信赖保护与撤销公益之间的衡量的问题，如行政给付；有些情形之下很少有信赖保护而主要涉及撤销与不撤销造成公益损害的衡量问题，如以上举例；当然，还有些情形下同时涉及以上两种衡量问题，此时撤销造成公益损害和信赖保护一起与撤销公益维护进行比较衡量而共同作为法的安定性是否维护的原因。所以，授益行政行为撤销时应同时考虑两种撤销限制条件。

（二）负担行政行为撤销限制条件

负担行政行为又称不利行政行为，是指行政主体为相对人设定义务或者剥夺、限制其权益的行政行为。相较于授益行政行为，违法负担行政行为的撤销比较简单，因其不涉及相对人信赖保护问题。[1]对于负担行政行为撤销的限制条件，德国《联邦

---

[1] 台湾地区行政法院"2004 年度诉字第 127 号判决"指出："负担处分之撤销并无信赖保护原则之适用。"参见：《行政程序法裁判要旨汇编（二）》（2005 年），第 232 页。相同司法见解：该院"2005 年度诉字第 313 号判决"（参见：《行政程序法裁判要旨汇编（三）》（2006 年），第 356 页）。

行政程序法》未作明确规定，但是德国法的制度实践中对负担行政行为撤销的立场已从撤销义务转向撤销裁量。根据该法第48条第1款规定，对违法的非授益行政行为的撤销属于有权行政机关的裁量范畴。其意味着：行政机关对于负担行政行为的撤销不再负有义务，而是进行合义务与合目的的裁量以确定是否撤销。[1]我国《行政诉讼法》第74条、《湖南省行政程序规定》第163条、《山东省行政程序规定》第133条等多处规定与我国台湾地区"行政程序法"第117条对负担行政行为撤销的限制条件均作出了明确的规定：撤销可能对公共利益造成重大损害的，该行政行为不予撤销。这些规定的适用范围未区分授益行政行为与负担行政行为，其说明公益损害是所有违法行政行为共同的撤销限制条件。

德国《联邦行政程序法》对于负担行政行为的撤销虽然没有明确的限制条件，但是撤销的裁量性可以起到限制撤销权的行使而避免公益损害与维护法的安定性的作用。个案中多种因素衡量体现了德国行政法对于法的实质正当性价值的一贯追求，但是

---

〔1〕　在裁量决定中，一般考量以下因素：负担行为的具体侵害程度与范围、负担的存续时间、行政行为的种类和特殊性及其对行为存续力的影响、负担行为是否已经具有不可诉请撤销性及其时间长短、是否存在重新进行行政程序的法定事由、撤销行政行为之公益、纠正违法恢复合法状态之利益以及对主观权利的保护、基本法第3条第1款规定的平等原则与禁止越权原则以及行政实践中的确定做法等。Ulrich Knoke, Rechtsfragen der Rücknahme von Verwaltungsakte, Duncker & Humblot, 1992, S. 133. 转引自赵宏：《法治国下的行政行为存续力》，法律出版社2007年版，第175页。

这种细致的衡量带来了操作上的复杂性。笔者认为，在渐进式法治发展过程中，将公益损害作为负担行政行为撤销限制条件，并将撤销作为行政机关的义务，符合我国现阶段的法治发展水平。这种做法一方面考虑了公益因素，将公益损害作为撤销限制条件避免了公益的更大损害——也即将公益免受更大损害作为维护法的安定性的最主要因素；另一方面也考虑了私益保护因素，将撤销作为行政机关的义务能够最大程度地保障相对人权益的恢复。即使在有撤销限制情形之时，行政机关也必须采取必要补救措施以弥补相对人的权益损害。所以，负担行政行为撤销时首先考量撤销是否会给公共利益造成重大损害——通过撤销公益损害与撤销公益维护之间的衡量——当撤销公益损害大于撤销公益维护时，该行为不得撤销而只能采取其他补救措施；当撤销公益损害小于撤销公益维护时，或者不出现撤销公益损害时，行政机关有义务将该行为撤销。

综上（一）（二）所述，公益损害为所有违法行政行为撤销的限制条件，这点在我国法律制度中已作了规定，只是需要对公益范围或公益损害范围作细致规定；信赖保护为违法授益行政行为撤销的限制条件，这点在我国法律制度中还未作规定，之后必须全面规定以维护信赖关系。由于行政行为内容的多样性以及其效力影响的复杂性，一个授益行政行为可能附有不利内容，一个负担行为可能附有有利内容；授益行政行为可能对第三人具有不利效果，而负担行为可能对第三人具有有利效果，笔者认为，应区分行政行为内容的主次性〔1〕以及行政行为作出程序中的主体地位〔2〕而适用不同的撤销规则。另外，涉及多个相对人时，一个行政行为对不同相对人具有不同的授益与负担效果，〔3〕其显然无法直接采用以上两种方法。对此，笔者认为，首先应适用公益损害的撤销限制条件进行公益衡量。如果撤销造成公益重大损害，那么该行为不得撤销。其次，如果撤销不造成公益重大损害，那么应适用授益行政行为的撤销规则。因为，此时若适用负

---

〔1〕　授益行政行为附款为不利内容，适用授益行政行为的撤销规则；相反，负担行政行为附款为有利内容，则适用负担行政行为的撤销规则。因为以条件、期限及附加义务为方式的行政行为附款主要作用在于补充或限制行政行为主要内容，其为该行政行为内容的次要部分。而至于行政行为内容是否具有可分性，只决定撤销方式之使用——如是否可以部分撤销——而不影响该行为的撤销适用规则。

〔2〕　对第三人不利的授益行政行为，如颁发建筑许可影响了第三人的相邻权，应适用授益行政行为撤销规则，对第三人的不利影响应作为撤销的衡量因素。对第三人有利的负担行政行为，应适用负担行政行为撤销规则。因为，行政机关所欲实现的行政目的（主观意图）或所欲发生的法律效果，是通过对相对人权益的调整来实现，第三人在事实上的授益只是一种附带效果，不适用信赖利益保护。以行政行为作出程序中的主体地位（相对人）判断撤销规则适用，实际是以行政机关对相对人作出的行政行为的性质（是负担行政行为还是授益行政行为）来判断撤销适用规则。授益行政行为与负担行政行为的分类标准及各自包含哪些行政行为，多数已成定论；不能以对第三人的有利或不利效果来判断对相对人作出行政行为的性质（是负担行政行为还是授益行政行为），否则行政许可岂不成为负担行政行为了？

〔3〕　行政机关对于甲乙双方围绕着某一标的（如土地）的权属争议作出行政裁决给甲的决定。此时甲乙双方地位相同（均为相对人），甲获益内容与乙损益内容无主次之分，该行政裁决行为属于授益与负担并存的行为，并且不具有可分性。

担行政行为的撤销规则，那么该行为应当被撤销（无重大公益损害情形下负担行为的撤销是义务），而事例中甲的权益可能受到损害（因为甲可能存在信赖保护的情形）。

四、行政行为撤销期限

期限源于民法，指的是民事法律关系发生、变更和终止的时间，包括期日和期间。[1]期限现为各部门法通用，表示时间上的限制。单纯的时间限制并无法律意义，而只有时间限制与法律效果相结合才具有法律意义，如时效理论与制度。在民法中，时效是指"一定的事实状态持续经过一定的期间即产生一定法律效果的法律事实"。[2]时效包括取得时效、消灭时效与除斥期间，这是目前人类法律武库中仅有的三种时间影响法律效果的形式。[3]除斥期间，是指法律规定的某种民事权利有效存续的期间；权利人在法律规定的期限内不行使其权利，其权利即被除斥。[4]

---

[1] 郭明瑞、房绍坤主编：《民法》，高等教育出版社2017年版，第127页。

[2] 柳经纬："关于时效制度的若干理论问题"，载《比较法研究》2004年第5期，第14页。

[3] 徐国栋："论取得时效制度在人身关系法和公法上的适用"，载《中国法学》2005年第4期，第73页。

[4] 参见邹瑜、顾明主编：《法学大辞典》，中国政法大学出版社1991年版，第1267页；郭明瑞、房绍坤主编：《民法》，高等教育出版社2017年版，第122页；魏振瀛主编：《民法》，北京大学出版社、高等教育出版社2017年版，第218页。

　　在我国传统民法教材中，消灭时效与诉讼时效的"种属关系"未予以区分："我国规定的诉讼时效相当于消灭时效"，[1]或者"外国一些立法例将诉讼时效称为消灭时效"。[2]从概念的表述来看，两者差别不大：消灭时效是指"权利人不行使权利的事实状态持续存在一定的期间后即发生丧失该权利的时效"；[3]诉讼时效是指"因不行使权利的事实状态持续经过法定期间，即依法发生权利不受法律保护的时效。"[4]两者均表示"因时间的经过而影响权利的续存或行使"。[5]我国传统民法理论基本上将诉讼时效等同于消灭时效。这点与我国民法理论术语使用习惯有关，也与民事权益损害的公力救济主要依赖并最终依靠司法救济密切相关。

　　行政法中的时效，是指"一定的事实状态经过法定的期限而产生某种行政法律后果的程序法律制度。"[6]时效引入行政法

〔1〕　郭明瑞、房绍坤主编：《民法》，高等教育出版社2017年版，第123页。

〔2〕　魏振瀛主编：《民法》，北京大学出版社、高等教育出版社2017年版，第207页。

〔3〕　郭明瑞、房绍坤主编：《民法》，高等教育出版社2017年版，第121页。

〔4〕　魏振瀛主编：《民法》，北京大学出版社、高等教育出版社2017年版，第207页。

〔5〕　史浩明："论除斥期间"，载《法学杂志》2004年第4期，第85页。

〔6〕　方世荣、戚建刚："论行政时效制度"，载《中国法学》2002年第2期，第82页。

后，行政程序中有大量的期限规定，丰富了传统民法的时效形态，特别是消灭时效与诉讼时效的"种属关系"得到了明确。如：法律规范规定行政程序中相对人提起申请的期限，超过一定期日或者期间届满相对人即丧失申请资格，其为消灭时效而非诉讼时效。撤销期限，为行政程序中的一种期限，是指行政主体必须在一定期限内作出职权撤销行为（或者行使职权撤销权），超过一定期日或者一定期间届满后不得作出撤销行为（或者不得行使职权撤销权）。

撤销期限，或撤销权行使的时间限制，这种时间影响法律效果的形式，在性质上属于除斥期间。[1] 从目的而言，撤销期限在于维护原秩序以及以此为基础的新秩序；从适用对象而言，职权撤销行为属于单方行为，在意思表示对法律效果的决定方面与民法形成权具有共通性，与请求权有着明显差别；从效力而言，撤销期限一过，行政主体对该行政行为的撤销权即消灭——实体权利的消灭。相比较而言，这一结论是我们目前按照民法相关理论引入行政法推导而得的，而我国台湾地区行政法学界认为的职

---

[1] 职权撤销期限只能属于消灭时效或者除斥期间，而在消灭时效与除斥期间比较选择时，按照我国民法习惯做法，采用诉讼时效与除斥期间之间比较的方法。参见魏振瀛主编：《民法》，北京大学出版社、高等教育出版社 2017 年版，第 208 页；郭明瑞、房绍坤主编：《民法》，高等教育出版社 2017 年版，第 122 - 123 页。

权撤销期限属于除斥期间已成为主流观点。[1]我国大陆仅有极少数学者认同这点。[2]撤销期限在性质上为职权撤销除斥期间，意味着职权撤销权只存在于既定期间内，期间届满后该权力被除斥，行政主体不再具有该权力。撤销是否需要时间限制，或者职权撤销是否需要期限，实质为撤销是否应有除斥期间。

（一）撤销除斥期间意义

任何事物均具有两面性，职权撤销缺乏规范，授益行政行为的撤销毫无时间限制，纠错可能反而会对相对人权益造成侵害。如：陈某案中，撤销行为与"双证"的"违法"颁发时隔 6 年，与陈某违法行为时隔 11 年。高校颁发学位证的行为属于行政行为，[3]陈某在取得学位证时并不具备条件，学位证事后被撤销属于中山大学对之前学位证颁发行为的纠错，在性质上属于职权

---

[1]　参见：（台）翁岳生主编：《行政法》，中国法制出版社 2002 年版，第 721 - 722 页；（台）陈敏：《行政法总论》，台湾地区新学林出版股份有限公司 2004 年版，第 464 页；等。

[2]　王万华：《中国行政程序法典试拟稿及立法理由》，中国法制出版社 2010 年版，第 382 - 383 页。

[3]　参见黄全："社会转型中高校与学生的行政关系"，载《行政法学研究》2010 年第 4 期，第 76 页。

撤销行为。[1]《学位条例》等法律规范未规定撤销权行使的时间限制，由此法院认定该案撤销时间并未违法。[2]陈某案外，同类职权撤销案中撤销权的行使时间各不相同，呈现出撤销时间不受限制、过于随意的特征。[3]陈某的双证应当被撤销，其违法行为应当被追究。但是，连犯罪行为的追究都有时间限制（追溯时效），为何对陈某等追究却没有时间限制？这一疑问，反映了

---

[1] 陈某伪造证件、假报学历，不应取得被录取资格、入学资格，陈某应无学籍，依据《普通高等学校学生管理规定》（国家教委令第7号）第38条规定，无学籍就不得取得毕业证书。中山大学给陈某颁发毕业证书"违法"，宣布证书无效属于对之前违法行为的纠正。陈某舞弊作伪取得学位，依据《学位条例》（第五届全国人大常委会令第4号）第17条规定，撤销学位是对之前"违法"颁发学位的纠正。受该案影响，陈某被所在单位辞退。所以，抛开该案的合法性评判，在法理上，《关于撤销陈某学位的决定》（中大研院［2005］25号）是对之前中山大学"违法"颁发双证行为进行自我纠错，在性质上属于行政主体职权撤销行为。参见：广东省广州市海珠区人民法院（2006）海法行初字第15号行政判决书；广东省广州市中级人民法院（2006）穗中法行终字第442号行政判决书；广东省广州市中级人民法院（2007）穗中法审监再字第4号。

[2] 该案争议很多，经一审、二审、再审，法院最终支持中山大学。学界对于该案已经从多个角度进行了讨论，本文只着眼于该案的撤销时间。陈某违法行为发生时，《普通高等学校学生管理规定》（国家教委令第7号）、《学位条例》（第5届全国人大常委会令第4号）等规定未明确撤销时间。该案的撤销时间基本上得到法院认可，即中山大学行使撤销双证的时间点并无违法。

[3] 如："史上最牛硕士论文抄袭案"当事人毕业2年后，所获学位证被撤销（参见来杨："东北财大撤销抄袭者硕士学位"，载《中国青年报》2009年6月1日第3版）；中国科学院大学赵某博士毕业6年后，所获学位证被撤销（参见蔡文清："博士毕业6年学位照样被撤"，载《北京晚报》2012年12月12日第14版）；等。

《学位条例》《普通高等学校学生管理规定》对毕业证、学位证撤销是否需要时间限制的思考。[1]

除了对高校毕业证、学位证职权撤销未规定时间限制外，我国法律规范对其他职权撤销的时间限制也未作出规定。[2]法律救济期间届满前，行政行为效力处于相对不稳定的状态中，此时职权撤销对相对人权益的影响有限。法律救济期间届满后，行政行为具有确定力。职权撤销无时间的限制，其可以在事后——特别是救济期间届满后——任何一个时间进行，使得行政行为效力一直处于不稳定的状态之中。在理论上，从法律秩序稳定性角度而言，这种做法是否存在瑕疵？从权力约束角度而言，毫无时间限制的事后撤销，是否可取？这些疑问，反映了职权撤销在理论上是否需要时间限制的考虑。

有权撤销的主体，有法院、行政复议机关、行政行为作出者等。作为法律救济机制，法院与复议机关行使撤销权，受到"不告不理"原则与救济时效期限的限制，对于绝大部分违法授益行政行为的纠错作用有限。绝大部分违法授益行政行为的纠错，主要依靠职权撤销，职权撤销的作出时间与行政行为的作出时间间

---

　　〔1〕　参见：《学位条例》（2004年修正）第17条、《普通高等学校学生管理规定》（2017年修订）第37条等规定。

　　〔2〕　《行政许可法》第69条规定了职权撤销但未规定撤销期限，《湖南省行政程序规定》（湖南省人民政府令第289号）、《山东省行政程序规定》（山东省人民政府令第238号）等专门行政程序法律规范也未作出规定。

隔较远,故才有了授益行政行为职权撤销时间限制讨论的实际意义。负担行政行为的职权撤销是消除相对人权益负担的有益行为,不宜设置撤销期限。[1]所以,本文主要讨论授益行政行为的撤销期限,[2]负担行为的撤销期限不展开讨论。

1. 维护法律秩序稳定性或法的安定性。人类在本能上对无序状态或不可预知的未来具有恐惧心理,即具有安全需求的本能。出于安全需求本能,人类需要社会规范秩序的稳定性,以便能够以此合理安排及进行个人的社会生活。秩序意味着"自然进程和社会进程中都存在着某种程度的一致性、连续性和确定性"。[3]

---

〔1〕 王万华:《中国行政程序法典试拟稿及立法理由》,中国法制出版社 2010 年版,第 382 – 383 页。

〔2〕 本文中的授益行政行为包括复效性授益行为。"复效性处分或者二重效果的行政行为,对相对人来说是授益处分,对其他人是侵害性效果。"(参见 [日] 盐野宏:《行政法》,杨建顺译,法律出版社 1999 年版,第 83 – 84 页)复效性授益行为中,权益受到侵害者一般积极寻求法律救济,法律救济机制就能实现纠错与权益保护;并且,在现有法律救济机制下,权益受到侵害者只要积极实施法律救济,就不存在"救济无门"的情况。此时,复效性授益行为不具有确定力,职权撤销功能被法律救济机制吸收,职权撤销作用不大。法律救济时效期间届满后,复效性授益行为具有确定力,权益受到侵害者由于其怠于行使救济权已经丧失了权益侵害恢复的机会。此时,不实施职权撤销对其权益不产生影响,而实施职权撤销对其权益保护本属"意外";职权撤销并非法律救济机制,权益受到侵害者的权益保护只是其客观利益。所以,不能因为权益受到侵害者的权益保护问题,将复效性授益行为有别于其他(单效)授益行为,而在职权撤销时单独考虑。

〔3〕 [美] E·博登海默:《法理学:法律哲学与法律方法》,邓正来译,中国政法大学出版社 1999 年版,第 219 页。

法律规范是社会规范中最重要的组成部分，法律规范的稳定性或安定性便成为法律规范的重要理念。法的安定性是"借由法律所达成的安定性"或者"法律本身的安定性"。〔1〕借由法律所达成的安定性，是指通过法律的规范功能来维持社会秩序稳定或安定状态。其是从结果与目的层面考察，对法律本身安定性目的、所发挥功能或作用及产生结果的阐释。法律本身的安定性可分解为"法律往来关系或法律状态的安定性"与"法律文字权利义务规定的安定性"。〔2〕前者能保障既有的法律关系与状态以免于权力侵害；后者意在强调法律文字权利义务规定的明确性，以使得相关法律状态具有可辨认性，而相关行为后果具有可预见性。当权利义务规定以及法律关系具有明确性、持续性或稳定性时，民众对自己行为结果具有可预见性与可期待性，由此可以合理地安排个人社会生活，法的安定性得以实现。建立与维护稳定秩序，一直是法的内在理念与首要价值，通过稳定性法律规范的规范功能发挥，整个法律秩序安定状态得以实现。

时效理论及其规范制度设定的目的之一，即为维护法律秩序的稳定性。这点已为各部门法所认可，如：民法中的取得时效、消灭时效，刑法中犯罪的追溯时效，诉讼法中的诉讼时效，行政

〔1〕（台）城仲模主编：《行政法之一般法律原则（二）》，台湾地区三民书局股份有限公司1997年版，第273页。

〔2〕（台）城仲模主编：《行政法之一般法律原则（二）》，台湾地区三民书局股份有限公司1997年版，第277页。

法中的行政救济时效、申请时效等。授益行政行为职权撤销的除
斥期间，属于时效的一种形式。维护法律秩序的稳定性属于时效
理论的价值追求，职权撤销的除斥期间具有维护法律秩序的稳定
性或法的安定性理论的价值，或者说职权撤销有时限的论断符合
法律秩序稳定性或法的安定性的价值追求。"就依法行政的原则
而言，有错必改并非不可，但在行政机关行使撤销权前，一个违
法的行政行为仍然属于有效的行为，但是却处于可以随时被撤销
的状态之中。这使行政机关与当事人的法律关系，处于'恒动'
的状况，法治国家所追求的'法律安定原则'便不能实现。"[1]
"基于维持法律秩序之安定，有撤销权限之机关其行使此项权限，
亦有时间之限制……"[2]在我国台湾地区行政法中，法律秩序
安定性或法安性作为职权撤销除斥期间的核心——甚至可以忽略
其他而是唯一的——理由。[3]

　　另一方面，行政行为是法律规范作用于社会的主要途径，其

---

　　[1]　（台）陈新民：《中国行政法学原理》，中国政法大学出版社
2002年版，第169页。

　　[2]　（台）吴庚：《行政法之理论与实用》，中国人民大学出版社
2005年版，第257页。

　　[3]　参见：（台）翁岳生主编：《行政法》，中国法制出版社2002年
版，第721－722页；（台）陈新民：《中国行政法学原理》，中国政法大学
出版社2002年版，第169页。（台）吴庚：《行政法之理论与实用》，中国
人民大学出版社2005年版，第257页；（台）陈敏：《行政法总论》，台湾
地区新学林出版股份有限公司2004年版，第464页；（台）陈慈阳：《行政
法总论》，台湾地区翰芦图书出版有限公司2005年版，第510页；等。

落实法律规范内容、形成法律关系网。以效力时间为标准，行政行为可分为一次性行为与持续性行为。持续性行为具有行政法上的持续效果，其所建立或者变更的权利或者法律关系具有长久存在的持续效果。[1]如：行政许可、行政确认等行为。[2]从成立起，持续性行为就直接或间接持续地产生、变更法律关系，不断地向外延伸，形成以其为中心向外放射型的法律关系网。时间越久，网越大，涉及的主体及派生权益越多。职权撤销是对作为法律关系网基础的违法行政行为的消灭，可造成整个法律关系网的结构性崩塌。职权撤销无时间限制的话，那么无数个如此的法律关系网将永远处于不稳定中，法律秩序的稳定性在现实中也不能实现。所以，从现实的反面来看，职权撤销的除斥期间能够促进既定法律秩序的稳定。职权撤销是纠错行为，以追求公正为目标。追求公正也需一定的时限要求，不能"强调公正对法律安全的无条件的优先"，"一个法律秩序的存在较之于它的公正更为重要"。[3]

---

〔1〕 [德] 汉斯·J. 沃尔夫、奥托·巴霍夫、罗尔夫·施托贝尔：《行政法》，高家伟译，商务印书馆2002年版，第45—46页。

〔2〕 行政确认对于法律事实、法律地位以及法律关系等内容的确认，具有事实上永久性的法律效果。同时，行政确认往往可以作为其他行为的基础，对其他法律关系网的建立起到基础性作用。所以，行政确认职权撤销以及职权撤销时间，对于法律秩序稳定、权益等产生的影响，是所有授益行政行为中最为极端的表现，本文选择陈某案作为分析对象以呈现这种"极端"。

〔3〕 [德] 拉德布鲁赫：《法学导论》，米健等译，中国大百科全书出版社1997年版，第21—22页。

2. 规范行政权。授益行政行为职权撤销的原因为该行为违法，分事实与法律适用两个方面。违法成因有三种：第一种情况，行政行为违法（事实与法律适用方面）并非由相对人造成；第二种情况，行政行为违法由相对人造成，如伪造相关材料，行政机关未发现；第三种情况，行政行为违法由相对人与行政机关工作人员共同造成，如相对人贿赂行政机关工作人员，行政机关未发现。对于第一种情况，行政行为违法不能归于相对人（所谓"双手干净原则"，Clean Hand），[1]这类情形下职权撤销受信赖利益保护机制约束，在理论上基本解决了法律秩序稳定与相关权益保护问题。

授益行政行为一般为依申请行为，由相对人提供材料、提起申请，行政机关审核后作出。第二、三种情况，行政行为违法主要由事实方面引发，往往表现为在申请阶段相对人欺诈、伪造材料等，而行政机关审核又未发现。行政机关审核未发现相对人违法的原因，主要有两种：一是行政机关未尽审核职责；二是相对人违法过于隐蔽，行政机关已尽审核职责还未发现。相比较而言，行政机关未尽审核职责的可能性更大，因为审核申请作为行政机关的日常工作，比相对人更具有专业、经验方面的优势。即使在相对人与工作人员"串通"违法的第三种情况，行政机关内部多部门多环节的审核，只要某一部门某一环节尽职审核，绝

---

〔1〕（台）陈新民：《中国行政法学原理》，中国政法大学出版社2002年版，第170页。

大部分情况下是可以发现违法的。也就是说，这两种情况下，授益行政行为违法的起因固然是相对人违法，但是其结果绝大部分并非仅由相对人违法可以实现的。行政机关未尽审核职责，即"行政怠惰"，为授益行政行为违法的重要原因。如陈某案中"上诉人确实有伪造学历证明取得考试资格的事实，但上诉人通过入学考试取得学籍、完成学业、获得毕业证书和学位证书都不是上诉人的造假行为单独实现的……只要被上诉人在当时审查时或者上诉人入学后复查时与上诉人的毕业证书原件进行核对就可以发现上诉人的造假行为，可被上诉人连简单核对的形式审查工作都没做。"[1]

如果授益行政行为职权撤销无时限，行政机关就永远有撤销纠错的机会。在申请审核环节中行政机关不履行审核职责导致行政行为违法，而事后行政机关又有永远的纠错机会。由此，在较大程度上，行政机关在申请审核环节，怠于行使审核职责，甚至助长不履行审核职责的惰性。公民固然要诚实守信，但是行政机关依法履行审核的法定职权更为重要，否则也违反依法行政原则。职权撤销的除斥期间，可以促进行政机关依法履行审核职责。

另外，行政机关应及时作出行为，属于效率原则的一个重要内容。职权撤销行为属于行政机关作出的一个"新"行政行为，

---

[1] 参见广东省广州市中级人民法院（2006）穗中法行终字第442号行政判决书。

按照效率原则，应及时作出。职权撤销无时限，则违背效率原则。具体来说，行政机关发现职权撤销行使的原因后，应当在一定时间内及时作出。"透过一定的时间，来使违法的行政行为'漂白'为合法行为。这种易非法为合法的结果，可归责于'行政怠惰'，行政机关明知有违法而不积极地撤销，因此不能责怪相对人为'性质上的不当得利'。"[1]出于效率原则，职权撤销应有时限要求。

3. 保护私方权益。基于授益行政行为，相对人获得的权益，有直接的，也有间接的。直接权益一般为授益行政行为的授予内容。授益行政行为可授予相对人物质利益、精神利益以及其他相关权益。直接权益，因违法授益行政行为而取得，一般不受保护。间接权益是相对人依靠授益行政行为授予的直接权益，或者以此为基础，而取得的派生权益。间接权益并非直接从授益行政行为获得，往往通过再次甚至多次法律行为而获取。如：行政许可授予相对人的权益内容为从事某项行为的能力或资格，直接权益为从事许可证相关行为的权利，间接权益是通过从事许可证相关活动而获得的权益。如果授益行政行为违法，除信赖利益外，直接权益就不受保护；间接权益在逻辑上也应不受保护，但是在实践中是否违法、是否受保护的判定比较复杂。如学位证撤销案中，直接权益为学位证书，但是间接权益有很多：依靠学位证才

---

〔1〕（台）陈新民：《中国行政法学原理》，中国政法大学出版社2002年版，第170页。

能取得的工作（如非硕士生不能进入某单位），进入工作单位后才能享受的福利分房（甚至依靠学位证优先取得的福利分房），依靠学位证才能取得的薪金工资（不同学位者因岗位不同薪金工资不同），依靠学位证取得的专业职称（不同学位者取得专业职称的要求不同），依靠硕士学位才能取得的博士学位，等等。20世纪80与90年代，往届生伪造成应届生考取中等教育（特别是"中专"与"中师"），时隔30多年后，这些人依靠中等教育所获得间接权益则不计其数。[1]

以效力时间为标准，行政行为可分为一次性行为与持续性行为。后者虽然不以法律后果永久性效果为标准，但是在外延上包含了具有永久性效果的行为。如：属于行政确认类的学位证，"向符合法定条件的人颁发学位证书，是对被授予人专业资格或技能的一种认可，除非有法律规定的可撤销情节外，该专业资格证明对被授予人而言，是处于连续有效状态的。"[2]持续性行为，特别是具有永久性效果的持续性行为，其间接利益将随着时间推进成倍增长。对此职权撤销，将发生"多米诺骨牌"效应，

---

[1] 参见"女子疑被堂姐顶替上学 谁才是当年参加考试的人"，载搜狐网，http://www.sohu.com/a/278020603_162758?_f=index_pagerecom_9，最后访问时间：2019年1月30日。文中有一说法就是堂姐借用其妹学籍考上中师，就是往届生伪造成应届生考中师（因为只有应届生才能考）。这种说法是否与该案事实相符不得而知，但是这种做法曾经较为常见，甚至有公众人物公开宣称曾这样做。

[2] 参见广东省广州市中级人民法院（2006）穗中法行终字第442号行政判决书。

间接权益随之倒塌。职权撤销行使的时间决定了损害大小：职权撤销时间离行政行为成立越远，间接权益受到的损害越大；时间越近，受到的损害就越小。

违法基础上产生的间接权益在逻辑上不应受到保护，对此可以消极地不保护，也可以积极地剥夺。授益行政行为的职权撤销对相对人是负担行为，其对间接权益构成积极影响，理论及制度构建时应考虑"比例原则"，以避免权益损害过大的不利影响。故，职权撤销宜早不宜晚，特别是针对持续性行为的职权撤销。同时，按上文分析，如果授益行政行为违法与行政机关未尽审核职责相关，无视间接利益也即意味着将违法责任全部归于相对人一方，并不公平。如陈某案中，"上诉人确实有伪造学历证明取得考试资格的事实，但上诉人通过入学考试取得学籍、完成学业、获得毕业证书和学位证书都不是上诉人的造假行为单独实现的，被上诉人在实现'严肃学风，维护正常的办学秩序，维护社会诚信公德，捍卫社会公平与正义'的目的时把责任完全归咎于上诉人一方并由其承担全部责任和后果是不公平的。"[1]

除了相对人权益外，还有其他主体的权益问题。行政许可或行政确认的相对人，与其他主体发生法律关系，这些其他主体的权益也将因职权撤销而受到损害，损害大小与撤销时间也密切相关：撤销时间离行政行为成立越远，受到损害的主体就越多或者

---

[1] 参见广东省广州市中级人民法院（2006）穗中法行终字第442号行政判决书。

损害就越大；时间越近，受到损害的主体就越少或者损害就越小。如：自然资源所有权或使用权行政确认中，相对人与其他主体（善意第三人）发生民商事法律关系，职权撤销后其他主体权益损害的赔偿责任由相对人承担，但是其他主体遭受损害的大小甚至损害赔偿责任最终能否实现，很大程度上取决于撤销时间。其他主体的权益一般为合法权益，对于这些合法权益的保护在理论与制度上均应予以回应。所以，职权撤销的时间限制有利于其他主体的合法权益免受更大损害，撤销时间宜早不宜晚，超过一定时间后不再行使（采用其他方法来补救），特别是针对持续性行为的职权撤销。可喜的是，我国有些法律规范关注到了职权撤销时相对人的间接权益、其他主体合法权益的保护问题，如《商标法》第 44 条、第 45 条与第 47 条。[1]虽然方法不同，但是与本文出发点是相似的。

4. 避免"过"与"罚"严重失衡。授益行政行为的职权撤销，是纠错行为，但对相对人则是负担行为。授益行政行为违法成因的第一种情况，相对人权益问题在理论上已经得到解决，即

---

〔1〕《商标法》（2019 年修正）规定，"注册商标的无效宣告"，在性质上属于职权撤销行为。宣告无效的法律效果为"商标专用权视为自始即不存在""对宣告无效前人民法院做出并已执行的商标侵权案件的判决、裁定、调解书和工商行政管理部门做出并已执行的商标侵权案件的处理决定以及已经履行的商标转让或者使用许可合同不具有追溯力"（不返还商标侵权赔偿金、商标转让费、商标使用费）。采用"不具有追溯力"的做法，有法律秩序稳定的因素，也有相对人间接利益"保护"的因素，还有对其他主体合法权益保护的因素。

信赖利益保护。第二、三种情况，授益行政行为违法由相对人造成，职权撤销对于相对人而言，是将之前违法获得的权益"返还"。对于一次性行为而言，这种返还一般不会牵扯其他权益问题。持续性行为，特别是具有永久性效果的持续性行为，由直接权益而派生的间接利益将随着时间推进成倍增长。直接权益的返还，造成间接权益的崩塌，返还内容已经远远超出所得，后果极其严重。在这个意义上讲，对于相对人而言，持续性行为——特别是具有永久性效果的持续性行为——职权撤销是对其之前违法的惩戒。这种惩戒虽然不是职权撤销的目的，但是在事实上、客观效果上确实存在。

在公法领域，对于违法行为的惩戒主要有刑罚与秩序罚。对于已发现的违法行为，刑罚与行政处罚均遵循"过"与"罚"相当原则。[1]对于未及时发现的违法行为，刑罚与行政处罚遵循追溯时效期限要求。[2]授益行政行为的职权撤销无时限要求，意味着相对人的违法行为将受到终身追责。撤销时间离授益行政行为成立越远，实际承担的后果越严重，最终受到的惩戒与违法行为完全不成比例。陈某案中，陈某的违法行为如果及时被发现，受到的惩戒为："取消报名资格、考试资格、被录取资格、取消入学资格的处罚，或者情节严重的，并给予1至3年不准报

---

〔1〕 参见：《刑法》第5条，《行政处罚法》（2017年修正）第4条。

〔2〕 参见：《刑法》第87-89条，《行政处罚法》第29条。

考的处罚"。[1]但陈某的违法行为未被及时发现，之后该违法行为又构成了学位证颁发的违法原因，最终学位证职权撤销在纠错的同时，在事实上就是追究陈某的违法责任。陈某因此实际受到的惩戒——学位证被撤销及其带来的连锁反应——已经远远超过了其违法行为如果及时被发现而应受到的惩戒。陈某案违法行为与受到的惩戒之间失衡的关键原因，就是时间。当然，如果撤销时间再晚点，陈某受到的惩戒后果就更严重，违法行为与受到的惩戒就更失衡。所以，为了避免违法行为与受到的惩戒过于失衡，职权撤销行使宜有时间方面的约束。

（二）撤销除斥期间制度考察

授益行政行为的职权撤销需要时间限制，具有理论上的必要性。职权撤销除斥期间制度的构建，还需要制度上的可行性。对国外及澳门特别行政区与我国台湾地区职权撤销期限相关制度的考察，可以为职权撤销除斥期间制度的建构提供一定启示。在制度考察时，首先，选择制定统一行政程序法的主要国家或地区作为考察对象，以其统一的行政程序法作为考察内容。有些主要国家行政程序法未规定相关内容，则未列入考察范围，如日本。其次，由于美国联邦行政程序法未规定相关内容，但是英美法系国家的相关制度较少，故对美国州相关制度进行了一定考察。最

---

[1] 参见:《普通高等学校招生管理处罚暂行规定》（［88］教学字006 号）第 8 条。

后，选择法国等一些未制定统一行政程序法的国家，进行相关制度考察以补充。

1. 德国。《联邦行政程序法》对行政行为的职权撤销期限作了专门规定。其将负担行政行为与授益行政行为进行区分，在此基础上分别构建了职权撤销的不同规则。授益行政行为的职权撤销期限为 1 年，但授益行政行为违法由相对人欺诈、胁迫或行贿导致的情况除外。[1]具体而言：首先，因相对人欺诈、胁迫或者行贿造成行政行为违法的，该授益行政行为的职权撤销无时限，与负担行为类似。其次，其他违法授益行政行为的职权撤销除斥期间为 1 年。最后，除斥期间起算点为，行政机关知道行政行为违法的事实或法律理由，即撤销期限为撤销处理期限而非决定期限。[2]

2. 法国。法国未制定统一行政程序法，行政行为撤销期限由单行法律与判例规定。违法行政行为撤销期限，主要分为两种情况：一是，撤销期限为行政决定作出之日起 4 个月。根据太尔努案的判决，"撤销行政法规不再同诉讼时限相关联；尔后，只要在作出决定之日算起的 4 个月内，决定都可能被撤销，不管第三者是否提出了指控，也不管该决定对第三者是否具有决定性的

---

〔1〕 参见：德国《联邦行政程序法》第48条。

〔2〕 ［德］哈特穆特·毛雷尔：《行政法学总论》，高家伟译，法律出版社2000年版，第285页。

意义。"〔1〕二是，因行政相对人的欺诈而作出的行政决定，该行政决定撤销期限不受 4 个月的限制。"如果行政决定是作弊得来的，它便不会创设权利，且可能在规定期限之外被撤销……"〔2〕由此可见：首先，与德国做法相类似，因相对人欺诈造成行政行为违法的，该行政行为职权撤销无期限。其次，其他违法行政行为的职权撤销除斥期间〔3〕为 4 个月。再次，除斥期间起算点，为行政行为作出之日，与德国做法完全不同。最后，法国的做法，与意大利《行政程序法（草案）》曾经拟定的内容比较相似。〔4〕

　　3. 西班牙。《公共行政机关法律制度及共同的行政程序法》

　　〔1〕　［法］让·里韦罗、让·瓦利纳：《法国行政法》，鲁仁译，商务印书馆 2008 年版，第 537 页。

　　〔2〕　［法］让·里韦罗、让·瓦利纳：《法国行政法》，鲁仁译，商务印书馆 2008 年版，第 537 页。

　　〔3〕　有学者认为，合法行为无追溯撤销期限的限制。"应受益人的要求而又无损于第三者权利的话，随时可以撤销一个行政法规。"（参见［法］让·里韦罗、让·瓦利纳：《法国行政法》，鲁仁译，商务印书馆 2008 年版，第 535 - 538 页。该书 "427. 追溯撤销" 中，撤销对象未区分 "条例性行政法规" 与 "非条例性行政法规"，即包含了我国语境中的 "抽象行政行为" 与 "具体行政行为"。按此，合法具体行为可以追溯撤销，并且无期限的限制。）合法行为不可撤销，是废止，应是误用 "撤销" 这一术语。（参见王名扬：《法国行政法》，中国政法大学出版社 1988 年版，第 168 页。）

　　〔4〕　意大利《行政程序法（草案）》（1955 年）第 45 条第 1 款规定："行政机关对于自己所为之行为，如认定从单纯即有欠缺正当性与合法性之瑕疵时，得于行为时起 1 年之期限内撤回之。"转引自应松年主编：《外国行政程序法汇编》，中国法制出版社 2004 年版，181 页。

对行政行为职权撤销期限专门作了规定。[1]第一种情形，对于"征税"或者"否定行为"，只要在不构成法律不允许的豁免、不违反平等原则、不损害公共利益、不违法的前提下，行政机关可以在任何时候撤销，即撤销无期限。[2]第二种情形，根据行政行为可撤销性规定，对于利害关系人有利的可废除（包括可撤销）行为宣布为有害行为，在行政行为作出4年后，行政机关不得再宣告其有害，即不得撤销；而当可废除（包括可撤销）行为有害性宣告程序开始6个月后，没有作出决定，程序失效。[3]由此可见：首先，针对不同行政行为，西班牙分别规定了职权撤销的不同期限。采用类似负担行为与授益行政行为分类，进行不同规定的方法，与德国做法较为相似。其次，对于利害关系人有利行为（包括授益行为）撤销除斥期间的设定，采用了两种方法以相互补充。第一种方法是，以行政行为作出之日作为除斥期间起算点，规定了4年的最长期限，与法国做法相同。第二种方法是，以有害性宣告程序（包括撤销程序）开始作为除斥期间

---

〔1〕 西班牙《公共行政机关法律制度及共同的行政程序法》（第30/1992号法，第39/2015号法修正），刊登于西班牙《国家官方公报》2015年10月2日第236号。法条来源于"西班牙国家官方公报"（Boletín Oficial del Estado）网站，https：//www.boe.es/boe/dias/2015/10/02/pdfs/BOE-A-2015 – 10565.pdf，最后访问时间：2019年2月15日。

〔2〕 参见：西班牙《公共行政机关法律制度及共同的行政程序法》第105条。

〔3〕 参见：西班牙《公共行政机关法律制度及共同的行政程序法》第63条、第103条。

起算点，规定了 6 个月的短期限。

4. 澳门特别行政区。《行政程序法典》对行政行为职权撤销的期限作了专门规定。[1]分为三个方面：一是，行政行为职权撤销，只能在该行为可提起行政诉讼的期间内行使；二是，如果可提起行政诉讼的期间有不同规定，就以最后届满的期间为准；三是，可撤销行为已经被提起行政诉讼，行政机关只能在司法机关作出判决前进行职权撤销。[2]由此可见：澳门特别行政区行政行为的职权撤销除斥期间，与该行为的行政诉讼时效期限相一致，即行政行为职权撤销不得在该行为可提起行政诉讼期间届满后再行使。澳门特别行政区的做法，与葡萄牙《行政程序法》的做法较为一致。[3]

5. 我国台湾地区。"行政程序法"对行政行为职权撤销的期限作了专门规定，违法行政行为职权撤销的除斥期间为 2 年。[4]具体而言：首先，职权撤销除斥期间规定的适用对象为所有的违法行政行为，包括负担行政行为与授益行政行为。其次，除斥期

〔1〕　澳门特别行政区《行政程序法典》（1999 年，第 57/99/M 號法令）。法条来源于，我国澳门特别行政区政府网站，https：//bo. io. gov. mo/bo/i/99/41/codpacn/declei57. asp（2019 年 2 月 14 日访问）

〔2〕　参见：澳门特别行政区《行政程序法典》第 124 条、第 125 条、第 130 条与第 131 条。

〔3〕　参见：葡萄牙《行政程序法》（1996 修正）135 条、第 141 条、第 142 条。转引自应松年主编：《外国行政程序法汇编》，中国法制出版社 2004 年版，第 365 - 367 页。

〔4〕　参见：我国台湾地区"行政程序法"（2015 年修正）第 121 条。

间起算点为，撤销机关知道撤销原因，与德国做法相一致。最后，除斥期间为 2 年，比德国规定的时间要长。

6. 美国。《联邦行政程序法》未区分职权撤销、处罚手段撤销及废止，未规定行政行为职权撤销期限。[1]《州示范行政程序法》（Model State Administrative Procedure Act）也未提及。行政行为职权撤销属于行政决定，除了采用正式程序或非正式程序的差别外，均适用行政裁决程序。除例外规定外，行政裁决均要求在"合理的时间内"作出结论。[2]在各州法律中，有些州虽规定职权撤销，但未规定撤销期限。如：俄亥俄州《驾驶执照法》规定，驾驶执照因欺诈或违法取得或者错误发放的，即被撤销。[3]但是，该法与该州《行政程序法》均未对撤销程序及期

〔1〕 参见：美国《联邦行政程序法》（编入《美国法典》第 5 编）。本文考察的行政程序法内容（不包括行政法法官、司法复审内容）是《美国法典》第 5 编第 5 章第 2 分章第 551 节 – 559 节。

〔2〕《美国法典》第 555 节"附属事项"（b）第四句话规定："每个机关应充分考虑当事人或其代理人的便利与需要，在合理的时间内审结其所受理的问题"（With due regard for the convenience and necessity of the parties or their representatives and within a reasonable time, each agency shall proceed to conclude a matter presented to it）。

〔3〕 参见：《俄亥俄州法典》第 4507. 17 条。《驾驶执照法》编入《俄亥俄州法典》第 45 编 4507 章，法条来源于俄亥俄州政府网站，http：//codes. ohio. gov/orc/3717（2018 年 8 月 19 日访问）

限作出专门规定。[1]在司法与行政撤销权限上，按照《驾驶执照法》，在相对人申请过程中，虚假陈述（诸如欺诈各情形）是犯罪行为；[2]法庭可以在判处刑罚的同时撤销相关许可证，[3]行政机关不再按照行政程序进行撤销。所以，美国《联邦行政程序法》没有专门规定职权撤销程序，职权撤销遵循行政裁决程序的规定。行政机关着手撤销后，按照联邦或者州的行政程序法规定，在"合理的时间内"作出（是否撤销的）决定。

7. 南非。南非未制定统一的行政程序法，但在法律中有职权撤销的规定。如：《金融咨询与服务法》规定，申请人在申请许可证时，未对相关信息作充分披露，或者提供虚假、误导的信息，其所取得的许可证将随时（at any time）被暂停或撤销。[4]行政机关着手撤销之后，在多长时间内作出撤销决定，留给行政

---

[1] 参见：俄亥俄州《行政程序法》（编入《俄亥俄州法典》第1编119章）。即使《俄亥俄州法典》第119.062条的"标题"是"驾驶执照的取消或暂扣"，其内容也只是对听证适用范围、听证通知的例外规定，即该条规定的情形下"驾驶执照的取消或暂扣"不适用听证（119.06条）与听证通知程序规定（119.07条）。

[2] 参见：《俄亥俄州法典》第4507.36条、第4507.30条。

[3] 美国的许可证是个大概念，包括了我国意义上的行政确认行为。如《美国法典》第551节"定义"（8）"许可证"包括机关核发的执照、证书、批准书、注册证书、章程、成员资格证书、法定豁免和其他形式的许可文书的全部或一部。

[4] 参见：南非《金融咨询与服务法》（The Financial Advisory and Intermediary Services（FAIS）Act，2014年修正）第9（1）（b）规定。

机关自我把握。〔1〕《金融咨询与服务法》明确规定了行政行为因相对人欺诈或违法而职权撤销许可证的时限：随时可以被撤销。至于着手撤销后多长时间内作出（是否撤销的）决定，留给许可证登记员自由裁量。与美国相似的是，相对人欺诈是犯罪行为。〔2〕

从以上所列国家及地区规定，结合本文议题，可以看出：第一，针对不同违法原因，分别设置不同的撤销期限。如：德国、法国针对因相对人欺诈而导致行政行为违法的情形，职权撤销无时限的限制；针对其他原因违法，则设置专门期限即除斥期间。意大利（草案）只设置某种轻微违法的撤销除斥期间，进而排除其他原因违法的适用，方法上与德国、法国的相一致。第二，撤销除斥期间的起算点并不相同。如：德国与我国台湾地区撤销除斥期间的起算点自知道"撤销事由"开始，而法国、西班牙、意大利（草案）则从行政行为作出之日起算。第三，撤销除斥期间的规定方式不尽相同。德国与我国台湾地区仅规定了"短期限"而未规定"最长期限"，即从知道撤销事由起固定时间内撤

---

〔1〕 该法第9（3）、（4）（a）虽然规定了"临时暂停或撤销许可"作出的时限为收到持证人申辩答复后的"合理时间内"（within a reasonable time），但是其只适用于行政许可的废止。

〔2〕 该法第36（b）（c）规定，任何人在申请许可证时，故意作令人误解的、虚假的或者欺诈的陈述，或者故意隐瞒重要事实；或者提供虚假的、令人误解的或者隐瞒重要事实的委任审计师或相关官员出具的信息，均是刑事犯罪行为，将处以罚金或监禁。

销；法国、意大利（草案）以行政行为作出之日作为起算点，规定了撤销的最长期限；西班牙采用最长期限与短期限相结合的方式。第四，在职权撤销除斥期间与诉讼时效期限的关系上，有不同做法。绝大部分国家或地区的职权撤销除斥期间与诉讼时效期限并无直接联系，行政行为可提起诉讼期间届满后，其依然可以被职权撤销。葡萄牙与澳门特别行政区的职权撤销除斥期间，基本上适用其行政诉讼时效期限的规定，即行政行为可提起诉讼期间届满后，行政行为不得被职权撤销。

（三）撤销除斥期间设立思路与规则拟定

大陆法系国家与澳门特别行政区、我国台湾地区虽在"是否分类规定撤销期限""是否区分不同的违法原因分别规定撤销期限""期限起算点""是否规定最长期限"等问题上有着不同做法，但对于职权撤销期限即除斥期间均进行了专门规定。美国对于职权撤销及其期限未作专门规定，职权撤销与处罚手段的撤销、甚至行政行为废止适用相同程序及期限要求——"随时"启动程序并在"合理时间内"作出决定。两大法系对于行政行为因相对人欺诈而违法的撤销时间要求均比较宽泛："随时"或"任何时候"。宜借鉴合理成分，结合我国实际，以下从思路与规则两个方面尝试设置我国职权撤销除斥期间内容：

1. 职权撤销除斥期间设立思路。

（1）针对授益行政行为违法的不同原因，有区别地设定职权撤销除斥期间。授益行政行为违法有相对人的原因，也有行政机关的原因。区分不同原因——特别是相对人欺诈——设定不同的职权撤销期限，为德国、法国等国采纳。美国有些州及南非部分法律将此专门列举，作为撤销原因，并设定刑罚。针对因相对人欺诈造成授益行政行为违法的，职权撤销除斥期间宜单独设定。

（2）区分不同种类的授益行政行为，有重点地设定职权撤销除斥期间。一次性行为与持续性行为产生法律效果的持续性程度不同，随着时间推进，其对法律关系网的建立与权益派生的作用也不同。持续性行为职权撤销对相对人与利害关系人权益的影响、法律秩序稳定性的破坏程度更大。持续性行为职权撤销除斥期间构建的出发点，侧重于法律秩序稳定性与权益保护角度，更需要最长期限以限制撤销权行使。当然，在技术上，对一次性行为也可以捎带设定最长期限，虽然并无必要。

（3）出于不同规范功能，设定不同的职权撤销除斥期间的起算点与期间长度。除斥期间起算点即撤销权行使自何时起计算，决定着撤销权行使时间的长短问题，事关法的安定性，必须首先予以明确，否则将引发争议。如：由于德国《联邦行政程序法》的措辞不明确，使得1年期限的起算点存在争议，产生了四种可能性。[1]国外、我国台湾地区及澳门特别行政区规定主要有两种方式：德国与我国台湾地区的做法是知道撤销事由之日，法国、西班牙等国的做法是行政行为作出之日。其中"知道撤销事由之日"应是行政机关第一次认识到行政行为违法的客观事由（撤销原因或事由）之日。[2]行政机关认识到行政行为违法的途径是自我发现，或者是被明确告知。从知道撤销事由之日起算，设定短期限，促使职权撤销（程序）尽快完成，以实现法律秩序稳定性等价值。从行政行为作出之日起算，设定最长期限，促使职权撤销权尽早行使，以不打破既定法律秩序稳定性。这两种方式可以相互补充，均宜承认，从而形成整个撤销除斥期间体系。

2. 撤销除斥期间规则拟定。

（1）以知道撤销事由之时作为起算点，职权撤销除斥期间的短期限设定。借鉴德国与我国台湾地区的做法，以行政机关知道授益行政行为违法客观事由之日作为起算点，（假定）设定 1

---

[1]　这四种可能的起算点分别为：自认识到导致行政行为违法的事实之日起计算（此处事实是指案件事实的客观发生过程）；自认识到所有的撤销事由之日起计算；自获得有关撤销要件的法律或事实的认识之日起计算；自认识到撤销的理由、法律意义和法律后果之日起计算。参见［德］汉斯·J. 沃尔夫等：《行政法》，高家伟译，商务印书馆 2002 年版，第 122 页。

[2]　我国台湾地区行政法院"2005 年度裁字第 1222 号裁定"对于撤销期限指出：2 年法定除斥期间系自原处分机关或其上级机关知有撤销原因时起算。参见《行政程序法裁判要旨汇编（三）》（2006 年），第 368 页。

年的短期限（规则1）。[1]1年期限是行政机关进行职权撤销的处理时间。行政机关知道撤销事由，有两个途径：一是自我发现，二是相对人或利害关系人反映。前者，相对人或利害关系人无法获知行政机关知道撤销事由的确切时间，无法用此规则限制撤销权行使。

职权撤销是一个新的行政行为，应遵循行政行为作出的一般原则与程序要求。授益行政行为职权撤销行为，对相对人是不利行为，应遵循事先告知其事实、理由、依据并听取意见等正当法律程序，即撤销草案告知并听取意见。撤销草案告知并听取意见的时间点是确定的。一方面可以用撤销草案告知作为行政机关知道撤销事由的事实依据，另一方面也可以用告知时间作为参照点进一步细化或弥补规则1：自撤销草案告知之日起3个月内，行政机关应当作出是否撤销的决定（规则2）。这一点，类似于西班牙职权撤销程序处理期限的规定。

按照以上两个规则，分两种情况予以小结。第一种情况，授益行政行为撤销事由为作出机关之外主体提供的，提供时间即可确定为职权撤销除斥期间的起算点。同时，行政机关还需要将撤销草案告知相关主体，所以撤销除斥期间同时遵循3个月与1年

---

[1] 撤销期限究竟是1年，还是2年，包括下文自告知之日起至是否作出撤销决定之间的3个月时限要求的设定。只要设定的时限能够在客观上满足行政机关完成撤销行为的工作时间，具体的数字只是技术问题。本文主要在于撤销规则的设定，而不拘泥于具体数字的论证。

的规则。第二种情况，授益行政行为撤销事由为作出机关自我发现的，外界无法确定撤销除斥期间的起算点。但是，行政机关需要将撤销草案告知相关主体，所以撤销除斥期间只遵循 3 个月的规则。

（2）以授益行政行为作出之日作为起算点，职权撤销除斥期间的最长期限设定。职权撤销短期限设定，能促使职权撤销（程序）尽快完成，进而实现法律秩序稳定性等价值。在授益行政行为违法未被及时发现、存续时间很长的情形下，撤销短期限虽然能促使职权撤销（程序）尽快完成以实现法律秩序安定性等价值，但是不能在整体上实现法律秩序稳定性等价值，特别是持续性行为。如：按照以上两个规则，1 年与 3 个月的期限虽短，但是如果实际确定的除斥期间起算点——即知道撤销事由的客观时间——比较晚的话，那么从授益行政行为作出到撤销决定之间的时间间距也很长。另一方面，撤销事由如果是作出机关自我发现的，外界对于起算点无法确定，撤销权行使完全由作出机关自我掌控。那么，以上两个职权撤销除斥期间规则的作用将很有限。所以，宜借鉴法国、西班牙等国做法，以授益行政行为作出之日作为起算点，设定一个最长期限，以补充以上两个规则。

设定最长期限，需要考虑与行政诉讼时效期限的关系。澳门特别行政区与葡萄牙采用职权撤销除斥期间与行政诉讼时效期限完全一致的做法，职权撤销不得在该行政行为可提起行政诉讼期间届满后再实施。职权撤销可以弥补法律救济不足，[1]在法律救济时效期限后一般仍可实施，职权撤销除斥期间与行政诉讼时效期限不宜完全一致。我国《行政诉讼法》对于行政行为诉讼时效期限采用短期限与最长期限两种方式进行规定，前者除了经行政复议的案件与保护人身权、财产权的案件外，以"知道或应当知道"为起算点，规定6个月的诉讼时效期限；后者以"行政行为作出之日"为起算点，分别规定了不动产案件20年的诉讼时效期限、其他案件5年的诉讼时效期限。[2]不动产案件的行政诉讼时效期限最长为20年，同时我国民事诉讼时效期限与刑事犯罪追溯时效期限最长也是20年。[3]鉴于20年是我国现有时效期限的最长期间，职权撤销除斥期间最长期限不宜再长；其他授益行政行为职权撤销除斥期间的最长期限比其可提起行政诉讼期限适当长一点，如6年（规则3）。

（3）以相对人欺诈作为违法原因，授益行政行为职权撤销除斥期间的设定。授益行政行为违法是因相对人欺诈造成的，德国与法国等国的做法是职权撤销无时间限制，美国与南非部分法律认为是"随时""合理的时间内"。相对人欺诈造成授益行政行为违法的，本文赞成该行为职权撤销不宜设置最长期限，即任

---

〔1〕 "法律救济不足"并不是指行政行为无法通过行政诉讼途径而需要行政机关职权撤销才能解决，而是指违法授益行政行为相对人作为获益方，一般不会起诉行政行为；有起诉权的其他主体，又错过起诉期限。

〔2〕 参见：《行政诉讼法》第45—47条。

〔3〕 参见：《民法总则》第188条，《刑法》第87条。

何时候均可实施职权撤销。首先，相对人欺诈要件应排除行政机关的过错，即行政机关已尽审核义务。欺诈包括胁迫、隐瞒重要事实、提供虚假陈述或材料、作弊等，是行政行为违法的唯一原因而非原因之一，即行政行为违法只归于欺诈原因。如果相对人欺诈，而行政机关未尽审查义务，该行政行为违法原因不单独在于相对人欺诈。按上文，职权撤销除斥期间具有规范行政权的理论意义，是促进行政机关履行审核义务的重要手段。"双方"过错，不能由相对人一方承担。其次，欺诈属于重大违法，在法律规范的价值宣示意义上，这类违法行政行为效果不应得到维护。这类行政行为职权撤销不宜设置最长期限，在任何时间或者随时发现违法事由，行政机关均可以启动职权撤销程序。虽然，持续性行政行为持续时间越长，职权撤销时法律秩序破坏越大（可能影响其他利害关系人权益），但是宜在利益衡量及撤销方式上作限制，而不宜在最长期限上作限制。最后，这类行政行为职权撤销应有短期限予以限制，即行政机关发现违法事由后职权撤销处理应有时间限制，适用规则1与规则2。职权撤销短期限的设定，建立在违法事由被发现的前提下，具有促使职权撤销（程序）尽快完成、防止"行政怠惰"的价值，也是效率原则的要求。不能因为行政行为违法是相对人欺诈造成的，行政机关发现违法事由后职权撤销处理时间就可以毫无限制。

综上，出于维护法律秩序稳定性、规范行政权、保护私方权益等的考虑，授益行政行为职权撤销需要时间限制。出于不同违法原因、区分不同种类行为以及根据不同规范功能，授益行政行为职权撤销除斥期间宜设立不同规则。通过比较研究，职权撤销除斥期间规则宜为：自行政机关知道违法事由之日起，设立撤销短期限；撤销前行政机关将撤销草案告知相对人的，自告知之日起，设立撤销短期限；除了违法由相对人欺诈造成的，自行政行为作出之日起，设立撤销最长期限以补充短期限规则。授益行政行为职权撤销除斥期间理论及制度构建，在主观上充分衡量了法的安定性原则、权益保护、行政权规范与依法行政原则之间的关系，但在客观上会出现：违法者的责任可能得到"豁免"与违法利益在事实上可能得到"承认"。这点犹如，刑罚理论与各国制度承认追溯时效，客观上也会造成犯罪行为不予追究的结果。法的安定性只是法的一种价值追求，在整个制度上需要结合法的其他价值追求进行系统安排。授益行政行为职权撤销，除了除斥期间外，还需要行政机关的事前审查职责的履行与事后责任的追究、行政程序的公开与透明、撤销的利益衡量与限制、撤销效力与方式等整体内容来保障与实现法的整体价值。故，职权撤销除斥期间设立的基础在于维护法律秩序稳定性或法的安定性等价值追求，但在整个制度上并不强调秩序价值的优先，在后果上也不会产生纵容违法、完全豁免违法责任的不利影响。

五、行政行为撤销法律效果

出于依法行政原则，违法行政行为应溯及既往地消灭其效力。但是，出于法的实质正当性追求，行政行为撤销在依法行政原则与法的安定性原则间博弈时应考虑信赖保护、公益维护等因素。而这些因素之考量，不仅使得行政行为撤销有条件与期限加以限制，而且也使得行政行为撤销方式有了更多灵活性并体现出不同的法律效果。

（一）效力消灭

在传统上，行政行为撤销应使行政行为溯及既往地失去其全部法律效力，以恢复至行政行为作出之前的状态。但是，这种传统的撤销方式所产生的法律效果在有些情形下足以造成公益或当事人权益的不当损失，已不适应法治国下信赖保护与公益维护等要求。为此，应赋予行政机关撤销行政行为可以裁量另定失效时间的权力，如自撤销时起，或自过去（非作出时）或将来某一特定时间起失效。如：德国《联邦行政程序法》与我国台湾地区"行政程序法"[1]对此即已作出了回应：撤销可溯及既往失效也可自特定时间起失效。笔者认为，自特定时间起失效的撤销，是在传统的撤销方式之外，以不同法律效果为标准，而诞生的新的撤销方式（即裁量失效时间的撤销方式）；而这种撤销方

---

[1]　根据德国《联邦行政程序法》第 48 条规定，违法行政行为可以部分或全部内容以对将来或溯及既往的效力撤销。我国台湾地区"行政程序法"第 118 条规定："违法行政处分经撤销后，溯及既往失其效力。但为维护公益或为避免受益人财产上之损失，为撤销之机关得另定失其效力之日期。"

式的出现，体现了法的实质正当性追求对于公益维护与信赖保护
等因素之考量而对传统撤销方式之革新，应予肯定。[1]对于我
国而言，《湖南省行政程序规定》已部分吸收了这一撤销方式，[2]
但远远不够。笔者认为，在我国将来的《行政程序法》中，应
将此予以全部吸收。如：甲基于行政给付行为，从4月1日起享
受廉租房待遇（50平米住房，每月租金400元），4月15日甲清
退原有租房搬至廉租房内。该行政行为于8月2日因违法而被撤
销。为保护信赖也为使得甲某能合理安排而免受不当损失，该行
政行为可自9月2日起失其效力，而非自8月2日起，或自4月
1日起溯及失其效力。

（二）利益返还

利益返还系违法授益行政行为被撤销之传统法律效果，即不
存在信赖保护及公益限制条件下行政行为被撤销而溯及既往消灭
其效力之法律效果。授益行政行为被撤销可分两种情况：第一种
情况，金钱给付与可分物给付行为撤销，除信赖保护情形外，一

---

〔1〕 在日本，与撤销相区分，"撤回"的效果只面向将来发生。（参
见杨建顺：《日本行政法通论》，中国法制出版社1998年版，第404页。）
笔者认为，该撤回就是撤销的一种特殊方式。而我国《行政许可法》第8
条规定的"撤回"则为"废止"。

〔2〕 该规定第162条第3款规定："行政执法行为被撤销后，其撤销
效力追溯至行政执法行为作出之日；法律、法规和规章另有规定的，其撤
销效力可以自撤销之日发生。"

般溯及既往地消灭其效力，[1]受益人应当返还因该行政行为所受领的给付内容，因该获益内容已属于"不当得利"。对此，德国《联邦行政程序法》与我国台湾地区"行政程序法"作出了相同规定。[2]受益人的返还范围一般准用民法有关不当得利的规定。[3]此种情形下，受益人返还利益应是无条件的，即此种公法之债必须履行，不因给付内容消灭而豁免。第二种情况，其他行政行为撤销，不存在相对人返还利益之法律效果。如：行政许可中相对人因此只取得某种行为权能或资格，而未直接取得利益，故无利益返还一说。但是，此类行为被溯及既往地撤销，将

---

[1]　我国台湾地区行政法院"2003年度诉更一字第74号判决"指出：请求公法上不当得利之返还，须以原授益补偿处分已遭撤销而溯及既往失效为前提。参见：《行政程序法裁判要旨汇编（三）》（2006年），第383页。

[2]　德国《联邦行政程序法》第48条第2款规定："……本款第3句（指不存在信赖保护之情形）所指的行政行为一般以具有溯及既往的效力撤销。已撤销的行政行为的受益人，须归还已履行的给付。对归还的范围，准用民法典返还不当得利的规定。归还义务人在具备第3句情形时，不得以得利的消灭作为依据，只要他明知或因重大过失而不知构成行政行为违法的情况。行政机关在撤销行政行为的同时决定须归还的给付。"我国台湾地区"行政程序法"第127条规定："授予利益之行政处分，其内容系提供一次或连续之金钱或可分物之给付者，经撤销、废止或条件成就而有溯及既往失效之情形时，受益人应当返还因该处分所受领之给付。其行政处分经确认无效者，亦同。前项返还范围准用民法有关不当得利之规定。"

[3]　我国台湾地区行政法院"2005年度判字第2033号判决"指出：公法上不当得利无统一的不当得利法之明文，其于适用之际，除有特别规定者外，应类推适用民法关于不当得利之规定。参见：《行政程序法裁判要旨汇编（三）》（2006年），第373页。

造成相对人因该行政行为所发生的私法效果也因基础不存在而被否定。如：相对人通过贿赂方式取得经营许可证，该许可证因违法被撤销，由此可导致相对人与其他私法主体签订的民事合同无效。所以，此类行为被溯及既往地撤销对于相对人影响最为不利。

（三）财产补偿与赔偿

财产补偿系存在信赖保护情形下违法授益行政行为撤销之法律效果。金钱给付与可分物给付行为撤销，存在信赖保护情形时，可通过裁量失效时间的撤销方式予以保护信赖利益之损害；而其他授益行政行为撤销，存在信赖保护情形时，则通过财产补偿的方式以填补当事人因信赖该行政行为之存在而发生的财产上的不利益。[1]信赖必须予以保护，当其不构成限制撤销条件时，行政行为撤销时应通过裁量失效日期的撤销方式或财产补偿的方式予以体现。而财产补偿范围一般不超过受益人因行政行为存续而可得的利益，[2]即所谓的消极利益或直接利益。如：建筑许

---

[1] 我国台湾地区行政法院"2005年度诉字第223号判决"指出：撤销或废止行政处分之信赖补偿问题，须以相对人因该处分获得利益为前提。参见：《行政程序法裁判要旨汇编（三）》（2006年），第362页。

[2] 德国《联邦行政程序法》第48条第3款规定："……财产不利不得超过相对人在行政行为存在时所具有的利益值……"我国台湾地区"行政程序法"第120条规定："……其因信赖该处分致遭受财产上损失者，为撤销之机关应给予合理之补偿。前项补偿额度不得超过受益人因该处分存续可得之利益。……"

可证被撤销，存在信赖利益保护须补偿的情形时，补偿范围应根据受益人建筑许可内容的实际履行情况，只补偿受益人对建筑工程的实际投入费用及其他合理费用（如与其他私主体的解约费），而不补偿该建筑物的可盈利价值或可期待价值。

　　财产赔偿系负担行政行为撤销之法律效果。负担行政行为撤销不存在信赖保护的问题，其撤销时应赔偿该违法行为给予相对人权益之损害。有损害，必有赔偿。负担行政行为违法但因公益损害之限制条件，该行为不被撤销而采取其他补救措施时即包含了相对人权益损害之赔偿；当不存在撤销造成重大公益损害时，该行为应被撤销而相对人权益损害则需赔偿。而至于财产赔偿范围，一般准用民法规定以直接利益为限，与财产补偿规则相似。

六、行政行为的撤销与无效问题[1]

　　行政行为撤销原则上使行政行为溯及既往地失去法律效力，以恢复至行政行为作出之前的状态，所以撤销的法律后果可为"无效"。在行政法上有一特殊理论及制度：无需撤销而无效的行政行为，即无效行政行为理论及制度。无效行政行为是指含有

---

　　[1]　参见黄全："论行政行为形式效力之完全公定力"，载《甘肃政法学院学报》2009 年第 3 期；黄全："无效行政行为之批判"，载《法学杂志》2010 年第 6 期。

严重（或重大）且明显瑕疵的行政行为，[1]其法律效力自始不存在，民众对此可以拒绝遵守并具有防卫权，且具有无时限的救济权，对其确认无效只是无效状态的宣告。无效行政行为理论是大陆法系国家比较流行的理论，德国《联邦行政程序法》首先确立无效行政行为制度。20世纪末无效行政行为理论引入我国后，学者们纷纷予以支持，几乎取得了独占话语权的地位。[2]受此影响，我国《湖南省行政程序规定》《汕头市行政程序规定》以及《山东省行政程序规定》等法律规范也规定了无效行政行为制

---

[1]　在学理上将无效行政行为分为绝对无效行政行为与相对无效行政行为，前者指法律以明确列举的方式规定无效行政行为的情形，后者指法律以概括的方式规定严重且明显瑕疵为无效行政行为标准的情形。如《德国行政程序法》第44条规定中的（1）为相对无效行政行为，其标准为含有严重且明显瑕疵；而（2）为绝对无效行政行为，其标准为法律列举的6种情形。其实，绝对无效行政行为的标准也可以用严重且明显瑕疵概括，理由有三：一从列举的绝对无效行政行为不具有公定力的制度用意来看，其应该是严重的违法行政行为；二从民众可以对无效行政行为行使防卫权来看，其应该是明显的违法行政行为，否则一般民众无法辨别；三从绝对无效行政行为采用法律明确列举方式的用意来看，其是为了防止严重且明显瑕疵的标准能在适用时减少争议而减少法律适用上的困难，而非用来区别相对无效行政行为。我国台湾地区"行政程序法"第111条第7项"其他具有重大明显之瑕疵者"的兜底规定，就直接将重大明显瑕疵作为无效行政行为的概括标准。故，本文认为绝对无效行政行为与相对无效行政行为只是法律规定的不同方式，两种无效行政行为的标准均为严重且明显瑕疵。

[2]　支持无效行政行为理论的论文达到了100多篇，而质疑无效行政行为理论的论文却不到10篇。除论文外，无效行政行为理论的研究成果还有为数不少的省部级课题与专著。参见黄全："论行政行为形式效力之完全公定力"，载《甘肃政法学院学报》2009年第3期。

度。[1]

　　无效行政行为理论及制度的基础在于法的实质正当性。日本学者杉村敏正认为，"事实上，那些重大且为明白瑕疵的行政处分若仍被认为具有公定力，是强调行政处分的公定力，且将个人的自由及权利之限制及侵害过分地要求由个人来承担。据此吾人宁谓，凡有重大且明白的瑕疵之行政处分，即实体法上无效之行政处分应不具有公定力"。[2]德国学者毛雷尔认为，"法的安定性原则要求赋予行政行为存续力，即使行政行为可能存在瑕疵，但在行政行为是有明显并且重大瑕疵的情况下，不再适用法的安定性，而应当适用实质的正当性原则，故行政行为具有重大瑕疵或根据理智的判断绝对明显的瑕疵，无效"。[3]

---

　　[1]　《湖南省行政程序规定》第161条（《汕头市行政程序规定》第156条作出了相同规定）规定："具有下列情形之一的，行政执法行为无效：①不具有法定行政执法主体资格的；②没有法定依据的；③法律、法规、规章规定的其他无效情形。行政执法行为的内容被部分确认无效的，其他部分仍然有效，但是除去无效部分后行政行为不能成立的，应当全部无效。无效的行政执法行为，自始不发生法律效力。"《山东省行政程序规定》第132条规定："行政决定有下列情形之一的，应当确认无效：①行政机关无权作出的；②未加盖行政机关印章的；③内容不可能实现的；④应当确认无效的其他情形。行政决定的部分内容被确认无效的，不影响其他内容的效力。但是确认部分内容无效后行政决定不能成立的，行政决定全部无效。无效的行政决定，自始不发生法律效力。"

　　[2]　[日]杉村敏正："论行政处分的公定力"，载（台）城仲模：《行政法之基础理论》，台湾地区三民书局1988年版，第182页。

　　[3]　[德]哈特穆特·毛雷尔：《行政法总论》，高家伟译，法律出版社2000年版，第250页。

笔者认为，无效行政行为理论与制度首先混淆了法的安定性与法的实质正当性对于行政行为效力不同层面与不同阶段的要求。法的安定性主要强调行政行为形式上的稳定性与不得随意更改性，是一种相对的稳定。法的实质正当性主要强调行政行为内容的实质正当性，是对行政行为效力更高的要求。法的安定性对应的是法律秩序价值要求，法的实质正当性对应的是公正价值要求。秩序价值是首要价值，也是其他价值的基础，只有在此基础上才能考察公正等价值，应有相应的先后顺序。所以，不能用法的实质正当性对行政行为内容的要求，来否定法的安定性对行政行为形式稳定的要求。无效行政行为自始不产生效力，即意味着其不生效。不生效的原因或基础若归结于法的实质正当性，则混淆了法的安定性与法的实质正当性对于行政行为不同阶段的要求。行政行为生效阶段主要考虑的因素是法的安定性，即一旦生效，行政行为应保持相对稳定，其不涉及法的实质正当性。退一步讲，若仅考虑法的实质正当性，不仅严重且明显瑕疵的行政行为不生效，而且没有达到严重且明显瑕疵的行政行为也不应生效。无效行政行为理论实际上将瑕疵的严重且明显与否作为行政行为是否生效的标准，不但割裂了行政行为效力理论与制度体系的完整性（因法的实质正当性严重且明显瑕疵的行政行为不生效，因法的安定性其他行政行为生效），也造成了法治国价值追求间的混乱。

其次，将无效行政行为的判断权给予了一般民众，即将严重且明显瑕疵的判断权给予一般民众，这种做法不可取。无效行政行为理论与制度赋予了一般民众拒绝遵守及合法抵抗的权利，其结果反而不利于民众权益的保护。从民众的认知上分析，民众对严重且明显瑕疵的判断不能达到完全准确。相对无效行政行为以法律概括的方式规定了严重且明显瑕疵的标准，该标准过于原则、无法量化，很难区分可撤销与无效行政行为之间的差别。绝对无效行政行为虽然以法律明确的列举方式规定了无效行政行为的情形，如德国《联邦行政程序法》第 44 条与我国台湾地区"行政程序法"第 111 条，但从这些列举的内容来看，还是比较抽象，民众对此判断还需借助于一定的法律知识，不能达到完全准确。我国《湖南省行政程序规定》第 161 条、《汕头市行政程序规定》第 156 条、《山东省行政程序规定》第 132 条等规定的内容同样暴露出抽象及辨别难的问题。从民众判断的不准确而导致的结果上分析，无效行政行为理论与制度不利于民众权益的保护。将无效行政行为在理论上及立法上都难于客观确定的判断权给予民众的同时，也将错误辨认的责任风险给予了民众。民众若错误地将一行政行为判断为无效行政行为，进而拒绝遵守及行使防卫权的话，则可能构成妨碍公务。在有些情况下，民众的错误判断可能使其处于更为不利的局面，如存在"执行罚"的情况下，无论是直接的对抗该行政行为，还是消极的不理睬，都将不利于其最后责任的承担。所以，无效行政行为理论及制度实际上将错误判断的风险给予了一般民众，不利于民众权益的保护，与该制度的目的或用意背道而驰。

再次，即使民众能准确判断无效行政行为情形，防卫权实施效果也不理想。防卫权的行使方式有直接对抗式〔1〕与消极不作为式为两种，其中消极不作为式是无效行政行为理论倡导者提出的，〔2〕在此主要分析其实施效果。依行使防卫权时是否借助公力救济为标准，再分两种情况分析其效果：

第一种情况，不借助公力救济情况下的防卫权行使效果。民众

---

〔1〕 有学者认为，防卫权的性质既是权利又是义务，其行使方式为"直接对抗"。(参见叶必丰：《行政行为的效力研究》，中国人民大学出版社 2002 年版，第 82 页。书中写到，行政相对人正确辨认而没有抗拒无效行政行为，相对人的行为将构成不作为的违法行为，并承担相应法律责任。可见，该学者将公民的防卫权还理解为义务，当然，该学者是不支持公民具有防卫权的。) 在这种情况下，民众对无效行政行为实施直接的抵抗，而公权力机关享有强制权并在事实上采取了强制措施，那么民众的这种对抗一定达不到保护自身权益的效果。虽然该无效行政行为最终被否定，但民众已受损的权益无法恢复至原先状态。这种情况主要是由反对防卫权的学者提出的，并以此作为反对防卫权的理由，但由于防卫权的倡导者大多未主张这种方式，所以在此不作深入分析。

〔2〕 倡导防卫权的学者一致认为，防卫权是民众权利，如：防卫权仅仅是公民抵抗无效行政行为的权利 (柳砚涛、刘宏渭："论无效行政行为防卫权及其矫正机制"，载《行政法学研究》2003 年第 2 期；沈岿："法治和良知自由——行政行为无效理论及其实践之探索"，载《中外法学》2001 年第 4 期；等)。在方式上，大多数学者主张消极、不作为的抵抗方式，如："反对利用暴力直接与行政机关对抗，而是一种温和的抵抗权"(沈岿："法治和良知自由——行政行为无效理论及其实践之探索"，载《中外法学》2001 年第 4 期)，"从行为方式上而言，拒绝权通常以不作为的形式体现。即相对人只要依法对行政主体采取消极、不予配合的态度 (如保持沉默、用言词拒绝等) 即可"(戚建刚、关保英："公民的拒绝权若干问题探析"，载《法商研究》2000 年第 4 期)。

对无效行政行为采取不予理睬、言词拒绝等消极不作为方式"防卫",而不借助公力救济。若该行为被"强制执行"了的话,那么,民众的这种"防卫"起不到保护自身权益的效果。当然,若该行为最终未被执行的话,民众的权益的确未受到损失,但其不是由于防卫权行使而取得的效果,而是由于该行为未被执行而造成的。

第二种情况,借助公力救济情况下的防卫权行使效果。民众不仅实施消极不作为的防卫权,还借助公力救济,这也是倡导"消极不作为式防卫权"的大多数学者的主张。具有一定代表性的论述为,"法律法规授权行政机关自行强制执行模式下,行政决定当场执行的话,相对人先服从为宜;行政决定并非当场执行的话,可以不服从,但当行政机关开始执行措施时,应服从执行措施而后诉诸救济。行政机关无强制执行模式下,对行政机关作出的指定履行期限的决定,相对人若认定其无效,可以不服从,但法定期限届满后,相对人可以提出独立的确认之诉,或在行政机关申请司法执行程序中提出无效主张"。[1]其在实际上可以被理解为:无效行政行为被作出后,行政相对人消极等待行政机关的执行,若行政机关不当场执行或未到履行期限行政机关还未强制执行的话,相对人就不履行"义务",反正该行为是自始无效的;若行政机关当场强制执行或履行期限届满后行政机关强制执行的话,相对人对此先服从而后再救济。那么,这种防卫权行使

---

〔1〕　沈岿:"法治和良知自由——行政行为无效理论及其实践之探索",载《中外法学》2001年第4期。

的实际效果其实就完全依赖于行政机关是否对无效行政行为立即采取执行措施：①若行政机关不立即采取执行措施的话，行政相对人不服从也不履行"义务"，的确"阻止"了无效行政行为对其权益的直接侵害，但等到该行为被执行的时候，行政相对人却还得先服从执行措施而后再救济。那么，这种阻止只是暂时的，不能最终保护防卫权行使者的权益。同时，这种"等待到执行再救济"的做法由于消极的等待而不利于把握纠错时机、提高效率及节约成本，不可取。②若行政机关当场就采取执行措施的话，行政相对人不能对此直接地对抗，而是先服从再救济。在这种情况下，这种做法与民众无防卫权只能借助公力救济的做法没有实质差别，故有学者质疑"赋予相对人这种抵抗有什么必要呢？"[1]同时，这种名为"防卫"，实际上是民众在行政程序中"不合作"的一种参与状态，与未建立该制度下的民众对相关违法行为的应对状态没有多大差别，这种"因词害义"的做法也不可取。

所以，在民众能正确判断无效行政行为的前提下，将防卫权设计为"不仅是权利还是义务"性质、"直接对抗"方式的做法，不利于民众最后责任的承担；而将防卫权设计为"仅是权利"性质、采"消极不作为"方式并借助公力救济的做法，防卫权的行使效果也不理想，与未建立防卫权制度没有多大差别。

---

〔1〕 夏金莱："质疑无效行政行为及相对人的抵抗权"，载《政府法制》2004 年第 22 期。

最后，我国不存在无效行政行为制度相关的配套制度。最为重要的是，无效行政行为制度对应着诉讼种类中的无效之诉，而我国恰恰不存在无效之诉。在我国有些法律规范中，虽然出现了宣告或确认无效这一形式的法律后果，但其实际法律效果与撤销无异。这些规定只不过是对重大违法的感情宣示或屈就于先前法律规范内容而作的技术性、文字游戏式的规定，[1]不能因此推

---

〔1〕《行政处罚法》第41条规定，"行政机关及其执法人员在作出行政处罚决定之前，不依照本法第31条、第32条的规定向当事人告知给予行政处罚的事实、理由和依据，或者拒绝听取当事人的陈述、申辩，行政处罚决定不能成立；当事人放弃陈述或者申辩权利的除外。"这条规定的意图是将行政机关的告知、听取陈述与申辩等义务作为法律强制性的规定，行政主体必须遵守，否则即重大违法。"不能成立"的表述是特别强调该义务的强制性与违反的严重性。若行政机关违反了该条规定，处罚行为并非不成立，而是未依法成立，因为该行为在客观上还是存在的，还可以将此作为诉讼标的起诉的。那么，"不能成立"在本法条语境中的意义只是重大违法的感情宣示。2000年实施的《解释》第57条规定，被诉具体行政行为依法不成立的或无效的，应给予确认违法或无效判决。这条规定的确认无效就是更多地屈就于类似以上法律规范的内容（立法时术语被采用的逻辑：先前的法条用了"不能成立"或"无效"，那么诉讼法中当然就不能用撤销而只能用确认无效。实际上先前法条术语的使用本身就不规范，现在"错上加错"，其结果是加剧了法律术语的混乱并形成了恶性循环），没有理论支撑，只是技术性的规定，有点文字游戏的色彩。故，此处的确认无效并非无效行政行为制度语境下的确认或宣告无效。

同样，《行政处罚法》第56条规定，"行政机关对当事人进行处罚不使用罚款、没收财物单据或者使用非法定部门制发的罚款、没收财物单据的，当事人有权拒绝处罚，并有权予以检举。……"此条规定是给予当事人在行政机关未使用合法单据的情况下拒绝交纳的权利，其用意在于借助当事人来监督处罚的执行。无单据时当事人拒绝交纳，有单据时就得交纳，是否交纳只针对单据而不针对处罚决定。虽有"拒绝处罚"字眼，但实际为拒绝无单据情况下的履行，当事人对该处罚决定是要遵守的。若建立了无效行政行为制度的话，当事人拒绝的是处罚决定而非执行行为况且只是有条件的执行行为。故，此处拒绝权并非无效行政行为制度语境下的防卫权。

断出我国具有无效行政行为制度的建立基础。

综上所述，笔者不赞成无效行政行为理论及制度在我国的建立，不赞成"行政行为无效与可撤销的二元结构"。防范与解决严重且明显瑕疵行政行为的方法，完全可以由违法行政行为的撤销规则予以解决，如同英美法系国家未建立无效行政行为制度却可以同样甚至更好地实现目的那样。当然，其需要完善以下三个方面的配套制度：

首先，完善行政程序法及提升行政程序的价值作用。行政程序中的公开、参与原则与信息公开制度、说明理由制度、案卷查阅制度、听证制度等具有较多的功能与作用，其中之一就是对违法行政行为的避免与纠正。通过利害关系人的事前与事中的有效参与，能在很大程度上避免违法行政行为的发生。特别是能避免严重且明显瑕疵行政行为的发生，因为严重且明显的瑕疵行政行为对民众而言可能不容易判断，但对行政机关及其工作人员而言，应该是容易辨别与改正的。为保障这一功能的实现，应确立相应的行政程序原则及制度，重视行政程序内在的价值，并严格追究违反行政程序的法律责任。

其次，完善行政救济制度。完善行政程序制度有利于事前或事中避免违法行政行为特别是严重且明显瑕疵行政行为的发生。但若在事前与事中程序中，未将严重且明显瑕疵行政行为予以避免的话，那么就需要事后补救措施。对我国而言，其需要在我国救济制度中扩大受案范围、降低救济"门槛"、强化纠纷解决功能、降低原告资格要求、确立"救济应停止执行"原则、针对严重且明显瑕疵行政行为规定较长的救济期限（如2至5年）等内容，这方面已有了很多的良策，在此不作赘述。

最后，完善行政责任追究制度。通过以上事前、事中防范及事后的救济，能在很大程度上避免违法行政行为的发生及其发生后民众权益的补救。但还需要追究严重且明显瑕疵行政行为的责任人的法律责任，并且应规定较重的法律责任。行政主体作为执法者是法律适用的专家，一般的违法不能完全避免，但对于严重且明显的瑕疵行政行为应该可以避免。一个严重且明显瑕疵行政行为的发生，只能说明责任人相关业务知识的严重欠缺或具有严重的主观过错，应对其追究严厉的法律责任。这不仅是行政法治的内在要求，更是防止严重且明显瑕疵行政行为发生的重要措施。

以上三个方面在很大程度上能系统地避免严重且明显瑕疵行政行为的发生及提供了发生后对相对人权益的保护，解决了无效行政行为理论与制度所需解决的问题。同时，以上三个制度是一个法治国家必需的制度，也是我国正在建立及完善的制度，故没有必要在此之外再创设无效行政行为理论与制度。

七、小结

由上可见，对于违法行政行为，除了可补正之外，均应适用撤销规则，即笔者不赞成建立无效行政行为理论及制度。撤销是原则而不撤销是例外（并非出于依法行政原则的违法行政行为一律被撤销），并且对于撤销设置了限制条件与除斥期间，体现了法的实质正当性价值追求对多种因素的选择、衡量并影响行政行为效力之走向。行政行为撤销与否，实质是法的安定性原则与依法行政原则之间的博弈。信赖利益能与公益损害、公益维护等多种因素作为博弈中的衡量砝码；当信赖利益大于撤销公益时，行政行为不被撤销；当信赖利益小于撤销公益时，行政行为被撤销，但是采用裁量失效时间的方式，或对于信赖利益损害给予补偿，体现了公益私益平等保护之法的实质正当性价值追求。在个案撤销裁量过程中，损害公益与撤销公益、信赖利益与撤销公益之间的比较无不围绕着各种因素的具体衡量（如：撤销与否对相对人、公众及第三人的分别影响、行政行为种类及成立方式、违法严重程度、行政行为存续时间等），体现了利益衡量与个案正义追求之法的实质正当性的价值诉求。

虽然我国现有法律规范已在行政行为撤销时注意了信赖利益保护的问题，但是其规定相较于信赖保护以限制行政行为撤销机制显得比较粗糙。相比较而言，同样可作为撤销限制条件的公益损害，我国法律规范一直对此予以重点关注，这说明我国公益保护与私益保护之平等观念有待加强。除此之外，我国法律规范对于行政行为撤销期限、撤销方式等内容的规定几乎处于空白阶段，以行政行为撤销之目的及作用而言，以上共同说明了我国行政行为撤销机制建立的必要性与紧迫性。

第五章　行政行为的废止

按照依法行政原则的要求，违法行政行为在原则上应予撤销而使其失效；但是，依照依法行政原则要求作出的合法行政行为并非一定存续而维持其效力不可。依法行政原则要求行政行为的作出应基于当时之事实与法律，但是如果这些事实或法律状况在事后发生了变化，那么（原来）合法行为在内容上可能不符合现行法律规定而变成了（现在）违法行为。（原来）合法行为在现有事实与法律状态下如何处理，涉及了行政行为的废止问题。行政行为废止是指，行政机关根据情势变更的需要，依职权对合法行政行为作出阻止该行为效力继续存在之行政行为。在行政法学概念的语义设定上，学界在观念上已经设定并且已经习惯于将废止针对合法行政行为以区别于撤销，[1] 行政行为的废止问题与该行为的适法性无关，而与情势变更有关。

行政行为废止的目的及意义在于保障行政行为的正当性，而原因在于情势变更。基于原有事实与法律作出的合法行政行

---

〔1〕　行政行为是否合法应以该行为作出之时为判断基准。行政行为作出之时是合法的，情势变更之后，该行政行为可能是违法的。

为，在情势变更后的现有事实或法律状态下，如果已失去了正当性，[1]那么必须对此作相应调整（相反，即使情势变更但不影响行政行为的正当性，该行为无须废止）。行政行为（原来）合法但（现在）不正当，就是行政行为废止的必要性与原因基础所在。虽然，对于如一次性的授益行政行为或负担行政行为——由于其规制内容一般一次性即已实现——废止的必要性及意义并不明显，事实上也无须废止；但是，对于规制内容有持续效果的行政行为，因考虑其在情势变更后是否还需存续下去，如行政许可，废止的必要性及意义就相当大。所以，行政行为废止主要针对后者。

与撤销一样，行政行为废止也限于原机关在法律救济程序

---

[1] 正当性是法的实质正当性价值对行政行为的要求，正当性一般绕着法律授予行政权之目的或行政行为目的来判断，而个案中主要在于公益与私益之间的具体衡量。事实或法律状况的变化，在个案中将影响两者衡量的具体结果。如：甲取得某水域养殖许可证，后该水域依法划归某自然保护区。授予甲许可证时，该许可内容不对公益产生损害而可实现对甲的私益保护，符合法律授予许可权之目的，具有正当性。但是，该水域划归自然保护区后，出现了公益维护与私益保护之间的衡量，此时如果再维持该许可，那么将无法维护公益，也即失去了正当性。类似的事例：街边摆摊的许可问题，在交通流量不大的事实状况下，摆摊不至于影响交通，许可摆摊符合法律授予许可权之目的，具有正当性；但是交通流量增大，摆摊已严重影响到道路畅通，此时再维持该许可，显然不具有正当性。如果法律状况发生变化，法律已对公益与私益作了立法上的抽象衡量，那么行政机关按此结合个案以正当性为标准作具体裁量。所以，行政行为正当性之抽象要求须结合个案具体判断，而具体判断则是个案中具体事实与法律状况下对公益与私益衡量后考察行政行为内容是否具有正当性。

之外对行政行为依职权作出的废弃。[1]同时，与撤销一样，废止也是在原行政行为作出程序已经终结的前提下，以新的行政程序重新作出新的行政行为。所以，撤销与废止均属于行政行为，须符合行政行为各要件。而相对人不服的，完全可以对此实施救济。

除此之外，撤销与废止有着较大区别。撤销针对违法行政行为，其目的在于否定并排除违法行为效力，必要时作出新的行政行为取代原行为以消灭原行为效力。针对（所有）违法行政行为，撤销是原则，不撤销是例外；撤销的效果，使得行政行为溯及既往地失效是原则，而使其自特定时间起失效是例外。这些例外，主要是在涉及信赖保护与公益损害时，出于法的实质正当性而作的制度选择。废止是针对合法行政行为，其目的当然不在于否定或排除该行政行为的效力，而是保障行政行为的正当性。合法行政行为作出后只有在法律或事实状况发生改变而导致原行为失去正当性时，才需要对原行为作出相应调整以阻止其在新形势下的效力。针对（所有）合法行政行为，维持其原有效力是原则，废止则是例外；废止效力只面向将来是原则，而溯及过去是例外。

与撤销一样，行政行为废止涉及法的安定性、依法行政、信赖保护等多种因素，但是废止条件"不取决于（这些因素在）

---

〔1〕　参见第四章"行政行为撤销的界定"相关内容。

具体案件中的衡量，而是根据法律已经确定的界限"。〔1〕行政行为废止制度的构建，关键就在于确定废止条件。由于授益行政行为与负担行政行为的废止条件存在着差异，所以本文分别讨论这两类行为的废止问题。

一、授益行政行为废止

授益行政行为涉及信赖保护，与撤销不同的是，信赖保护受到依法行政原则之支持，其与依法行政原则合作并与法的安定性原则共同构成存续行政行为之因素。只不过情势变更后，基于原来事实与法律状况作出的行政行为已不符合新形势之要求，由此可能产生法的安定性、信赖保护与正当性之间的冲突。因此，合法授益行政行为原则上不得废止，废止只是例外。

（一）废止适用情形

合法授益行政行为只能在例外情况下才能被废止，而这个例

---

〔1〕 ［德］哈特穆特·毛雷尔：《行政法总论》，高家伟译，法律出版社2000年版，第291页。笔者认为，需要特别注意的有两点：一是废止条件并非不考虑及衡量这些因素，而是法律已对此作了立法上的抽象裁量，个案中只需将立法抽象裁量具体适用；二是在废止条件适用时，除法律羁束性规定外，个案还需要具体衡量多种因素，只不过主要衡量公益与私益等因素——法的安定性、依法行政、信赖保护等因素立法已作衡量，个案只具体适用即可。

外情况即废止适用情形。德国与我国台湾地区行政程序法以法定
形式明确规定了废止适用情形，〔1〕而我国大陆法律规范中向来
就有较多散见零星的规定，〔2〕，只不过并非采用"废止"这一术

---

〔1〕　对于授益行政行为废止的适用情形，德国《联邦行政程序法》
第49条第2款规定了5种："法规容许或行政行为保留该废止；行政行为
附负担，受益人没有或未在为他定出的期限内履行该负担；行政机关如基
于事后发生的事实，即有不作出该行政行为的正当性，且不废止该行政行
为就会危害公益；行政机关如基于法规的修改，即具有不作出该行政行为
的正当性，但限于受益人尚未使用所提供的优惠，或基于该行政行为而尚
未受领给付的情况，且不废止即会危害公益；为避免或消除对公共福利的
严重不利。"该条第3款规定了"金钱给付或可分物给付废止适用情形：未
按目的使用、未履行负担。"对此，我国台湾地区"行政程序法"第123条
参照德国法内容，也规定了5种废止适用情形："法规准许废止者；原处分
机关保留行政处分之废止权者；附负担之行政处分，受益人未履行该负担
者；行政处分所依据之法规或事实事后发生变更，致不废止该处分对公益
将有危害者；其他为防止或除去对公益之重大危害者。"
〔2〕　除了两部行政程序规章外，行政行为废止的规定绝大部分在单
行法律规范中。这里简要列举几部：①《湖南省行政程序规定》第8条规
定："非因法定事由并经法定程序，行政机关不得撤销、变更已生效的行政
决定；因国家利益、公共利益或者其他法定事由必须撤销或者变更的，应
当依照法定权限和程序进行，并对公民、法人或者其他组织遭受的财产损
失依法予以补偿。"②《汕头市行政程序规定》第7条规定："行政机关因
国家利益、公共利益或者其他法定事由，需要撤回或者变更已经生效的行
政决定的，应当依照法定权限和程序进行；由此给公民、法人或者其他组
织造成财产损失的，依法予以补偿。"③《山东省行政程序规定》第7条规
定："……非因法定事由并经法定程序，行政机关不得撤销、变更已经生效
的行政决定；因公共利益或者其他法定事由必须撤销或者变更的，应当依
照法定权限和程序进行，并对公民、法人和其他组织因此遭受的财产损失
依法予以补偿。"④《行政许可法》第8条第2款规定："行政许可所依据
的法律、法规、规章修改或者废止，或者准予行政许可所依据的客观情况发

语。借鉴德国与我国台湾地区行政程序法规定，笔者认为授益行政行为废止适用情形（或理由）主要有以下几种：

1. 法律明确规定准许废止。对于一些特定授益行政行为，法律明文规定在一定情形之下可以废止，其已经就信赖保护及法

接上注〔2〕

生重大变化的，为了公共利益的需要，行政机关可以依法变更或者撤回已经生效的行政许可。由此给公民、法人或者其他组织造成财产损失的，行政机关应当依法给予补偿。"⑤《土地管理法》（2019 年修正）第 58 条规定："有下列情形之一的，由有关人民政府自然资源主管部门报经原批准用地的人民政府或者有批准权的人民政府批准，可以收回国有土地使用权：①为实施城市规划进行旧城区改建以及其他公共利益需要，确需使用土地的；②土地出让等有偿使用合同约定的使用期限届满，土地使用者未申请续期或者申请续期未获批准的；③因单位撤销、迁移等原因，停止使用原划拨的国有土地的；④公路、铁路、机场、矿场等经核准报废的。依照前款第 1 项的规定收回国有土地使用权的，对土地使用权人应当给予适当补偿。"第 66 条规定："有下列情形之一的，农村集体经济组织报经原批准用地的人民政府批准，可以收回土地使用权：①为乡（镇）村公共设施和公益事业建设，需要使用土地的；②不按照批准的用途使用土地的；③因撤销、迁移等原因而停止使用土地的。依照前款第 1 项规定收回农民集体所有的土地的，对土地使用权人应当给予适当补偿。收回集体经营性建设用地使用权，依照双方签订的书面合同办理，法律、行政法规另有规定的除外。"⑥《城市房地产管理法》（2019 年修正）第 20 条规定："国家对土地使用者依法取得的土地使用权，在出让合同约定的使用年限届满前不收回；在特殊情况下，根据社会公共利益的需要，可以依照法律程序提前收回，并根据土地使用者使用土地的实际年限和开发土地的实际情况给予相应的补偿。"第 26 条规定："……超过出让合同约定的动工开发日期满 1 年未动工开发的，可以征收相当于土地使用权出让金 20% 以下的土地闲置费；满 2 年未动工开发的，可以无偿收回土地使用权；但是，因不可抗力或者政府、政府有关部门的行为或者动工开发必需的前期工作造成动工开发迟延的除外。"

的安定性等因素作了抽象的立法裁量。对此，行政机关可以直接按照法律法规的规定，在个案中作具体裁量以决定是否废止。如：《土地管理法》第 58 条第 1 款第 1 项的规定及第 66 条的规定、《城市房地产管理法》第 20 条的规定。裁量是以行政行为目的为出发点，通过衡量公益与私益以得出正当性结论。在公益与私益衡量过程中，采用的方法是衡量不废止是否对公益造成重大损害，废弃行政行为所实现公益应超过维持之利益。"原则上，该授益处分之废止，应为排除对国家或社会之直接危害所必要。"〔1〕这种利益衡量及其方法适用于以下各情形下行政行为废止的裁量。当然，如果法律明确规定在一定情形之下行政行为应废止，那么行政机关应依规定直接予以废止，而不存在裁量余地。如：《食品安全法》第 21 条的规定、《药品管理法》第 83 条的规定〔2〕等。

---

〔1〕　（台）陈敏：《行政法总论》，台湾地区新学林出版股份有限公司2004 年版，第 473 页。

〔2〕　《食品安全法》（2018 年修正）第 21 条规定："食品安全风险评估结果是制定、修订食品安全标准和实施食品安全监督管理的科学依据。经食品安全风险评估，得出食品、食品添加剂、食品相关产品不安全结论的，国务院食品安全监督管理等部门应当依据各自职责立即向社会公告，告知消费者停止食用或者使用，并采取相应措施，确保该食品、食品添加剂、食品相关产品停止生产经营；需要制定、修订相关食品安全国家标准的，国务院卫生行政部门应当会同国务院食品安全监督管理部门立即制定、修订。"按照该规定，相应食品生产许可必须予以废止或者改变。

《药品管理法》（2019 年修订）第 83 条规定："药品上市许可持有人应当对已上市药品的安全性、有效性和质量可控性定期开展上市后评价。必要时，国务院药品监督管理部门可以责令药品上市许可持有人开展上市后评价或者直接组织开展上市后评价。经评价，对疗效不确切、不良反应大与后面情形相比较，本情形将废止的具体情形以法定形式（特别是单行法律）予以明确，行政机关只要依法在个案中适用即可；而其他情形给予行政机关更多的是废止适用情形之"标准"或"概括"，行政机关应结合个案具体情形依照该标准进行适用。出于某些事项调整的重要性，前者将标准与具体事项结合上升为法定内容，与后者并无矛盾。如：《土地管理法》第66条第1款第1项规定"不按照批准的用途使用土地的"可以收回土地使用权，其出于按用途使用土地规范的重要性，将相对人不履行附加义务之"标准"与土地使用中相对人不按照批准的用途使用土地之具体情形相结合以法律明确规定；如果法律对此未规定，行政机关在作出许可时将"按照批准的用途使用土地"作为附加义务（或者即使未明确将此作为附加义务，但是也可以从法律目的中明确得出该对应义务），相对人不履行义务时，也可以废止。再如：《土地管理法》第58条第1款第1项规定"为实施城市规划进行旧城区改建以及其他公共利益需要，确需使用土地的"可

接上注〔2〕

或者因其他原因危害人体健康的药品，应当注销药品注册证书。已被注销药品注册证书的药品，不得生产或者进口、销售和使用。已被注销药品注册证书、超过有效期等的药品，应当由药品监督管理部门监督销毁或者依法采取其他无害化处理等措施。"取得药品上市许可批准之药品出现了危害人体健康之后果，是由于生产或进口许可批准时的科技发展水平所限，而非许可批准的违法所致。所以，虽然该规定用了"注销"的表述，但是由于其针对的是合法许可，其应为废止。由于药品对人的生命健康造成重大影响，所以该废止属于因公益重大需要的适用情形，并应溯及既往地失效。

以作为"公益重大需要"之具体情形。

另外，在《行政处罚法》中，"吊销许可证或执照"是一种常见的法定处罚方式。被吊销许可证是合法行政行为，吊销行为的法律效果为自吊销之日起许可证失效，类似于废止的法律效果。但是，废止原因在于情势变更，而吊销则是由于相对人违法；废止的目的在于保障行政行为的合目的性，而吊销是对相对人的惩戒，不能将两者相混淆。

2. 行政行为附有废止保留。废止保留是一种特殊的行政行为解除条件，授益行政行为附有废止保留的附款，意味着行政机关未来可据此废止该行为。行政行为附有废止保留，使得相对人知道行政行为在将来有可能被废止，从而可以排除相对人的信赖保护，所以废止保留附款应当合法，不得违背"禁止不当结合原则"。[1]同时，行政机关应将废止理由作解释说明并告知相对人，以保证相对人对废止具有可预见性。"在实务上，废止保留

---

〔1〕　禁止不当结合原则是有关行政行为附款的一个原则，其指附款不得与行政行为的主要目的或者法定目的相冲突。我国台湾地区"行政程序法（草案）"（1990 年）在对行政行为附款的立法说明中指出：（附款应遵循合法性要件）附款对人民请求权以新的限制时，其应基于法律保留之原则，须有法律授权才能为之；行政机关虽有附款之裁量权，但其行使应遵守裁量权之一切限制，尤其不但不得抵触行政处分目的，更表现与行政处分目的具有正当合理之关联。（参见应松年主编：《外国行政程序法汇编》，中国法制出版社 2004 年版，第 693 – 695 页。）我国台湾地区"行政程序法"第 94 条规定："前条之附款不得违背行政处分之目的，并应与该处分之目的具有正当合理之关联。"

之作用，不在便利废止之作成，而在于排除废止时相对人财产损失之补偿。"〔1〕废止保留合法时，行政机关基于该废止保留，在具体情形之下可以裁量决定废止该行为。

如：甲某申请在某路边人行道上设置流动摊位以经营小吃摊。行政机关（综合执法局）颁发了临时许可证，并依法附以"视交通状况可以随时废止"之保留。如果未来该路段交通流量增大，路边流动摊位已严重妨碍了交通畅通，此时行政机关可依据废止保留内容废止甲某的许可证。当然，废止本身作为一个行政行为，须遵守行政行为合法要件。如果出于甲某的食品卫生（小吃不符合食品卫生标准）、摊位周边环境卫生（消费者将一次性食品包装、用具等随意丢弃，甲某疏于清理）或经营时间（许可证规定时间段以外经营）等原因，那么行政机关不得实施废止，否则违法。（当然，如果行政机关可以出于食品卫生等原因实施行政处罚，并如果可以依法采用"吊销许可证"的处罚方式，那么吊销行为与废止各要件的区分此时则清晰可辨。）

3. 相对人未履行义务。授益行政行为附加义务内容（或附

---

〔1〕（台）陈敏：《行政法总论》，台湾地区新学林出版股份有限公司2004年版，第513页。

加负担），〔1〕相对人不履行或不限期履行该附加义务内容时，行政机关可以废止该行政行为。如：《城市房地产管理法》第26条的规定与《土地管理法》第66条第1款第1项的规定。作为附款，附加义务也应遵守"禁止不当结合原则"，即附加义务应合法。附加义务属于公法义务，相对人不履行该义务则构成了违法，对此行政机关可以进行行政处罚或依法强制执行。所以，相对人不履行附加义务时，行政机关可采取的措施有多种，此时行政机关需要具体裁量采取何种手段。由于废止、处罚或强制执行对相对人权益均造成不利影响，所以行政机关在裁量时需要遵守比例原则。

如：甲某申请在某路边人行道上设置流动摊位以经营小吃摊。行政机关（综合执法局）颁发了临时许可证，并依法附以"视交通状况可以随时废止"之保留及"保障摊位周边环境卫生"之附加义务。行政机关对"保障摊位周边环境卫生"附加义务的解释与说明是：甲某应对小吃摊经营过程中产生的生活垃

---

〔1〕 附加义务与条件、期限同为行政行为附款方式，但其与后两者有着较大区别：后两者往往是限制行政行为效力的发生或延续，如：何时或何种情况下行政行为生效或失效；而附加义务与行政行为规制内容同时生效，其是规制内容的附加义务，如：许可证生效后相对人取得某种资格的同时需要相应履行某种义务。德国《联邦行政程序法》第49条第3款规定，"为某一特定目的提供的一次性或定期金钱给付或可分物给付"，在"只要给付未在提供之后立即用于行政行为确定的目的，或者不再用于该目的"情形下，可以废止。给予行政给付并附加特定使用目的，属于附加义务情形。

圾（如一次性包装、用具等）设置固定投放点，甲某应勤于打扫，不因其经营而造成周边环境负担，甲某每次营业完毕后应将其经营所产生的所有生活垃圾带至垃圾场处理。甲某未全面履行该附加义务：由于未及时打扫以至于消费者废弃的白色食品包装袋及餐巾纸随风刮至路旁绿化带中，清晰可见。对此，行政机关宜责令甲某限期清理完毕，而不应直接废止。如果事后甲某变本加厉，直接将垃圾倒至摊位旁边的下水通道内以致堵塞。对此，行政机关可以直接废止该许可，并对其违法行为实施处罚。

4. 事实状况发生变化。事实状态发生变化后，行政机关已经不能按照现有事实状态作出原行政行为，或者即使作出也将有害于公益。此时，为保证行政行为的正当性，行政机关可以对原行政行为实施废止。并非任何事实状态的变化均会导致行政行为的废止，关键在于事实状态变化的程度及事实状态与行政行为法定构成要件的关系。一种情况是，变更后的事实已不符合该行政行为的法定构成要件，即依变更后的事实已无法作成原行为，此时原行为应当废止。另一种情况是，变更的事实状态不涉及行政行为的法定构成要件内容，此时行政机关应裁量是否予以废止。如果行政机关基于变更后的事实进行裁量得出不能再作出与原行为内容相一致的行政行为，否则将造成公益重大损害，此时原行为也应当废止；反之，则不应废止。

如：甲某申请在某路边人行道上设置流动摊位以经营小吃摊。行政机关（综合执法局）考虑当时交通流量状况及甲某流动摊位将对交通的影响等因素后，给甲某颁发了临时许可证。如果甲某日夜操劳而不慎患上流行性肝炎（甲肝），此时甲某已不符合食品加工行业从业人员的资格条件，那么行政机关可根据甲某现有事实状态（身体状况）废止该许可证。如果由于交通流量增大，而甲某流动摊位已经严重阻碍了道路畅通，那么行政机关也应废止（或改变）该许可证，否则将对道路畅通的公益造成重大损害。（与废止保留情形不同的是，此处将涉及甲某的信赖保护问题。）

5. 法律状态发生变化。事实状态未发生变化，但是法律状态发生了变更，那么原行政行为以现有法律来判断则可能是违法行为，或按原有事实依现有法律已不能作出原行为，此时行政机关可以废止原行为。当然，并非法律状态变化均可构成废止行政行为之事由。是否废止需要根据法律状态变化之具体内容来决定：如果法律状态变化内容是行政行为的法定构成要件，或者按现有法律原行政行为必须禁止，以至于行政机关对于原行为废止无裁量余地，此时原行为应被废止；除此之外，虽然法律状态发生变化，按现有法律原行为已是违法行为，但是行政机关仍应裁量予以决定是否废止。只有不废止将造成公益重大损害时，原行为才予废止。

如：甲某取得某一水域水产养殖许可。后该水域所属区域作为"具有特殊保护价值的湿地",依照《自然保护区条例》[1]第10条、第11条等规定,被批准为"国家级自然保护区"。甲某所处区域属于该自然保护区"核心区"与"缓冲区"的交界处,按《自然保护区条例》第18条(禁止单位和个人进入核心区)、第28条(缓冲区内禁止开展旅游和生产经营活动)之规定,甲某不得从事水产养殖并搬出该区域。此时,行政机关应废止甲某的许可证。

6. 其他公益重大需要。虽然未有以上废止适用情形,但是出于公共利益重大需要时,行政机关可以裁量以决定是否废止原行政行为。这种废止理由主要针对前项所列举之外各种情况之概括,其应只限于极端情况下的最后手段,并应采取严格的认定标准。否则,情势未变更的前提下,(常态下)出于重大公益需要即废止合法行政行为,容易造成废止权之滥用,违背了法的安定性原则、依法行政原则、信赖保护原则等内容,事实上也将排除以上5种废止适用情形的约束。

在我国法律规范中,公益需要在废止的适用情形中一直占据主导地位。如《土地管理法》(第58条第1款第1项、第66条第1款第1项)、《城市房地产管理法》(第20条)、《湖南省行政程序规定》(第8条)、《山东省行政程序规定》(第7条)、《汕头市行政程序规定》(第7条)直接将公益需要作为废止适

---

[1] 1994年10月9日中华人民共和国国务院令第167号发布,自1994年12月1日起施行,2011年和2017年两次修订。

用情形，而《行政许可法》（第8条第2款）在情势变更的前提下出于公共利益需要可以撤回（可为废止）许可的规定更接近于行政行为废止之本质。相较于德国与我国台湾地区行政程序法将公益重大需要作为以上5种情形之外的最后手段，而我国大陆目前直接将此作为废止适用情形中最主要的常态手段，说明我国废止适用情形的规定缺乏精细化而需要大力完善。同时，公益需要单独作为废止适用情形时，特别需要对公共利益的范围及内容作出严格的认定，否则容易造成废止权滥用。[1]

---

〔1〕　在我国经常出现因公益需要废止而引发的争议，其说明对公益需要严格认定及在个案中适用的重要性。如：山西煤矿企业兼并重组事例。山西省人民政府为落实国务院有关通知的精神（国发2005年28号文、国办发2006年108号文及2009年9月28日转发的12个部门的通知），先后发布《关于加快推进煤矿企业兼并重组的实施意见》（晋政发〔2008〕23号）、《关于进一步加快推进煤矿企业兼并重组整合有关问题的通知》（晋政发〔2009〕10号，以下简称"10号文"）。2009年开始山西省各地按照10号文要求进行了煤矿企业兼并重组工作，该方案被称为"国进民退"。按照《矿产资源法》（1996年修正）第15条、第16条的规定，矿山企业需要具备条件才可取得采矿许可证，而采矿权也只能按照该法第6条（企业资产产权变更而需要变更采矿权主体）的规定进行转让。绝大部分企业合法拥有采矿许可证并未到期，以行政手段推行企业兼并重组后，受规模、资金以及其他因素影响大部分企业被迫转让采矿权，其事实上是以行政手段迫使市场交易以达到废止或变更原有许可的目的。这种废止行为具有隐蔽性（甚至不被承认为行政行为的废止），其适用理由，从以上6种废止适用情形来看，可能只有"公益重大需要"符合。社会关注的焦点在于行政手段的正当性，其实也在思考着公益需要的问题，所以从不管何种角度分析本事例均离不开公益需要的认定及适用问题。本事例中的公益需要的结论是清晰并无争论的：贯彻落实科学发展观，调整矿产开发结构、推动产业升级、促进资源高效开发利用、优化矿山开发布局、提高矿产资源开发

（二） 废止与信赖补偿

行政行为附有废止保留或相对人未履行义务的情形下，行政行为废止不涉及相对人信赖保护问题，不产生对相对人的损失补偿。附加废止保留附款的意义在于提示相对人该行政行为将来有可能被废止，并告知相对人废止适用情形使得相对人对废止具有一定的可预见性，从而可以防止相对人因不可预见而产生信赖及利益损害。在相对人未履行义务而导致行政行为废止的情形下，该行为的废止原因完全在于相对人自身不履行对应义务，所以更无信赖保护问题。除此之外，在事实状态、法律状态发生变更或公益重大需要作为废止的适用情形时，则应要保护相应的信赖利益，给予一定补偿。而至于"法律明确规定准许废止"的情形，则视法律具体规定以决定是否予以补偿（与以上补偿适用情形一致）。

接上注〔1〕

利用水平、改善矿山安全生产状况和矿山生态环境，等等。但是，这些公益需要与企业兼并重组（企业规模与数量——见10号文）有什么关系？或是企业兼并重组后就能实现这些公益需要？其不仅反映了公益需要内容认定的问题，更反映了公益需要在个案中的具体适用问题。否则，以空洞的公益需要加之一个与其无多大联系的个案，其结果只能造成公益的真正损害。与本事例相似的是，某些城市将各供热企业兼并重组以统一供热。公益需要（为了环保、效能等）不成争论，合法企业从多数兼并为少数而设施、设备及原各自供热范围等均不变之结果未能实现公益需要，其说明公益需要在本事例中是伪需要，或者说公益需要作为本事例的适用理由是错误的。

我国《行政许可法》第 8 条规定，在事实或法律状态变更后为了公益需要而废止行政许可者，应补偿相应财产损失；而《土地管理法》（第 58 条第 1 款第 1 项、第 66 条第 1 款第 1 项）、《城市房地产管理法》（第 20 条）、《湖南省行政程序规定》（第 8 条）、《山东省行政程序规定》（第 7 条）均规定因公共利益需要而废止行政行为者，应补偿相应财产损失。合法行政行为被废止应补偿，在我国已经不存在争议，只不过未将补偿原因上升为信赖保护之认识高度。废止授益行政行为的补偿性质与征收补偿相一致，[1]其补偿范围及标准的确定与行政行为撤销时的财产补偿或赔偿的适用方法一致。[2]

---

[1] "因行政机关的原因（变更裁量决定或新的共同利益的需要）引致废止，则必须赔偿当事人的信赖损失；对当事人撤废某一受益属于一种征收。这同样适用于因法律变更而产生的撤废。"［德］G. 平德纳：《德国普通行政法》，朱林译，中国政法大学出版社 1999 年版，第 132 页。

[2] 需要指出的是，在我国民事领域除了极个别的法律规定外（《消费者权益保护法》第 55 条），几乎不承认"惩罚性"赔偿方式，赔偿遵循等价有偿原则，实行对价或对等标准（即有多大损失就有多大赔偿），所以民法上的赔偿本身就带有补偿性（现代汉语中"赔偿"的意思是：因自己的行动使他人或集体受到损失而给予补偿。中国社会科学院语言研究所词典编辑室编：《现代汉语词典》，商务印书馆 1983 年版，第 859 页），赔偿与补偿的区分也无多大意义（只是习惯上多用赔偿）。而在行政法语义设定上（特别是大陆法系国家），以损害造成的原因来区分赔偿（由违法行为造成）与补偿（由合法行为造成）。这样的设定并不影响赔偿与补偿标准应有所差别，均应以民法上对价或对等补偿为标准，而不论法律中采用的术语为"适当补偿""相应补偿"或"补偿"。特别强调的是，"补偿在量上少点，赔偿在量上多点"之认识与观念并无法理出处，其违反了财产保护之平等原则。

(三) 废止期限、方式与效果

1. 废止期限。为了维护法的安定性，合法授益行政行为的废止需要期限予以限制（废止权行使之除斥期间）。德国《联邦行政程序法》对于授益行政行为的废止与撤销规定了相同的期限内容：从行政机关获知撤销或废止原因起 1 年内作出决定（该法第 49 条第 2 款）。而我国台湾地区"行政程序法"对于撤销与废止期限采用了不同的期限起算点规则：撤销期限起算点（与德国法一致）是自行政机关获知撤销原因起（该法第 121 条），而废止期限起算点是自废止原因发生起（该法第 124 条）。[1]所以，虽然我国台湾地区"行政程序法"对于撤销与废止处理期间的规定均为 2 年，但是由于期限的起算点不同，废止期限比撤销期限短许多。同时，由于起算点规则不同，我国台湾地区的废止期限比德国法在事实上可能短许多。[2]

废止期限的最大意义在于维护法的安定性，废止期限必须要有上限或最长期限，所以笔者认为我国台湾地区的规定方式更为

---

[1] 我国台湾地区"行政程序法（草案）"（1990 年）完全参照德国法规定，对于授益行政行为撤销与废止期限采用了相同的起算点规则及期间。应松年主编：《外国行政程序法汇编》，中国法制出版社 2004 年版，第 717－719 页。

[2] 我国台湾地区的行政行为废止期限为自废止原因发生起 2 年，而不论行政机关何时获知废止原因。德国法虽然规定废止期限为 1 年，但是其起算点为自行政机关获知废止原因起，在行政机关获知废止原因的时间不确定的情况下，从理论上讲行政行为的废止期限并无上限要求。

可取。由于行政行为废止针对的是合法行为，特别在废止授益行政行为时，法的安定性、信赖保护以及依法行政原则等均需要维护，所以相比于撤销期限，授益行政行为的废止期限应更短。笔者认为，废止期限为自废止原因发生起2年：废止原因发生起2年内行政机关必须作出是否废止的决定，2年后该行政行为不应再被废止。该期限同样适用于负担行政行为的废止。

2. 废止方式与效果。一般而言，行政行为废止产生的效果是行政行为自废止之日起失效，即废止一般只阻止行政行为效力持续发生。其当然有例外。首先，当涉及信赖保护之时，废止的失效时间可裁量自废止之后较长一段时间起。其出于信赖利益保护目的，也可以抵销信赖利益补偿。[1]其次，针对相对人未履行义务之废止情形，无信赖保护之适用，废止产生的效果是行政行为溯及既往地失去效力，此时相对人应返还因行政行为所得之利益。[2]

行政行为废止可以针对全部内容，也可以针对部分内容。部分内容之废止，实际上也是行政行为内容之变更或改变。

---

〔1〕　裁量废止失效时间与裁量撤销失效时间均为信赖保护之下的变通性手段，参见第四章五、（一）。

〔2〕　利益返还范围等内容与撤销效果之利益返还相同，见第四章五、（二）。

二、负担行政行为废止

行政行为废止之目的是保证行政行为的正当性，而原因在于情势变更。并非情势变更均可造成行政行为的废止，关键在于情势变更的内容与程度对行政行为正当性的影响。所以，行政行为之废止本身是裁量行为，需要结合具体情形以作判断，即使是负担行政行为也应如此。不能因为负担行政行为对相对人不利，就得出情势变更后应该废止该行为以保护相对人权益之结论，进而得出负担行政行为之废止是行政机关的义务。笔者认为，负担行政行为是否废止，行政机关应对此实行合目的性裁量，其主要考察情势变更内容与程度对行政行为正当性之影响。

事实或法律状态的变更内容是，原有行政行为法定构成要件之内容，原有行为在现有事实或法律状态下是违法行为，维持原行为已失去正当性，原有行为应当废止。"倘作为其作成基础的事实或法令发生变更，致变更时起，行政机关已无权作成该等内容的负担处分，则特别是在该负担处分具持续性效果之情形，由于相对人基本权的限制仍在持续中，故基于依法行政原则，乃至宪法保障人民基本权的精神，行政机关此际不待相对人请求，即负有主动废止该'事后变成违法'之负担处分的义务。"[1]

---

〔1〕（台）许宗力："行政处分"，载（台）翁岳生主编：《行政法（上）》，中国法制出版社2002年版，第705页。

　　事实或法律状态虽然发生变化，但是还属于可裁量范围，行政机关按现有事实或法律状态可以重新裁量以决定是否废止行政行为。如果行政机关重新裁量得出现有事实或法律状态下已无法作成与原行为内容一样之行为，否则将违反平等原则或违反法律授权裁量之目的，原行为存在已失去正当性，原行为应当废止。如果行政机关重新裁量得出原行为按现有事实或法律状态不失正当性，原行为不应被废止。我国台湾地区"行政程序法"第122条规定，废止后行政机关仍应作出同一内容之行政处分者，原行为不应废止。

　　如：针对依法可以不设置账簿的个体工商户，税务机关实行"定额定期"方式征收税款，依照《税收征收管理法》《个体工商户税收定期定额征收管理办法》的规定进行税款额度核定（如每月固定若干元）。[1]税款征收行为是负担行为，而此类税款征收额度的确定是由行政裁量而得，裁量时考虑的因素是"经

────────────

　　[1]　参见《税收征收管理法》（2015年修正）第35条，《税收征收管理法实施细则》第47条。《个体工商户税收定期定额征收管理办法》（2007年1月1日起施行，2018年6月15日修正）第2条规定："本办法所称个体工商户税收定期定额征收，是指税务机关依照法律、行政法规及本办法的规定，对个体工商户在一定经营地点、一定经营时期、一定经营范围内的应纳税经营额（包括经营数量）或所得额（以下简称定额）进行核定，并以此为计税依据，确定其应纳税额的一种征收方式。"第3条规定："本办法适用于经主管税务机关认定和县以上税务机关（含县级，下同）批准的生产、经营规模小，达不到《个体工商户建账管理暂行办法》规定设置账簿标准的个体工商户（以下简称定期定额户）的税收征收管理。"

营规模、经营区域、经营内容、行业特点、管理水平"等内容并采用合理的方法。[1]现假设法律或事实状态发生以下变化,来考察原行为是否被废止:

法律状态发生变化:法律作出规定,经营者是特殊人群(如:下岗职工、自主创业大学毕业生、残疾人员以及生活有特殊困难者等)可以免税。针对法律状态的变化,税务机关需要对经营者资格实行审定。如果经营者甲是残疾人员,原行为应当被废止,税务机关对此已无裁量;如果乙认为其属于"生活有特殊困难者",税务机关需要结合乙的实际生活状况、经营者中类似人员、法律授予裁量权之目的、征税平等对待等因素具体裁量,之后才能作出是否废止原行为的决定。

事实状态发生变化一:个体工商户甲经营无方,连续亏本以

---

[1] 《个体工商户税收定期定额征收管理办法》第 4 条规定:"主管税务机关应当将定期定额户进行分类,在年度内按行业、区域选择一定数量并具有代表性的定期定额户,对其经营、所得情况进行典型调查,做出调查分析,填制有关表格。典型调查户数应当占该行业、区域总户数的 5% 以上。具体比例由省税务机关确定。"第 6 条规定:"税务机关应当根据定期定额户的经营规模、经营区域、经营内容、行业特点、管理水平等因素核定定额,可以采用下列一种或两种以上的方法核定:①按照耗用的原材料、燃料、动力等推算或者测算核定;②按照成本加合理的费用和利润的方法核定;③按照盘点库存情况推算或者测算核定;④按照发票和相关凭据核定;⑤按照银行经营账户资金往来情况测算核定;⑥参照同类行业或类似行业中同规模、同区域纳税人的生产、经营情况核定;⑦按照其他合理方法核定。税务机关应当运用现代信息技术手段核定定额,增强核定工作的规范性和合理性。"

致无力支付经营场所房租，沦落为流动摊贩（征得相关行政机关同意后，在原有经营场所前的马路边继续从事小吃经营）。现甲经营状况发生变化，原征税额度是否废止或改变，税务机关应裁量决定。变化二：个体工商户甲经营中不慎致残，法律规定残疾人员免税，原行为应废止，行政机关已无裁量权。变化三：个体工商户甲家中突发变故导致生活困难，法律规定"生活特殊困难者"可免税，原行为是否废止由行政机关裁量决定。

三、小结

针对具有持续效果之合法行政行为，因事实或法律状态之变化，为保证行政行为的正当性，需要重新审视其效力是否需要持续。因合法行政行为受法的安定性、依法行政等因素支持，所以合法行政行为废止是例外，并且此例外有严格条件限制，一般以法定形式予以明确，即废止条件法定化。因授益行政行为涉及信赖保护，并且信赖利益受合法行政行为之支持，所以授益行政行为的废止条件应更为严格。一方面，除了以上列举的6种废止适用情形外，行政行为不应被废止；另一方面，授益行政行为废止裁量时，以重大公益损害为标准：情势变更后即使按现有事实或法律状况原行为已违法但未对公益产生重大损害，原行为也不应被废止；换言之，情势变更内容及程度对行政行为正当性的影响以重大公益损害为裁量标准，维持原行为对公益产生重大损害，原行为已失去正当性，应被废止。合法负担行政行为，虽不涉及信赖保护，但是并不意味着均因情势变更而被废止以保护相对人权益。以情势变更内容及程度对行政行为正当性的影响为废止裁量之方法，行政机关进行合目的性裁量：基于现有事实或法律状态原行为已是违法行为，原行为应当被废止；基于现有事实或法律状态原行为并非违法，但是行政机关已经无法裁量作出与原行为相一致的行为，否则将违背法律授权裁量之目的，原行为（已失去正当性）应当被废止；基于现有事实或法律状态行政机关合目的性裁量后，仍可作出与原行为相一致的行为，原行为不应被废止。

第六章　行政行为的补正

　　依照法的安定性原则，行政行为应存续，而依照依法行政原则的要求，违法行政行为应当被撤销。除了法的安定性原则、依法行政原则等之外，法的实质正当性还需要考虑效率、程序经济原则等因素。一个违法行政行为动辄予以撤销，虽然依法行政原则得以贯彻，但是在有些情形之下则不符合效率与程序经济原则之要求。特别是一些仅仅在程序上轻微违法，撤销之后还需要重作，而撤销重作之行政行为的实质内容又不发生改变之情形下，行政资源将被浪费。所以，依照法的实质正当性要求，对不同违法内容及程度的行政行为在效力制度上应给予不同安排即有了必要性。行政行为治愈理论与制度也由此孕育而生。

　　行政行为治愈是针对某些违法（或错误）行政行为的一种效力制度安排。所谓治愈理论，是针对行政行为的瑕疵，让行政机关自己主动纠正其程序上的瑕疵或错误的一种制度。[1]其主要出于效率、程序经济等原则之考虑，通过对违法或错误行政行

---

　　[1]　余凌云：《行政自由裁量论》，中国人民公安大学出版社 2005 年版，第 213 页。

为采取补救的方式，使得该行政行为合法或正确。行政行为治愈可以一方面使得依法行政原则得以贯彻与实现，另一方面也使得法的安定性原则得以维护，以较小的行政成本通过补救方式实现行政目的符合法的实质正当性。行政行为治愈包括追认、补正及更正等内容，体现了不同违法（或错误）内容及程度在效力制度上的不同安排。

一、追认

追认是指有权机关对无权机关作出的行政行为予以事后确认，从而使得违法行政行为转化为合法行为。出于行政管辖权的分工，各行政机关应在各自管辖权限范围内作出相应的行政行为，否则该行为因主体不适格而违法。一般情况下，该行政行为适用撤销规则，即由原行政行为作出机关、司法机关或行政复议机关在各自程序中适用相应的撤销规则。但是，如果该行政行为被撤销后，而有权机关又必须作出相同内容之行政行为，那么出于效率与程序经济考虑，可以由有权机关追认而省去撤销与重作之步骤。对于有权机关对于无权机关作出行为之追认，德国、葡萄牙、我国台湾地区及澳门特别行政区"行政程序法"均作出了相应规定。[1]借鉴德国及我国台湾地区等规定，笔者认为，行政行为之追认应注意以下要件：

首先，追认仅适用于原机关违背地域管辖规定的情形，不涉及专属管辖、事务管辖及级别管辖之问题。除了行政行为作出主体不具有地域管辖权之外，该行为的其他合法要件均不缺乏，此时如果该行政行为被撤销则有权机关又必须作出内容相同的行为，而追认可省略相应步骤以实现程序经济与效率。地域管辖分工是指在相同行政业务部门系统中相同级别行政机关之间的权限分工，相较于专属管辖、事务管辖及级别管辖，违反地域管辖在违法程度上显然轻微，所以只有针对此类违法行为才可适用追认。

其次，追认为有地域管辖权之行政机关依申请的行为。有管辖权的机关收到追认请求之后，应以依法行政原则之要求严格审查原行政行为，只有原行为仅违反地域管辖之要求而其也须作出相同内容之行为时，必须作出追认行为以实现效率与程序经济目

---

[1] 德国《联邦行政程序法》第46条规定："对于不属于第44条的行政行为，不得仅因以其成立违反程序、形式或地域管辖的规定而主张将之撤销，除非另一决定也会导致同样的结果。"我国台湾地区"行政程序法"第115条规定："行政处分违反土地管辖之规定者，除依第111条第6款规定（未经授权而违背法规有关专属管辖之规定或缺乏事务权限者）而无效者外，有管辖权之机关如就该事件仍应为相同之处分时，原处分无须撤销。"葡萄牙《行政程序法典》第137条第3款规定："如属无权限的情况，则有权限作出该行为的机关有追认该行为的权力。"澳门特别行政区《行政程序法典》第118条第3款作出了与葡萄牙相同的规定。

的。追认是依申请的行为，以原机关向有管辖权的机关提起追认申请为前提。相对人与原机关因地域管辖产生异议，追认事由首先由原机关知悉，只有原机关获知追认事由后才可能向有管辖权的机关提起请求（当然，原机关也可以直接予以撤销并将此向有管辖权的机关移送——不符合效率与程序经济原则）。如果相对人直接到另一地域之有地域管辖权的机关提起追认申请（一般不可能），而原机关又不认为违反地域管辖权，那么"追认"行为可能引发两个行政机关之间管辖权之争议，反而不能实现效率与程序经济之目的。另外，如果将追认行为定位于依职权的行为，有管辖权的机关获知追认事由后就依职权作出追认行为，但是原机关又不认为其违反了地域管辖权之规定，同样也引发管辖权之争。

再次，追认期间是该行政行为未被原机关撤销或未进入司法救济程序。行政行为被原机关撤销的，追认行为缺乏标的而无法实施，有管辖权的机关只能依法重新作出行政行为。行政行为被诉至救济机关，司法救济程序启动后，救济机关将实施相应审查，此时追认机关再实施审查则反而浪费行政资源。同时，追认机关审查后作出的追认行为此时还可能将与救济机关作出的决定相矛盾，不利于法律适用的统一性，也浪费了行政资源。如：救济机关因原行为违法而对此予以撤销，而追认机关则作出了追认使原行为转化为合法——按照司法优位原则，追认则可能是"无用功"。所以，出于效率与程序经济原则，追认行为应在救济程序启动之前完成，否则失去了追认制度的目的及价值。

最后，追认应以书面形式作出，其效力溯及至行政行为作出之时。追认行为属于行政行为，应遵循行政行为合法要件，相对人对此不服当然可以实施救济。同时，追认是对原行为效力之承认，在形式上必须采取书面形式。追认之效力溯及至行政行为作出之时，其意味着该行政行为作出后至追认前的效力得到了补救，已完全可视为合法行政行为应有之效力。

二、补正

补正，葡萄牙和我国澳门特别行政区也称之为"纠正"，是指对欠缺合法要件的行政行为进行事后补救，使违法行政行为因补足要件而成为合法行政行为并继续维持其效力。补正观念基于行政行为瑕疵理论的演变而产生。对于违法行政行为不应拘泥于形式上的依法行政原则之贯彻而予以撤销，而是应注重公共利益和对公民信赖的保护，并顾及行政行为被撤销后对社会所造成的影响，尽量设法维持违法行政行为的效力。[1]根据行政行为违法内容及程度，分为可撤销行政行为与可补正（及可追认）行政行为。在可撤销行政行为中，信赖保护、公益维护等多种因素尽量限制了撤销或维持了违法行政行为效力。而行政行为补正则

---

〔1〕　（台）罗传贤：《行政程序法基础理论》，台湾地区五南图书出版公司1990年版，第261页。

直接对于某些违法行政行为予以补救而维续其效力。

补正主要出于程序经济与效率之考虑。如果程序或形式上轻微违法而实体内容等合法之行政行为，依照依法行政原则而被撤销，但是为使得原行政行为所追求的公益不致落空，行政机关还必须要重新作出一个内容相同之行政行为，那么这种做法或步骤则浪费了行政资源，降低了行政效率，也在一定程度上损害了法的安定性。"即使当初行政行为有瑕疵，与其予以撤销而作出同样的处分，倒不如维持当初的行政行为的效力，从法的稳定性的观点来看也是理想的，并且，在防止行政浪费的意义上，也有助于行政经济"。〔1〕所以，补正由程序经济与效率原则、法的安定性原则所支撑，而程序经济与效率又与法的安定性紧密相连，补正中法的安定性维护有利于程序经济与效率之实现。德国、葡萄牙、我国台湾地区与澳门特别行政区"行政程序法"对于补正均作出了规定，〔2〕而我国《湖南省行政程序规定》《汕头市行

---

〔1〕〔日〕盐野宏：《行政法》，杨建顺译，法律出版社1999年版，第116页。

〔2〕德国《联邦行政程序法》第45条规定："（1）不导致第44条规定无效的对程序或形式的违反，在下列情况中视为补正：①事后提交行政行为所需的申请；②事后提出所需的说明理由；③事后补作对参与人的听证；④须协作的委员会，事后作出行政行为所需的决议；⑤其他行政机关补作其应作的共同参与。（2）第1款第2至5项所列的行为，仅允许在前置程序结束前，或未提起前置程序时，在提起行政诉讼之前补作。（3）行政行为未附具必需的理由说明，或在作出行政行为之前未按要求听取参与人意见，以致其不能及时对行政行为表示异议的，未遵守法律救济期限视为无过错。按第32条第2款规定恢复期限所依之事实，以补作原未作的程序行为的时刻为开始。"

政程序规定》《山东省行政程序规定》也作出了相应规定。[1]借鉴德国及我国台湾地区等规定，笔者认为，行政行为补正应遵循以下要件：

接上注〔2〕

我国台湾地区"行政程序法"第114条规定："违反程序或方式规定之行政处分，除依第111条规定而无效者外，因下列情形而补正：①须经申请始得作成之行政处分，当事人已于事后提出者。②必须记明之理由已于事后记明者。③应给予当事人陈述意见之机会已于事后给予者。④应参与行政处分作成之委员会已于事后作成决议者。⑤应参与行政处分作成之其他机关已于事后参与者。前项第2款至第5款之补正行为，仅得于诉愿程序终结前为之；得不经诉愿程序者，仅得于向行政法院起诉前为之。当事人因补正行为致未能于法定期间内声明不服者，其期间之迟误视为不应归责于该当事人之事由，其回复原状期间自该瑕疵补正时起算。"

葡萄牙《行政程序法》第137条与我国澳门特别行政区《行政程序法典》第118条均将"追认、纠正及转换"一起予以规定。

〔1〕《湖南省行政程序规定》第164条规定："具有下列情形之一的，行政执法行为应当予以补正或者更正：①未说明理由且事后补充说明理由，当事人、利害关系人没有异议的；②文字表达错误或者计算错误的；③未载明决定作出日期的；④程序上存在其他轻微瑕疵或者遗漏，未侵犯公民、法人或者其他组织合法权利的。补正应当以书面决定的方式作出。"该规定未区分"补正"与"更正"各自的适用对象，过于笼统。第一款第4项以"程序上存在其他轻微瑕疵或者遗漏"概括作为兜底条款，并不科学，因"程序上"无法包含"文字表达错误或者计算错误"之内容。《汕头市行政程序规定》第152条与之作出了相同规定。

《山东省行政程序规定》第129条规定："行政决定有下列情形之一的，应当以书面形式补正或者更正：①未说明理由，但是未对公民、法人和其他组织的合法权益产生不利影响的；②程序存在轻微瑕疵，但是未侵犯公民、法人和其他组织合法权益的；③文字表述错误或者计算错误的；④未载明作出日期的；⑤需要补正或者更正的其他情形。"

首先，补正只适用于程序或形式上[1]轻微违法的情形。补正限于行政行为程序或形式上轻微违法之情形，实体违法或严重违反行政程序者不能补正。德国与我国台湾地区"行政程序法"均以列举方式规定了五种补正情形，该五种情形限于程序或形式方面违法。我国台湾地区"行政程序法"秉承德国法规定，其"行政程序法（草案）"（1993年）对于行政行为补正的说明是："行政处分违反程序或方式之规定者，固为有瑕疵的行政处分，惟程序及方式之规定旨在促使行政机关能做成内容正确之决定，其本身尚非目的，故如其违反之情节未达于无效之程度，且事后补正仍无害其规定之目的者，自非不许行政机关为事后补正，以维持行政处分之存续，并促进行政效率。"[2]由德国与我国台湾地区规定及说明来看，虽然补正适用对象为程序或形式上轻微违法的行政行为，但是由于大陆法系"轻程序、重实体"与"将程序视为实体手段"等传统观念的影响，程序或形式上轻微违法的实际认识较为宽泛，如将"说明理由""给予陈述意见""听证"等均界定为可补正情形。作为此观念认识的延伸，"对行政

---

〔1〕 "行政程序是指行政主体实施行政行为时所应遵循的方式、步骤、时限和顺序。行为方式构成行政行为的空间表现形式；行为步骤、时限、顺序构成行政行为的时间表现形式。行政程序本质上是行政行为空间和时间表现形式的有机结合。"（姜明安主编：《行政法与行政诉讼法》，北京大学出版社、高等教育出版社2005年版，第365页。）行政行为程序要件内容在范围上包括行政行为形式要件。

〔2〕 应松年主编：《比较行政程序法》，中国法制出版社1999年版，第149页。

决定不产生实质影响"或"不影响行政决定实体内容"往往又作为程序或形式轻微违法之判断标准。如：我国台湾地区有学者认为应将"实体决定不生影响"作为程序违法可补正之限制条件，[1]其虽出于限制补正之目的，但将程序轻微违法与实体决定相联系却体现了大陆法系传统的程序观念。

　　我国在传统上"轻程序、重实体"，受大陆法系影响，我国基本上坚持程序工具主义观点，将程序视为实现实体的手段。未认识到程序的自身价值，容易导致法律规定[2]以及实践中程序虚无主义泛滥。所以，补正适用对象并非简单的是"程序或形式

---

　　[1]　该学者认为，我国台湾地区"行政程序法"第114条应限缩解释为："该条第1项第2款至第5款所列之四种情形，虽于第2项所定时点前，补行欠缺之程序（补申请、补记理由、补予陈述意见之机会、补作决议、补行参与），亦仅于补行政程序后，对于行政机关原违反程序所作成之实体决定不生影响时，始得补正（程序违反之瑕疵因补行程序而治愈）。反之，如虽依限补行程序，但行政机关因而应变更其原先违反程序所为之实体决定时，程序违反之瑕疵自不能因此补正，而应认法院得于审查后撤销之"。参见（台）汤德宗：《行政程序法论》，台湾地区元照出版公司2001年版，第92页。

　　[2]　如以《行政诉讼法》与司法解释对于"违反法定程序"判决规定为例。《行政诉讼法》第70条规定，违反法定程序的，该行政行为应当被撤销或部分撤销，并可以判决被告重新作出行政行为；第71条规定，被告被判决重新作出行政行为的，被告不得以同一事实和理由作出与原行为基本相同的行为。《最高人民法院关于适用〈中华人民共和国行政诉讼法〉的解释》第90条第2款规定，人民法院以违反法定程序为由，判决撤销被诉行政行为的，行政机关重新作出行政行为不受《行政诉讼法》第71条规定的限制。由此可见，违反法定程序的行政行为，虽可被撤销，但还可重新作出，更不用谈其他程序的约束力了，该规定内容对于法定程序之遵守及程序观念之重塑构成了重大障碍。

上轻微违法"，而是其内涵与外延的确定，而其涉及程序观念之转变。改变过去的程序观念，重视程序自身价值，并非是以程序中心论来代替实体中心论。事实上实体与程序同等重要，没有主次、轻重之分。程序轻微违法之界定，笔者认为，首先应抛弃以是否影响实体决定内容作为程序或形式违法轻重之判断，因其带有浓厚的程序工具主义色彩，容易导致程序的虚无主义；同时，这种以事后结果来审视事前与事中程序与形式重要性之判断方法，违背了正常逻辑。其次，以重要程序之外的排除方式来界定程序轻微违法，即确定重要程序内容范围，除此之外程序违法均属可补正的程序轻微违法。而重要程序之界定，应以法定程序为标准。一方面，法定程序是指法律规范明确规定应遵循之程序，将程序内容上升为法定形式完全可认为该程序为重要程序，不得违反也不得补正，[1]如《行政处罚法》第31条、第32条以及第41条规定。[2]另一方面，"法定"程序之理解不应拘泥于实

---

[1] 不得违反其实本身含有不可补正之意。《湖南省行政程序规定》第62条第1款规定，"行政机关在行政执法过程中应当依法及时告知当事人、利害关系人相关的执法事实、理由、依据、法定权利和义务"。按照该规范第164条第1款第1项规定，未说明理由且事后补充说明理由，当事人、利害关系人没有异议的，可以补正。第62条规定"应当"告知理由，而第164条规定未说明理由可以补正。前后两处规定体现了不同的程序价值观，相互矛盾。《山东省行政程序规定》第9条与第129条作了相似规定。

[2] 行政处罚决定作出之前，行政机关必须依法向当事人告知事实、理由和依据，听取当事人的陈述、申辩，否则行政处罚不成立。"不成立"即在强调该程序内容的重要性与强制性，如果这些程序以不影响行政处罚决定内容为由予以补正的话，那么该程序规定之目的及价值将落空。

定法规定，而应理解为法的应然要求。法律对行政程序的应然要求，即反映行政程序最基本价值的要求，应一直予以保留并贯彻，不论实定法是否予以明确规定。从世界范围来看，听取意见、告知权利以及说明理由等内容是行政程序中具有普世价值的共性内容，其反映了行政程序基本价值，应作为行政程序之最低要求予以遵守，不得违反不得补正。

由上可见，法定程序之欠缺不应作为程序轻微违法而可补正，除法定程序之外的可补正。当然，在法定程序遵循之前提下，实定法未羁束性规定程序行为之形式，该形式上的欠缺是可以补正，如未采用书面形式。如此之界定，笔者主要考虑到程序观念在我国还需要加强，应尽量缩小补正的适用范围，如果再简单的以不影响实体决定内容或相对人权益作为程序轻微违法标准，则必将导致补正之泛用，并加剧程序之虚无主义。从法律规范系统来看，转变程序观念、加强程序作用，还必须修改相应的法律规范内容，特别是禁止因违反法定程序而被撤销的行政行为之事后重作，否则此处补正适用范围构建之目的将落空。

如：某行政机关作出行政行为，该行政决定书在单位落款上缺盖公章。经查由于工作人员工作失误遗漏所致，行政行为其他方面均无不法之处。在私法领域，签字与盖章一般具有同等法律效力，两者具备其中之一即可，但出于交易安全之考虑，在实践中民事主体往往采用签字并盖章的做法。在公法领域，出于交易安全之目的，按照交易习惯行政行为一般需要盖章，而盖章一直也是行政内部程序中的必要环节。有单位落款而未盖公章的行为，并不欠缺行政行为构成要件内容，该行政行为成立并可生效。未盖公章是由行政机关违反其内部程序所致，不影响其对外效力，而对未盖公章之形式欠缺，行政机关可予以补正。当然，出于交易安全之目的及行政行为作出慎重之考虑，如果法律将盖章作为行政行为法定构成要件，那么未盖公章者则将导致该行为不成立；如果法律将其作为法定形式，那么则将导致该行为违法但不得补正。而《山东省行政程序规定》第 132 条将"未加盖行政机关印章的"行政决定直接界定为无效行为，则是对盖章作出了最为严厉的要求。

其次，补正主体为行政行为作出机关。德国与我国台湾地区"行政程序法"均规定，申请人事后申请作为补正之适用情形。"惟此种行政处分本质上系对相对人为授益，其相对人如愿享有该行政处分之利益，自得随时提出申请，补正其瑕疵。"[1]笔者认为，行政机关实际作出内容与相对人申请内容不一致，是由于行政机关部分拒绝了申请内容。此种情形下无须相对人补正申请，相对人也并非补正主体。

再次，补正期间应在行政行为未进入司法救济程序之前。理

---

〔1〕 （台）陈敏：《行政法总论》，台湾地区新学林出版股份有限公司 2004 年第 4 版，第 422 页。陈敏举了一实例：A 申请建 4 层楼，行政机关核发了 3 层楼的建筑许可，此时 A 需要补建造该 3 层楼之申请，或直接按照行政机关核发建筑许可施工，瑕疵获得补正。

由同追认期间之确定，在此不再赘述。德国及我国台湾地区"行政程序法"均规定，在该行政行为被提起行政诉讼之前完成补正。[1]

最后，补正应以书面形式作出，其效力溯及至行政行为作出之时。补正是对原行为之补救，使其效力得以维续，在形式上必须采取书面形式。补正之效力溯及至行政行为作出之时，其意味着该行政行为作出后至补正前的效力得到了补救，已完全可具备合法行政行为应有之效力。当然，如果因补正行为而导致相对人未能于法定期间内提出异议，该期间之迟误应不归责于相对人，其恢复原状期间自补正时起算。

三、更正

不同于追认及补正，行政行为更正涉及行政行为内容之错误，而不涉及行政行为之违法。违法与错误之区别在于该瑕疵与行政行为所反映的行政意志内容是否一致：违法行为与其行政意志内容相一致，只不过该行政意志内容及表达方式违背了法律规定；而错误行为则与其行政意志内容不一致，即该行政意志在表

---

[1] 行政行为补正只能在行政诉讼起诉前完成，而不能在行政诉讼中由法院或审判长发问或告知之时原行为作出机关作充分陈述、阐明或补充来实施。参见：我国台湾地区行政法院"2006年度裁字第2935号裁定"（《行政程序法裁判要旨汇编（四）》（2007年），第323页）。

·263

达过程中违背了其本来真实意思。[1]违法的判断标准是适法性，而错误的判断标准是行政意志之真实性。错误不仅存在于合法行为中，也存在于违法行为中。德国、葡萄牙、我国台湾地区及澳门特别行政区等法律规范均对"错误"之更正作出了类似之规定，[2]我国《湖南省行政程序规定》《山东省行政程序规定》

---

〔1〕 我国台湾地区行政法院"2004年度诉字第792号判决"指出："更正……系使处分书所载事项与处分外观上的规制意旨一致，若逾此范围，则属行政处分的撤销。"（《行政程序法裁判要旨汇编（二）》（2005年），第180页）更正之错误，是表达与意思的不一致。如果由于行政机关某种原因导致了事实认定、适用法律等错误，那么适用违法行为之撤销规则而与更正无关。（我国台湾地区行政法院"2006年度判字第1759号判决"即将"纯属登记机关之疏忽而错误登记"认定为"违法行政处分"，对其"注销"性质认定为"撤销"。参见：《行政程序法裁判要旨汇编（四）》（2007年），第338页。）

〔2〕 德国《联邦行政程序法》第42条规定："行政机关可随时更正行政行为中的书面错误，计算错误及类似错误。涉及参与人正当利益的，有关错误必须更正。行政机关有权要求交回拟更正的文本。"葡萄牙《行政程序法典》第148条规定："一、计算错误或行政机关表达意思时的错误，如属明显，则有权限废止有关行为的机关可随时更正。二、更正可由有权限的机关主动作出，或应利害关系人的请求而作出，更正具有追溯效力，且应以作出该被更正行为所采用的方式及公开的方法为之。"（我国澳门特别行政区《行政程序法典》第127条作出了同样规定。）我国台湾地区"行政程序法"第101条规定："行政处分如有误写、误算或其他类似之显然错误者，处分机关得随时或依申请更正之。前项更正，附记于原处分书及其正本，如不能附记者，应制作更正书，以书面通知相对人及已知之利害关系人。"

等法律规范也作出了规定。〔1〕

　　对于行政机关实际操作过程中的错误，〔2〕因不涉及行政行为的违法性，行政机关应当随时予以更正，并无时限之限制。〔3〕更正具有追溯效力，追溯至行政行为作出之时。更正是由行政行为的错误所致，相对人并无信赖利益之保护，〔4〕如果相对人因此获益则将返还。更正应当以适当的方式作出，如附记于原行政决定书文本中或制作更正书，并应通知相对人及利害关系人，否则

---

　　〔1〕《湖南省行政程序规定》第164条第1款规定未区分"补正"与"更正"的各自适用对象，过于笼统。第4项以"程序上存在其他轻微瑕疵或者遗漏"概括作为兜底条款，并不科学，因"文字表达错误或者计算错误"之更正适用情形无法归入"程序"范畴。

　　《山东省行政程序规定》与湖南省的规定相类似，该规范第129条规定："行政决定有下列情形之一的，应当以书面形式补正或者更正：①未说明理由，但是未对公民、法人和其他组织的合法权益产生不利影响的；②程序存在轻微瑕疵，但是未侵犯公民、法人和其他组织合法权益的；③文字表述错误或者计算错误的；④未载明作出日期的；⑤需要补正或者更正的其他情形。"

　　〔2〕将处罚对象之"黄文金（即盛景企业社）"错误写成了"盛景企业社黄文金"，我国台湾地区行政法院"2006年度诉字第124号判决"对此认为属于更正之瑕疵。参见：《行政程序法裁判要旨汇编（四）》（2007年），第275页。

　　〔3〕行政行为错误并不构成行政行为的无效，行政行为更正并不涉及时限问题。参见：我国台湾地区行政法院"2006年度裁字第1444号裁定"（《行政程序法裁判要旨汇编（四）》（2007年），第321页）。

　　〔4〕我国台湾地区行政法院"2003年度诉字第146号判决"指出："被告机关误载原告之母姓名非授予利益之行政处分，且事关身份关系，嗣依法更正登记，即无原告所主张信赖利益保护及是否符合比例原则之问题。"参见：《行政程序法裁判要旨汇编（二）》（2005年），第248页。

更正不生效。[1]

如：据人民网"法治频道"报道，[2]某驾驶员收到云南省楚雄州公安局交警支队楚大高速公路交巡警大队寄出的《违法行为处理通知书》（以下简称《通知书》），违法时间竟然是"1900年1月0日0时0分"。经查，该《通知书》为2011年11月18日寄出，均是2011年11月12日至14日在杭瑞高速公路K2444+350M处被监控设备记录的车辆。楚雄警方2012年2月22日通报：《通知书》中违法时间错误是由于计算机打印控件出现故障，工作人员审核不严所致，将退还罚款并赔礼道歉。

以上事例中的违法时间之错误是由计算机打印控件故障造成的，属于可更正的错误，行政机关应作出更正书并通知该驾驶员。可更正的错误一定是由于工作疏忽所致，此种错误无法避免。警方退还罚款并赔礼道歉之行为不合法，除非属于监控设备故障造成未违法变成违法（超速）之错误。

---

[1] 我国台湾地区行政法院"2003年度诉字第2971号判决"指出："原告主张未受到更正之书面送达，就此应由被告机关负举证证明之责，如未能就更正书面已送达之事实，提出相关证据，自不能认已对于原告发生效力。"《行政程序法裁判要旨汇编（二）》（2005年），第177页。

[2] 参见："车主收到'1900年超速罚单'云南楚雄交警退款道歉"，载新浪网，http://news.sina.com.cn/c/2012-02-24/000023982794.shtml，最后访问时间：2020年10月17日。

结　论

　　行政行为及其效力理论源于德国。以司法裁判行为及其效力为原型，行政行为及其效力理论自产生起即带有深刻的法治国内涵与价值追求。二战后，随着形式法治国向实质法治国的逐步转变，德国行政行为的效力理论核心逐步由确定力向存续力发展，并最终确立以权利保障与追求实质正义为核心的法治国原则作为行政行为效力理论与制度的基础。二战前日本系极权主义国家，在此背景下日本学者改造德国行政行为效力理论，创设了体现强烈的国家权威观与行政优越观、以公定力为核心的行政行为效力理论。二战后，随着宪法体制的转变、法治国原则的确立，日本行政行为效力理论核心由实体公定力向程序公定力转变，实现了行政行为效力理论与制度之法治国内涵与价值追求的回归。目前，在实践法治国理念方面，德国与日本的行政行为效力理论与制度可谓殊途同归。

　　我国行政行为效力的传统理论源于日本。由于我国传统体制与传统观念的影响，以公定力为核心的行政行为效力理论在我国长期占据着主流地位。公定力、确定力以及执行力等效力内容大多停留于理论层面，更多作用于观念层面，而无相应的效力制度——行政行为生效、撤销、废止以及补正等——支撑与呼应。在实质法治国的世界潮流下，相较于德国与日本的行政行为效力理论与制度，一方面我国行政行为效力理论内容过于滞后，另一方面我国行政行为效力制度亟待构建。本文旨在构建我国行政行为效力制度内容，不纠结于效力理论内容的争论。在实质法治国的背景下，我国行政行为效力理论将以公定力为核心还是以存续力为核心，已不重要。重要的在于实践法治国理念的效力制度内容的构建。法治国原则及其衍生的法的安定性、法的实质正当性、权利保障、依法行政等具有普世价值的原则内容，可为行政行为效力理论与制度的共同基础。以实现法治国理念为目标，"绕开"效力理论内容的讨论，直接构建效力制度在方法上是可行的。

法治国宪法原则的确立，司法分立与司法权威的不断加强，为我国行政行为效力制度构建奠定了宪法基础。同时，司法分立与司法权威等宪法基础，为我国行政行为效力适用领域限定了范围：行政行为效力只存在于行政领域，即排除作为诉讼标的时行政行为对司法机关产生效力。服务行政兴起与服务型政府建设，促使了行政观念的转变与行政方式的革新；市场经济体制不断完善，促使了我国社会结构的变革与利益的多元化，两者为我国行政行为效力制度的构建奠定了社会基础。法治国宪法原则及其衍生出的法的安定性、权利保障、法的实质正当性以及依法行政等内容，应为我国行政行为效力制度的价值追求及原则。公益与私益应得到平等保护，行政行为效力制度构建应充分考虑公益维护与私益保护之间的平衡。法治国原则下各价值追求及原则间的冲突与平衡，公益维护与私益保护间的冲突与平衡，是贯穿整个行政行为效力制度构建的两条主线。以法的实质正当性作为冲突平衡机制的最终选择，体现了实质正义追求为实质法治国的核心价值。

行政行为生效是行政行为效力制度构建的起点。行政行为生效后产生为规制内容而发生的实体权利义务约束力，为规制内容服务而发生的程序权利义务约束力，以及出于法的安定性需要而发生的形式效力，此三种约束力原则上同时发生。相对人"法律上知悉"行政行为内容，是行政行为生效的时间起点。书面行政行为以相对人"受领"行政决定书"推定"其在法律上知悉该行为内容，生效规则概括为"受领生效"，具体情形为：行政行为当场作出并交付，即时生效；行政行为内容宣布之时当场交付，当场生效；行政决定书通过送达予以交付，到达生效；行政决定书以公告方式送达，期满生效或以相对人实际知悉而生效。言词行政行为作出与生效系同时发生，生效规则为作出生效或即时生效。标志设立之时即标志行政行为作出，行为作出、内容告知、相对人法律上知悉其内容及行为生效系同时，生效规则为作出生效与即时生效。

按法的安定性原则要求，行政行为一旦生效，应保持稳定。

行政主体一方面应积极行使权力与履行义务以实现行政行为内容；另一方面不得改变行政行为以消极维护行政行为内容。除此之外，行政主体以后作出其他行政行为不得否定前一行政行为内容。行政行为对于相对人的约束力为，相对人遵守并实现或限期积极推翻行政行为内容。行政行为对相对人所产生的约束力同样适用于利害关系人。但是，行政程序以当事人为构建中心，所以程序地位上的差异使得行政行为对利害关系人产生约束力的实际效果与当事人有所差异。出于行政机关间权限分配秩序的考虑，其他行政机关应当将行政行为的决定内容作为一个既定的事实予以承认、接受，并可以作为其作出相关行政行为的前提或基础。

行政行为作为行政诉讼标的时，行政行为对法院不产生任何约束力。在民事或行政诉讼中，行政行为未作为诉讼标的但被其他诉讼带入司法程序时，行政行为未与司法审查直接交锋而未被司法判决予以否定，行政行为对司法机关具有法律约束力。当然，约束力大小应视该案中的证据规则适用或法律冲突规则而定。在刑事诉讼中，当行政行为决定内容将直接影响相对人是否构成犯罪时，出于对相对人基本权利的保护，行政行为不对法院产生约束力；除此例外，其他情形下行政行为均对法院产生约束力，约束力大小应视该案中的证据规则适用而定。

行政行为的撤销是原则，不撤销是例外。行政行为撤销是指行政机关自我纠错的"职权撤销"。以授益行政行为与负担行政行为分类为前提，各自构建撤销的限制条件：授益行政行为撤销的限制条件为信赖保护与公益损害，负担行政行为撤销的限制条件为公益损害。除了排除信赖情形之外，相对人对于违法授益行政行为的信赖均应受到保护。对相对人信赖保护的不同方式，取决于信赖利益与撤销公益之间的衡量。当信赖利益小于撤销公益时，该行政行为应被撤销。其涉及的信赖利益应得到保护，不仅体现在相对人信赖利益损害应得到补偿，还体现在撤销方式上的可选择性。当信赖利益大于撤销公益，该行政行为应存续，此等情形下的信赖保护也构成了授益行政行为撤销的限制条件。公益损害作为撤销限制条件，即是通过成本效益分析而维护较大公益。负担行政行为撤销时首先考量撤销是否可能会给公共利益造成重大损害——通过撤销公益损害与撤销公益维护之间的衡量——当撤销公益损害大于撤销公益维护时，该行为不得撤销而只能采取其他补救措施；当撤销公益损害小于撤销公益维护时，或者不出现撤销公益损害时，行政机关有义务将该行为撤销。行政行为撤销具有一定的期限限制（除斥期间）。行政行为的撤销具有限制条件与除斥期间，体现了法的实质正当性价值追求对多种因素的选择、衡量并影响行政行为效力之走向。行政行为撤销时可采用裁量失效时间的方式，或对于信赖利益损害给予补偿，体现了公益私益平等保护之法的实质正当性价值追求。

因事实或法律状态之变化，为保证行政行为正当性，需要重新审视行政行为的效力是否持续。合法行政行为不废止是原则，废止是例外并有严格条件限制。授益行政行为涉及信赖保护，并且信赖利益受合法性支持，授益行政行为废止条件应更为严格。一方面，除了列举的六种废止适用情形外，行政行为不应被废止；另一方面，对授益行政行为进行废止裁量时，以重大公益损害为标准：情势变更后即使按现有事实或法律状况原行为已违法但对公益不产生重大损害，原行为不应被废止。合法负担行政行为，虽不涉及信赖保护，但是并不意味着均因情势变更就被废止。以情势变更内容及程度对行政行为正当性影响为废止裁量之方法，行政机关进行合目的性裁量：基于现有事实或法律状态原行为已是违法行为，原行为应当废止；基于现有事实或法律状态原行为并非违法，但是行政机关已经无法裁量作出与原行为相一致的行为，否则将违背法律授权裁量之目的，原行为（已失去正当性）应当废止；基于现有事实或法律状态行政机关合目的性裁量后，仍可作出与原行为相一致的行为，原行为不应被废止。

出于行政管辖权的分工，行政机关应在管辖权限范围内作出行政行为，否则将因违法而被撤销。出于效率与程序经济考虑，如果行政行为被撤销后，有权机关又必须作出相同内容的行政行为，可以由有权机关追认而省去撤销与重作的步骤。针对仅违背地域管辖的违法行政行为，有地域管辖权的行政机关可以依申请作出书面追认行为。追认属于广义的行政行为补正，通过追认违法行为可转为合法行为。追认必须在行政行为未被原机关撤销或未进入司法救济程序之前作出，追认效力可溯及至行政行为作出之时。

　　出于程序经济与效率之考虑，行政行为补正只适用于程序或形式上轻微违法情形。法定程序之欠缺不应作为程序轻微违法而可补正，除法定程序之外者可补正。在法定程序遵循的前提下，实定法未羁束性规定程序行为的形式，该形式上的欠缺是可以补正的，如未采用书面形式。程序观念在我国还需要加强，应尽量缩小补正适用范围。以不影响实体决定内容或相对人权益作为程序轻微违法标准，必将导致补正之泛用，加剧程序之虚无主义。补正应在行政行为未进入司法救济程序之前，以书面形式作出，效力溯及至行政行为作出之时。

　　考察德国与日本行政行为效力理论与制度的变迁，分析其原因，惊人地发现：我国所经历的宪法体制革新、行政观念转变、社会结构变迁以及社会利益多元化发展，正是德国与日本行政行为效力理论与制度变迁的重要原因。我国现有宪法背景及时代背景，为我国行政行为效力理论与制度发展奠定了宪法基础与社会基础，也为行政行为效力制度移植与构建奠定了基础。本文主要构建了行政行为生效、撤销、废止及补正制度，并由此构成行政行为效力制度体系。相较于德国行政行为效力制度体系，本文将"行政行为依申请撤销、废止或变更"制度纳入了行政行为的撤销与废止制度之中，而将"无效行政行为制度"直接"回避"。

主要参考文献

一、著作类

1. ［德］汉斯·J. 沃尔夫等：《行政法》，高家伟译，商务印书馆 2002 年版；

2. ［德］毛雷尔：《行政法总论》，高家伟译，法律出版社 2000 年版；

3. ［德］G. 平特纳：《德国普通行政法》，朱林译，中国政法大学出版社 1999 年版；

4. ［印］M. P. 赛夫：《德国行政法：普通法的分析》，周伟译，台湾地区五南图书出版有限公司 1991 年版；

5. ［日］南博方：《日本行政法》，杨建顺等译，中国人民大学出版社 1988 年版；

6. ［日］室井力主编：《日本现代行政法》，吴微译，中国政法大学出版社 1995 年版；

7. ［日］盐野宏：《行政法》，杨建顺译，法律出版社 1999

年版；

8. ［日］渡边洋三：《日本国宪法的精神》，魏晓阳译，译林出版社 2009 年版；

9. ［日］伊藤博文：《日本帝国宪法义解》，牛仲君译，中国法制出版社 2011 年版；

10. ［日］杉村敏正："论行政处分的公定力"，载城仲模：《行政法之基础理论》，台湾三民书局 1988 年版；

11. （台）城仲模：《行政法之基础理论》，台湾三民书局1988 年版；

12. （台）罗传贤：《行政程序法基础理论》，五南图书出版公司 1990 年版；

13. （台）翁岳生：《行政法与现代法治国家》，台湾大学法学丛书编辑委员会编辑 1990 年版；

14. （台）城仲模：《行政法之一般原则》，台湾三民书局1995 年版；

15. （台）蔡志方：《行政法三十六讲》，蔡志方发行 1997年版；

16. （台）城仲模主编：《行政法之一般法律原则（二）》，台湾三民书局 1997 年版；

17. （台）陈新民：《德国公法学基础理论》，山东人民出版社 2001 年版；

18. （台）陈新民：《公法学札记》，中国政法大学出版社

2001 年版；

19. （台）汤德宗：《行政程序法论》，元照出版公司 2001 年版；

20. （台）翁岳生主编：《行政法（上）》，中国法制出版社 2002 年版；

21. （台）陈敏：《行政法总论》，新学林出版股份有限公司 2004 年版；

22. （台）吴庚：《行政法的理论与实用》，中国人民大学出版社 2005 年版；

23. ［法］孟德斯鸠：《论法的精神（上册）》，张雁深译，商务印书馆 1982 年版；

24. 王名扬：《法国行政法》，中国政法大学出版社 1988 年版；

25. 杨建顺：《日本行政法通论》，中国法制出版社 1998 年版；

26. 张越编著：《英国行政法》，中国政法大学出版社 2004 年版；

27. 王珉灿主编：《行政法概要》，法律出版社 1983 年版；

28. 张尚鷟编著：《行政法教程》，中央广播电视大学出版社 1988 年版；

29. 马怀德主编：《行政诉讼原理》，法律出版社 2003 年版；

30. 姜明安主编：《行政法与行政诉讼法》，北京大学出版

社、高等教育出版社 2005 年版;

31. 方世荣:《论具体行政行为》,武汉大学出版社 1996 年版;

32. 刘军宁:《共和·民主·宪政——自由主义思想研究》,上海三联书店 1998 年版;

33. 张树义:《中国社会结构变迁的法学透视——行政法学背景研究》,中国政法大学出版社 2002 年版;

34. 卓泽渊:《法治国家论》,法律出版社 2004 年版;

35. 叶必丰:《行政行为的效力研究》,中国人民大学出版社 2002 年版;

36. 金伟峰:《无效行政行为研究》,法律出版社 2005 年版;

37. 赵宏:《法治国下行政行为存续力》,法律出版社 2007 年版;

38. 王万华:《行政程序法研究》,中国法制出版社 2000 年版;

39. 王万华:《中国行政程序法立法研究》,中国法制出版社 2005 年版;

40. 王万华主编:《中国行政程序法汇编》,中国法制出版社 2005 年版;

41. 王万华:《中国行政程序法典试拟稿及立法理由》,中国法制出版社 2010 年版;

42. 应松年主编:《比较行政程序法》,中国法制出版社 1999

年版；

43. 应松年主编：《外国行政程序法汇编》，中国法制出版社 2004 年版。

二、论文类

1. 杨建顺："'法治行政'在日本"，载杭州大学法学院、浙江省法制研究所主编：《法治研究》，杭州大学出版社 1998 年版；

2. 杨春福、王方玉："利益多元化与公民权利保护论纲"，载《南京社会科学》2008 年第 3 期；

3. 彭劲松："当代中国的利益群体矛盾分析"，载《理论导刊》2006 年第 6 期；

4. 叶必丰："行政行为确定力研究"，载《中国法学》1996 年第 3 期；

5. 叶必丰："论行政行为的执行力"，载《行政法学研究》1997 年第 3 期；

6. 叶必丰："论行政行为的公定力"，载《法学研究》1997 年第 5 期；

7. 叶必丰、张辅伦："论行政行为的补正"，载《法制与社会发展》1998 年第 1 期；

8. 叶必丰："法学思潮与行政行为"，载《浙江社会科学》2000 年第 3 期；

9. （台）陈新民："国家的法治主义——英国的法治（The Rule of Law）与德国法治国家（Der Rechtsstaat）之概念"，载《台大法学论丛》1998 年第 1 期；

10. 江必新、刘新少："服务行政与自由法治之辩"，载《理论与改革》2011 年第 1 期。

11. 莫于川、郭庆珠："论现代服务行政与服务行政法——以我国服务行政法律体系建构为重点"，载《法学杂志》2007 年第 2 期；

12. 王天华："行政行为公定力概念的源流"，载《当代法学》2010 年第 3 期；

13. 周佑勇："行政行为的效力研究"，载《法学评论》1998 年第 3 期；

14. 叶自强："论既判力的本质"，载《法学研究》1995 年第 3 期；

15. 杨海坤："行政行为不可变更力探究"，载《江苏行政学院学报》2003 年第 1 期；

16. 王雪松："论授益行政行为的撤销限制"，载《政治与法律》2004 年第 4 期；

17. 石佑启："行政信赖保护之立法思考"，载《当代法学》2004 年第 3 期；

18. 莫于川："论当代行政法上信赖利益保护原则"，载《法商研究》2004 年第 5 期；

19. 刘莘："具体行政行为效力初探"，载《中国法学》1998年第5期；

20. 金伟峰："我国无效行政行为制度的现状、问题与建构"，载《中国法学》2005年第1期；

21. 王锡锌："行政行为无效理论与相对人抵抗权问题探讨"，载《法学》2001年第10期；

22. 沈岿："法治和良知自由——行政行为无效理论及其实践之探索"，载《中外法学》2001年第4期；

23. 张建飞："论无效行政行为"，载《浙江社会科学》1998年第4期；

24. 王太高："无效行政行为制度研究"，载《河北法学》2002年第2期；

25. 柳砚涛、刘宏渭："论无效行政行为防卫权及其矫正机制"，载《行政法学研究》2003年第2期；

26. 夏金莱："质疑无效行政行为及相对人的抵抗权"，载《政府法制》（半月刊）2004年第22期；

27. 石佑启："论行政法与公共行政关系的演进"，载《中国法学》2003年第3期；

28. 章志远："行政行为效力论"，苏州大学2002年博士学位论文；

29. 赵宏："法治国下的行政行为存续力——以德国法为基础的分析"，北京大学2005年博士学位论文；

30. 李琦：“行政行为效力新论——行政过程论的研究进路”，中国政法大学 2005 年博士学位论文；

31. 杨科雄：“行政行为效力来源研究”，中国政法大学 2009 博士学位论文；

32. 王万华：“论我国尽早制定行政程序法典的必要性与可行性”，载《中国法学》2005 年第 3 期；

33. 王万华：“诚信政府与公民的信赖保护”，载《法制日报》2002 年 3 月；

34. 王万华：“行政程序与行政程序法”，载《研究资料》，全国人大常委会办公厅研究室 2003 年 2 月编；

35. 王万华：“外国行政程序法基本概况”，载《研究资料》，全国人大常委会办公厅研究室 2003 年 2 月编；

36. 王万华：“行政程序法基本制度”，载《研究资料》，全国人大常委会办公厅研究室 2003 年 2 月编；

37. 王万华：“论行政程序法的功能”，载《宪法与行政法治评论》，2004 年第 0 期；

38. 黄全：“行政行为形式效力之完全公定力论”，载《甘肃政法学院学报》2009 年第 3 期；

39. 黄全：“无效行政行为理论之批判”，载《法学杂志》2010 年第 6 期；

40. 黄全：“社会转型中高校与学生的行政关系”，载《行政法学研究》2010 年第 4 期；

41. 黄全："论政府信息公开的原则体系"，载《江苏大学学报》（社会科学版）2014 年第 1 期；

42. 黄全："法治国视野下行政行为对司法机关的效力"，载《河北法学》2014 年第 3 期；

43. 黄全、王艺璇："论我国对外籍航空器内行政案件的管辖"，载《中国人民公安大学学报》（社会科学版）2017 年第 4 期；

44. 黄全："论行政禁令的性质、规范与实现"，载《法律科学》2019 年第 4 期。

三、法律规范

1. 德国《联邦行政程序法》（1976 年制定，1998 年修订）；

2. 西班牙《行政程序法》（1958 年制定）；

3. 葡萄牙《行政程序法》（1991 年制定，1996 年修订）；

4. 我国台湾地区"行政程序法"（1999 年制定，2005 年修订）；

5. 澳门特别行政区《行政程序法典》（1994 年制定）；

6. 《湖南省行政程序规定》（湖南省人民政府令第 222 号），2008 年 4 月 9 日湖南省人民政府第 4 次常务会议审议通过，2008 年 4 月 17 日公布，自 2008 年 10 月 1 日起施行；

7. 《汕头市行政程序规定》（汕头市人民政府令第 124 号），

2011 年 4 月 1 日汕头市人民政府第十二届第 79 次常务会议审议通过，2011 年 4 月 1 日发布，自 2011 年 5 月 1 日起施行；

8.《山东省行政程序规定》（山东省人民政府令第 238 号），2011 年 5 月 25 日省政府第 101 次常务会议通过，2011 年 6 月 22 日公布，自 2012 年 1 月 1 日起施行。

后 记

　　硕士阶段，我就开始关注行政行为效力问题，公定力的有关思考也在这个阶段初步形成。当时文献查找只能通过纸质书籍，图书馆期刊阅览室、过刊库与教师阅览室一直是我"蹲守"的重点。过刊库只保存主要法学类期刊和其他重要期刊的合订本，每种期刊合订本也只有一本，往往上午看完下午就找不到了。摸索着做了检索图表，记录着有无相关文献的书籍目录。能摘抄的摘抄，摘抄不了的有时能借去复印（只限当日）。复印一页5毛钱（一天伙食费6元），绝大部分论文只复印了部分内容。至今每看到复印机里灯光一闪，当年复印时心中颤抖已成条件反射。通过参考文献或注释进行引申查阅，很多时候线索中断，因为图书馆里没有、老师也没有。可能当时论文撰写普遍面临着文献获取的困难，加上当时论文参考文献并不规范，较多论著参考文献不全，所以查阅到的文献往往不全。

　　写论文更辛苦，完全靠模仿与自己摸索。先写成纸质草稿，一遍遍修改、誊写。觉得论文可以让老师看的时候，到网吧搞几个通宵形成电子版。不时地去找王周户老师修改，王老师总是能将一些行政法深奥知识用生活术语表达出来，无数次的指导与交流，对我成长帮助很大。特别提一下，"实质效力"这一术语来源于与王老师的交流，我当时以为是通识性知识。有人误以为是我的原创，说明我的注释说明不够，是我的错误。本科与硕士学习了 7 年行政法知识，读完了学校里能获取的所有行政行为效力方面的书籍，还有王麟老师对我的硕士论文具有"法哲学"色彩的褒奖，当时有点飘飘然，现在看来我真是井蛙窥天。

　　2004 年离开母校西北政法学院，来到中国民航大学工作。第一时间第一次也是唯一一次去了图书馆，发现当时法学书籍、法学期刊都没有。学院只有我学习行政法，没有前辈指导，只能通过电话或者电子邮件向王周户老师、杨小君老师、王麟老师等老师请教，甚至向陌生的叶必丰老师求教。周末去北京找读博的徐文新、周兰领同学聊天，找杨小君老师求教。在他们的帮助下，购买与复印了大量行政法书籍。回津后连忙消化，每天晚上喝完三盅白酒，7 点准时去办公室看书写笔记，11 点准时回家。办公室里的灯据说一直是我学生晚自习回宿舍的"灯塔"，也曾激励了一批学生。回家路上酒意全无，步行在校园，一个学生都没有，感到莫名悲壮，犹如当年通宵打完论文回宿舍那样。这一阶段按照行政法体例将行政法理论与制度进行了横向拓展学习与思考，尤其是行政法基础理论与行政程序法内容。如此反复 4 年后，觉得自身能力可以达到读博的时候选择了考博。

　　认识到行政程序价值无论在观念层面还是在实际作用层面均

有待于加强，故选择行政程序法作为主攻方向，师从中国政法大学王万华教授。博士阶段学习万分愉快，不仅获得了应松年老师、马怀德老师、薛刚凌老师、王敬波老师、刘飞老师等老师的授课、指导或帮助，而且获得了人大莫于川老师、北大姜明安老师、清华余凌云老师、央财高秦伟老师、浙大章剑生老师等老师的指导与帮助。老师们的指导对我成长帮助巨大，同学间的交流也让我受益匪浅。时常向石鹏飞、彭涛、李大勇、张兆成、宋乃龙、陈维厚、郑真江、李守良等同学求教，认真记录及时总结。博一我陆续将之前行政行为效力方面的思考总结成文予以发表，作为一个阶段思考的了结。博二由于没有课程，同学们住校时间不固定，我也陆续减少了住校时间，有时捎话、信件收发、论文收发都不知情，事后也惹出不少麻烦。

博二时王天华老师在日本公定力方面的论文，对我触动很大。重新研读赵宏老师存续力方面的论著以及我国台湾地区的相关论著，我对已有思考的立论基础与价值观念产生了迷茫，想继续再深入研究，至少给自己一个回应。时值准备行政程序法方面的论文选题，我将这一情况向王万华老师汇报。以一个理论甚至一个假设为前提，不谈这个理论或者假想正确与否，如社会契约论，只在此基础之上构建制度的做法，是可行的。将我之前不成熟的想法作为假设，在此基础上谈行政行为效力制度构建作为博士论文选题，也是可行的。王老师的一席话打消了我的顾虑。按照行政程序法体例，行政行为效力制度包括成立、生效、撤销、废止等内容，行政行为形式效力包括公定力、确定力（存续力）、执行力等内容，两者既有联系又有差别。本文是在我之前公定力思考内容基础之上，讨论我国行政程序法中行政行为效力制度宜如何构建问题，即将行政行为形式效力思考与行政行为效力制度构建相结合。博士论文答辩时，有专家认为论文应该接着我公定力已有成果写下去，理论性强才有意义；也有专家认为选题内容，应该包括公定力效力制度、确定力效力制度等内容。论文虽经近 3 个小时激烈紧张的答辩，最终得以顺利通过。对于答辩组老师提出的更高要求与问题，我认真记录总结。希冀毕业后，对此相关问题进行深入研究，甚至争取依托一个项目进行完善。故论文出版一直一拖再拖。

2012 年后为了适应学院发展需要，我的研究方向偏向民航安保与民航法实务，加上年均 7－9 门不同法学课程，与行政法界失联。虽然无论假期与否、有课与否、安顿好孩子都去办公室看书、思考与总结，一直未停止行政法学习研究，也对论文部分内容作了完善与延伸，但是始终无力再对论文全面重来。眼看那么多年过去了，工作量不降反增，孩子们已更需我陪伴成长，这次只能狠下心来做个了结。论文文献可能存在不全，写作方式落后，甚至价值观念落后，但是当年的用心程度以及对学术的敬畏无愧我心。不管怎样，全凭看客。

论文出版之际，特向王万华老师表示最真挚的感谢！王老师对学生认真负责，既要求严格又态度平和，往往一上午只给我一个人授课，中午陈春旭、樊晓燕等同学又早在食堂准备好了饭菜等我俩吃饭。博二博三时，王老师还坚持每周给我上课研讨，同学们都是羡慕不已。王老师对学生的期望，我深刻明白，因此我也一直愧疚万分。同时，向我所有的老师、帮助过我的学界前辈以及我的同学表示真挚的感谢，向中国民航大学法学院朱向东书记、杨惠教授、郝秀辉教授表示最真挚的感谢。

黄全

2020 年 5 月 20 日